上海检察文库
检察业务论丛

优化法治化营商环境路径研究
——企业破产检察公益诉讼制度初探

魏 华 ◎ 著

Youhua Fazhihua Yingshang Huanjing Lujing Yanjiu
——Qiye Pochan Jiancha Gongyi Susong Zhidu Chutan

中国检察出版社

图书在版编目（CIP）数据

优化法治化营商环境路径研究：企业破产检察公益诉讼制度初探 / 魏华著 . —北京：中国检察出版社，2024.12. —ISBN 978-7-5102-3238-1

Ⅰ . D922.291.924

中国国家版本馆 CIP 数据核字第 2025A59T44 号

优化法治化营商环境路径研究
——企业破产检察公益诉讼制度初探
魏　华　著

责任编辑：苗　宇
技术编辑：王英英
美术编辑：徐嘉武

出版发行：中国检察出版社
社　　址：北京市石景山区香山南路 109 号（100144）
网　　址：中国检察出版社（www.zgjccbs.com）
编辑电话：（010）86423788
发行电话：（010）86423726　86423727　86423728
　　　　　（010）86423730　86423732
经　　销：新华书店
印　　刷：河北宝昌佳彩印刷有限公司
开　　本：710 mm×960 mm　16 开
印　　张：15.75
字　　数：263 千字
版　　次：2024 年 12 月第一版　2024 年 12 月第一次印刷
书　　号：ISBN 978-7-5102-3238-1
定　　价：54.00 元

检察版图书，版权所有，侵权必究
如遇图书印装质量问题本社负责调换

总　序

"实践没有止境，理论创新也没有止境。"注重发挥理论研究对检察工作的先导性、基础性、统摄性作用，及时为检察实践和改革创新提供高品质的理论支撑和智力支持，是上海市检察机关的优良传统，也是上海市检察机关推进新时代检察工作高质量发展，推进检察队伍革命化、正规化、专业化、职业化建设的重要抓手。

近年来，上海市检察机关持续学深悟透践行习近平新时代中国特色社会主义思想，全面贯彻习近平法治思想，发扬上海检察理论研究根植实践、勇立潮头、锐意创新、笃行致远的理论品格，依托"大调研""大研究"工作格局，不断深化理论研究与实务探索的良性互动，持续创新丰富课题制、年会制、论坛制等载体和平台，产生了一批较高质量的理论研究成果，在引领理念、辅助决策、服务办案、助推改革等方面发挥了积极作用，为推动新时代上海检察工作行稳致远提供了有力支撑。

"上海检察文库·检察业务论丛"系列丛书以"理论建设与业务建设相辅相成、学术研究与实践应用统筹兼顾"为目标，主要择优收录本市检察业务专家、检察理论骨干人才和在本市检察系统挂职学者，就新时代检察机关法律监督工作相关重点问题撰写的专著、译著，旨在为检察官构建更为广阔的检察研究成果展示交流平台，以文见人、以文树人，建设高质量检察智库。

丛书编录秉持放眼全局、立足实践，以展示检察学术研究成果的方式，生动展现上海检察官在推进全面依法治国、坚持和完善中国特色社会主义检察制度，促进深化对检察工作基础性、战略性、全局性问题进行的深入思考、理论阐述和研究探索，以期形成既有学科覆盖面与研究的系统性，又具有鲜明的时代特征、检察特质和上海特色的检察理论研究成果体系，从而为推动新时代检察工作高质量发展，更好地发挥法治固根本、稳预期、利长远保障作用提供理论支撑和智力支持。

理论是实践的先导、行动的指南。当前，世界百年未有之大变局加速演进，世界之变、时代之变、历史之变的特征更加明显。党的二十大开启全面建设社会主义现代化国家新征程，面对高质量发展对高水平法治保障新要求，面对人民群众在民主、法治、公平、正义、安全、环境等方面更趋多元多样的需求，迫切需要从检察理论和实践的结合上深入回答关于中国式现代化进程中法治保障的时代课题。上海检察机关将把牢宪法对检察机关的职责定位和上海在国家改革发展大局中的战略定位，以时不我待"争一流、走在前、排头兵"的担当，不断推进理论探索和创新，为在法治轨道上全面建设社会主义现代化国家贡献检察力量。

由于水平有限，难免纰漏，不当之处，敬请批评指正。

"上海检察文库"编委会
2022 年 12 月

序

2019年2月25日，习近平总书记在中央全面依法治国委员会第二次会议上强调，"法治是最好的营商环境。要把平等保护贯彻到立法、执法、司法、守法等各个环节，依法平等保护各类市场主体产权和合法权益"。国务院于2019年颁布了《优化营商环境条例》，规定要坚持市场化、法治化、国际化的原则，优化营商环境。由此，开启了全国优化营商环境改革的春天。

从国际来看，为衡量各国营商环境情况，世界银行自2003年起每年都会发布一份营商环境报告，通过开办企业、办理施工许可证、获得电力供应、登记财产、获得信贷、保护少数投资者、纳税、跨境贸易、执行合同以及办理破产10个一级指标，对经济体的中小企业营商环境进行全面评估并排名。世界银行通过100多个国家和地区的调查研究，对构成各经济体的企业营商环境的上述指标进行了逐项评级，得出综合排名。营商环境指数排名越高或越靠前，表明在该国从事企业经营活动条件越宽松。相反，指数排名越低或越靠后，则表明在该国从事企业经营活动越困难。世界银行作为国际三大金融机构之一，其对全球营商环境排名评估指标体系已经相对成熟稳定，相较于其他国际性竞争力评估报告，更具解释力和针对性。

在世界银行评价各地营商环境所考量的因素中，破产司法能力是其中的一项重要指标，提升我国的破产司法能力是优化营商环境的必由之路。近年来，我国无论是营商环境排名，还是营商环境评估中的单项破产指标排名都呈现总体上升的趋势，但仍旧存在着许多问题。

检察机关提起公益诉讼制度，是习近平法治思想在公益保护领域的生动实践和原创性成果之一，是我国司法制度的一大创举。在以习近平同志为核心的党中央坚强领导下，在全国人大及其常委会有力监督下，公益诉讼检察制度从顶层设计到实践落地，从局部试点到全面推进，形成了公益司法保护的"中国方案"，受到广泛关注。在此背景下，检察公益诉讼制度理论研究的首要任务是立足新时代，着眼新要求，坚持问题导向，致力于构建中国特色公益司法保护体系、理论体系、话语体系和实践体系。

　　《优化法治化营商环境路径研究——企业破产检察公益诉讼制度初探》一书，对企业破产检察公益诉讼制度的构建提出了具有一定参考价值的建议。关于企业破产检察公益诉讼制度设计，国内外学者有比较多的探讨，本书中从不同角度分析，以优化破产诉讼制度的现实需求为立足点，对企业破产检察公益诉讼制度的合理性、必要性进行分析，并提出相关构建建议和较为明确的制度设计方向，以为企业破产检察公益诉讼制度的探索和司法实践提供有价值的参考。

韩汉君[*]

2024 年 10 月

---

[*] 韩汉君，上海社会科学院经济研究所副所长、研究员、博士生导师。上海市政协常委，民盟中央委员。

第一章 导 论 /001

第一节 本书的研究背景、内容及国内外研究现状 /001

一、本书的研究背景 /001

二、本书的研究内容 /006

三、国内外研究现状 /007

第二节 本书研究的意义、价值及已有的工作基础 /013

一、本书研究的意义及价值 /013

二、本书已有的工作基础 /015

第三节 本书的研究重难点、研究方法及研究思路 /016

一、本书的研究重难点 /016

二、本书的研究方法 /016

三、本书的研究思路 /017

第二章 优化法治化营商环境的问题与路径 /018

第一节 优化法治化营商环境面临的问题概述 /019

第二节 我国法治化营商环境政策的特征分析 /020

一、我国法治化营商环境政策的整体进路 /020

二、我国法治化营商环境政策的区域差距 /022

三、我国法治化营商环境水平差异的制度根源 / 024

第三节　优化法治化营商环境的路径举措 / 027

一、法治化营商环境的宪法保护 / 028

二、法治化营商环境的民商法保护与行政法保护 / 029

三、法治化营商环境的司法保护 / 033

第三章　世界银行《营商环境报告》中的破产指标解读 / 037

第一节　世界银行《营商环境报告》中我国的破产指标情况分析 / 037

一、我国办理破产的总体情况分析 / 037

二、我国破产指数排名靠后的主要原因分析 / 038

第二节　世界银行《营商环境报告》中的破产指标内容解读 / 039

一、破产程序的申请权问题 / 041

二、破产程序启动后新信贷的优先权问题 / 043

三、重整程序中的表决权问题 / 045

四、债权人在破产程序中的权利问题 / 047

五、其他破产法律问题的理解与改进 / 052

第三节　世界银行《营商环境报告》中的破产重点指标研究 / 058

一、办理破产"回收率"指标解读 / 059

二、我国提升办理破产"回收率"指标的现状与困境 / 063

三、提升我国办理破产"回收率"的具体建议 / 069

第四节　影响我国营商环境破产指标的因素分析 / 074

一、现行破产法律措施的不足 / 074

二、破产司法供给不足 / 075

三、破产管理人费用等成本偏高 / 077

四、参与执行制度的存在冲抵了破产法的功能 / 077

五、企业破产的配套制度不完善 / 078

第四章　我国破产法律制度研究 / 079

第一节　我国企业破产法的演变历程 / 079

一、我国企业破产法的建立背景 / 079

二、1986 年企业破产法 / 079

三、2006 年企业破产法 / 083

四、企业破产立法尚需完成金融机构破产和自然人破产的立法任务 / 084

第二节　我国破产法律制度的实践困境 / 085

一、破产原因的多元化 / 085

二、破产清算组人员选用上存在弊端 / 086

三、立法技术简单且缺乏可操作性 / 087

第三节　我国破产法律制度的完善路径 / 088

一、建立完善破产案件预重整制度 / 088

二、健全"执转破"衔接机制 / 089

三、建立与企业破产配套的个人破产制度 / 090

四、设置破产法院和破产简易程序 / 091

五、加强破产法官的遴选培训，建立高素质的破产职业共同体 / 092

六、以智慧法院形式推动破产案件信息化 / 093

第五章　人民法院破产诉讼实证研究 / 094

第一节　人民法院破产诉讼制度分析 / 094

一、破产诉讼制度实践中存在的问题 / 094

二、推进破产诉讼高效审理的对策与建议 / 096

三、破产诉讼制度的完善径路 / 098

第二节　上海法院系统破产诉讼实证研究 / 101

一、上海法院系统破产诉讼基本情况 / 101

二、上海法院系统破产诉讼推进情况 / 103

三、上海法院系统破产诉讼路径选择 / 108

第三节　2019—2023 年上海破产法庭审理数据 / 110

一、2019 年上海破产法庭审理数据 / 110

二、2020 年上海破产法庭审理数据 / 115

三、2021 年上海破产法庭审理数据 / 120

四、2022 年上海破产法庭审理数据 / 125

五、2023 年上海破产法庭审理数据 / 130

第六章　探索构建企业破产检察公益诉讼制度 / 136

第一节　宏观经济形势下破产诉讼制度优化的现实需求 / 136

一、当前经济形势的变化与破产制度优化的关系 / 136

二、重整将成为中国经济高质量发展的又一个发动机 / 137

第二节　构建企业破产检察公益诉讼制度的合理性与必要性 / 140

一、破产程序现有的优化路径 / 140

二、破产程序中检察监督职能发挥 / 144

三、破产案件中检察机关介入的正当性 / 148

四、公益诉讼是检察机关发挥监督职能的实现途径 / 151

　　五、企业破产检察公益诉讼制度具有多元功能 / 154

第三节　构建企业破产检察公益诉讼制度的相关建议 / 156

　　一、明确检察机关在破产案件中的处分权 / 157

　　二、细化企业破产公益诉讼检察建议的相关规定 / 159

　　三、优化检察机关提起破产公益诉讼的社会大环境 / 160

　　四、完善企业破产检察公益诉讼相关配套制度 / 161

结　语 / 163

附件一　优化营商环境十大破产典型案例 / 164

附件二　上海破产法庭 2019—2023 年度典型案例 / 176

参考文献 / 236

第一章 导 论

第一节 本书的研究背景、内容及国内外研究现状

一、本书的研究背景

(一)营商环境

营商环境是指企业等市场主体在市场经济活动中所涉及的体制机制性因素和条件。良好营商环境已成为保证国家竞争力,吸引对外直接投资和本地经济可持续发展的重要影响因素。良好营商环境,需要一个民主法治、公平公正、诚实守信、安定有序的社会环境和发展空间,让投资者感到创业安全,去职能部门办事效率高,合法权益有保障,投资者有回报。良好的营商环境有利于一个国家或地区有效地开展招商引资、国际交流与合作、参与国际竞争,是提高市场竞争力的客观要求,是激发市场活力、推动经济转型升级的关键所在,同时也直接影响着区域内的企业及其他投资主体的投资和经营,最终对区域经济发展状况、财税收入、社会就业等方面产生重要的影响。

中国要实现经济高质量发展必须先行打造一个良好的营商环境。2016年公布的《中华人民共和国国民经济和社会发展第十三个五年规划纲要》提出,要"完善法治化、国际化、便利化的营商环境",并把营造优良营商环境的内涵概括为四个方面,即"营造公平竞争的市场环境、高效廉洁的政务环境、公正透明的法律政策环境和开放包容的人文环境"。时任总理李克强在2017年6月13日召开的全国深化"放管服"改革电视电话会议上指出"营商环境就是生产力",同时突出强调,改善营商环境要进一步做好简政放权的"减法"、做强监管的"加法"和优化服务的"乘法"。李克强同志所强调的就是:"必须下大工夫、真功夫,进一步深化'放管服'改革,持续优化我国的营商环境。"2018年9月,习近平总书记对深入推进东北振兴

提出六个方面的要求，第一条就是"以优化营商环境为基础，全面深化改革"。2018年的国务院《政府工作报告》要求不断优化营商环境，指出优化营商环境就是解放生产力、提高竞争力，要破障碍、去烦苛、筑坦途，为市场主体添活力，为人民群众增便利。2019年2月25日，习近平总书记在中央全面依法治国委员会第二次会议上的重要讲话指出，"法治是最好的营商环境。要把平等保护贯彻到立法、执法、司法、守法等各个环节，依法平等保护各类市场主体产权和合法权益"。国务院于2019年颁布了《优化营商环境条例》，规定要坚持市场化、法治化、国际化的原则，优化营商环境。长期以来，我国致力于营商环境的改善和优化，使营商环境水平不断提升，也吸引了越来越多国家（地区）的关注和交流，带动全球物流、资金流、货物流、技术流、人才流等向中国集聚，极大地提升了我国区域的经济活力，但即使与新兴经济体相比，我国营商环境距离营造国际一流营商环境仍存在很大差距。

良好的营商环境是企业成长壮大和经济可持续发展的必要条件，也是一个国家、地区或城市综合竞争力的重要体现。党的二十大报告指出，"完善产权保护、市场准入、公平竞争、社会信用等市场经济基础制度，优化营商环境"，强调"营造市场化、法治化、国际化一流营商环境"。各地区、各部门深入学习贯彻党的二十大精神，纷纷推出优化营商环境的新思路新举措，打造升级版，形成以营商环境改革为抓手推动经济发展的良好态势。

（二）营商环境评价体系

随着全球经济一体化，营商环境法治化、国际化成为时代发展不可逆转的趋势。目前，全球最著名的营商环境评价体系出自世界银行的《营商环境报告》。自2003年起，世界银行每年发布一期《营商环境报告》（Doing Business），对全球190多个经济体的营商环境进行量化评估和排名，产生了很大的国际影响，成为推动全球营商环境改革和投资贸易的重要参考与公益项目。世界银行通过收集相关数据，对各经济体在不同时期的营商监管环境进行比较分析，以实现对内资中小企业的较全面考察，评估在企业生命周期内的适用法规。为了充分体现出开设和经营一个企业所需要的经济成本和时间成本，世界银行的营商环境评价体系选取了十个一级指标，具体如表1.1所示：

表 1.1 世界银行营商环境评价体系指标

一级指标	二级指标
1. 开办企业	开办有限公司的手续（数量）、时间（天数）、成本（人均收入百分比）、最低实缴资本（人均收入百分比）
2. 办理施工许可	建造仓库的手续（数量）、时间（天数）、成本（仓库价值百分比）、建筑质量控制指数（0—15）
3. 获得电力	链接电网的手续（数量）、时间（天数）、成本（人均收入百分比）、供电可靠性和电费指数透明度（0—8）
4. 登记财产	办理土地转让的手续（数量）、时间（天数）、成本（财产价值百分比）、土地管理质量指数（0—30）
5. 获得信贷	动产抵押和信用信息系统：合法权利力度指数（0—12）、信贷信息深度指数（0—8）、信贷登记机构覆盖率（成年人百分比）、信用覆盖率（成年人百分比）
6. 保护少数投资者	小股东在关联交易和公司治理中的权利：纠纷调解指数（0—10）、股东治理指数（0—10）、少数投资者保护力度指数（0—10）
7. 纳税	缴税次数（每年）、时间（小时数/每年）、总税率（商业净利润百分比）、报税后程序指数（0—100）
8. 跨境贸易	出口有相对优势的产品和进口汽车零部件 出口时间和成本：边界合规（小时）、边界合规（美元）、单证合规（小时）、单证合规（美元） 进口时间和成本：边界合规（小时）、边界合规（美元）、单证合规（小时）、单证合规（美元）
9. 执行合同	解决商业纠纷的时间和成本及在履行司法程序时的质量：时间（天数）、成本（标的额百分比）、司法程序质量指数（0—18）
10. 办理破产	商事破产的时间（年数）、成本（资产价值百分比）、清偿率（清偿债务占债务额的百分比）、破产框架力度指数（0—16）

作为评价一个经济体营商环境优劣的指标，世界银行发布的《营商环境报告》以中小企业为研究对象，以开办企业、劳动力监管、基础设施、产权登记、办理破产等内容对各企业所处营商环境进行量化评估，目的是为全球投资者提供实证参考。该报告的指数对于我国吸引外资、发展对外贸易乃至"一带一路"建设都有着至关重要的意义。截至 2020 年，该报告已经涵盖全世界 190 多个经济体。该报告的指数对于我国吸引外资、发展对外贸易乃至"一带一路"建设都有着至关重要的意义。由于政府重视，加之对营商环

境各个方面的不断建设,我国在世界银行《营商环境报告》中的排名不断提升,从 2006 年的全球第 108 名上升到 2020 年的第 31 名,营商环境在全球的竞争力越来越强。下一步,如何改善我国的司法环境、优化营商因素、提高我国在世行报告中的排名,进而为我国经济的世界性发展提供了有利条件,是我们必须研究的问题。

(三)破产司法能力

在世界银行评价各经济体营商环境所考量的因素中,破产司法能力是其中的一项重要指标。因此,提升我国的破产司法能力,是优化我国营商环境的必由之路。

我国的破产司法能力在世界银行营商环境评价中的表现不如我国营商环境的总体表现。以近几年世界银行《营商环境报告》的数据分析为例,我国破产指标排名一直维持在全球 50 多位,总体排名低于同年我国的营商环境排名。随着我国营商环境排名的不断提升,2020 年已上升至全球 31 位,但我国的破产案件处理能力仅居于第 51 位,成为进一步提升我国营商环境的掣肘。因此,加强我国破产司法能力,对于提升我国的营商环境指数排名具有重要意义。

以 2018 年为例,该年度我国办理破产指标排名出现下滑,排名第 56 位。同年,在办理破产指标中,全球得分最高、排名最高的是日本,其具体指标与我国的分值对比如表 1.2 所示:

表 1.2 办理破产指标对比

指标	中国	日本
破产案件处理时间	1.7 年	0.6 年
破产成本	22%	4.2%
破产清偿率	36.9%	92.4%
破产框架强度指数	11.5	14.0
得分	55.82	93.44
排名	56	1

数据来源:Doing Business 2018:Reform to Create Jobs Economy Profile China.
　　　　　Doing Business 2018:Reform to Create Jobs Economy Profile Japan.

通过表2对比可知,我国破产案件的处理能力与日本等发达国家相比还存在着很大的差距,主要体现在以下几个方面:

第一,我国破产案件的平均处理周期过长。世行在进行营商环境评价时,主要选取了我国北京和上海两个城市的指标进行平均,而在京沪地区的破产案件处理中,平均耗时周期为1.7年。其实,北京、上海属于我国发达地区,司法供给相对充足,破产处理能力已高于我国的其他地区。

第二,我国破产案件处理过程中企业的破产成本过高。所谓破产成本,是指破产相关费用占债务人财产的比重,其中破产相关费用包括法院费用、破产管理人费用、律师费用、评估和拍卖的费用以及其他相关费用,破产成本即这些费用占破产财产的百分比。

第三,我国破产案件的清偿率较低。与日本破产案件92.4%的清偿率相比,我国的破产清偿率仅有36.9%,意味着在我国进行营商活动所面临的市场风险更大,这对于债权人的权益保护十分不利。

第四,破产框架不完善,影响破产框架指数强度的得分。所谓破产框架指数强度,是指以下四项指标得分之和:展开程序索引(0—3)、债务人资产管理指数(0—6)、重组程序指数(0—3)、债权人参与指数(0—4),共计16个问题16分。

营商环境是一个综合的系统,我国法院的破产处理能力还深深影响着其他营商指标。例如,良好的破产司法供给与公司获得信贷的机会增加和条件改善有关,由于它使得债权人更有可能收回贷款,因此让其更愿意放贷。此外,对破产司法进行优化以提供商业救助机制,会在一定程度上降低企业的失败率,有助于保持提高整体创业水平,维持并增加就业岗位。通过促进无生存能力公司的有效退出和清算,破产法可以在整个国民经济中有效地重新分配资源,实现市场对资源的决定性配置。

(四)营商环境司法保障

近年来,党和国家对破产制度在市场经济中的重要地位予以充分重视。2013年中共十八届三中全会通过的《中共中央关于全面深化改革若干重大问题的决定》指出,要"健全优胜劣汰市场化退出机制,完善企业破产制度"。《国务院关于促进市场公平竞争维护市场正常秩序的若干意见》也指出,要"完善企业破产制度,优化破产重整、和解、托管、清算等规则和程序"。此后,最高人民法院发布了促进破产法顺利实施的系列文件。

最高人民法院《关于依法开展破产案件审理积极稳妥推进破产企业救治

和清算工作的通知》中指出:"社会主义市场主体救治和退出机制是否建立,是衡量社会主义市场经济体制完善的标志之一。依法开展破产案件审理、积极稳妥推进破产企业救治和清算工作,既是供给侧结构性改革的客观需要,又是提升市场主体竞争力的客观需要,也是建立完善社会主义市场主体救治和退出机制的客观需要。破产案件审理对优化资源配置、规范市场秩序的重要意义,要推动破产案件审理工作常态化、规范化、法治化。对符合破产受理条件但仍能适应市场需要的企业,要运用破产和解和破产重整的方式进行救治,使其能够通过救治重返市场;对救治无效或者根本不能适应市场需要的企业,要进行破产清算,促进及时退出市场。依法开展破产案件审理,是解决执行难的重要途径。对执行中符合《企业破产法》规定的破产条件的企业,要依法启动破产程序,通过破产和解化解一批、破产重整处置一批、破产清算消除一批,使企业破产制度成为解决执行难的配套制度。"

现阶段,我国在企业破产案件审理方面的实施主体是各级人民法院,人民检察院在推进企业破产清算、服务保障营商环境方面尚处于空白阶段。然而,随着2017年6月检察机关提起公益诉讼制度在我国基本法层面被正式予以确立,关于公益诉讼范围的"等"外探索,让检察机关在助力推进企业破产清算方面有了实践的空间。公益诉讼制度的铺设既是司法改革的有机组成,也是国家法治建设的重要部署。它的法律监督元素对违法乱象的治理具有很强的对应性,进而也载有提升国家治理能力和服务保障营商环境的制度功能。授权作为法律监督机关的检察机关提起公益诉讼,一方面,体现了公益司法保护的层次性,有利于合理配置公共资源。在现行体制下,检察机关由于具有相对的独立性、较强的取证能力、专业化队伍,尤其是法律监督机关的属性和职能定位,比其他适格主体可以发挥更大的作用,成为公益保护的"最后防线"。另一方面,体现了国家治理结构的变化和决策层对公益保护的决心,有利于公益保护目的的实现。①

二、本书的研究内容

全书共分为六章。其中:

第一章为导论。对本书的研究背景、研究内容予以明确,对国内外破产

---

① 2021年9月,为提升评估成效,世界银行决定停发已实施17年的《营商环境报告》,并着手构建新的评估体系。

制度的研究现状进行综述；对研究意义、价值、应用前景进行介绍；对研究重点难点和研究方法进行阐释。

第二章为优化法治化营商环境的问题与路径。就我国民企营商环境的主要问题进行梳理，对宪法和法律保护予以明确，对司法保护进行归纳总结。

第三章为世界银行《营商环境报告》中的破产指标解读。以近年来世界银行《营商环境报告》中的指标体系为标准，研究我国营商环境排名变化的总体趋势，以"办理破产"指标为核心，探讨我国目前企业破产清算中存在的问题及提升空间。

第四章为我国破产法律制度研究。系统回顾我国破产法的发展沿革，分析目前破产法律制度的实践缺陷，并提出完善路径。

第五章为人民法院破产诉讼实证研究。对人民法院破产诉讼制度开展分析，对上海法院系统破产诉讼进行实证研究，并梳理分析相关数据，探讨企业破产清算效率中存在的不足。

第六章为探索构建企业破产检察公益诉讼制度。以优化破产诉讼制度的现实需求为立足点，对企业破产检察公益诉讼制度的合理性与必要性进行分析，并提出相关构建建议。

三、国内外研究现状

（一）国外破产清算模式（以美国为例）

美国存在破产法规已有约二百年的历史。起初，这些法规多由各州政府制定，直至1898年，才诞生了第一个由联邦政府制定的破产法。其后几经修改，沿用至今。目前执行的破产法始于1978年。在美国，企业或个人均可申请宣告破产。企业宣告破产，有两种可能：一是自愿申请宣告破产，指由企业本身向法院提出申请，要求进行破产清算。这种申请的前提是：企业必须向法院提供充分的数据，证明自己确实无力偿清债务，因为企业负债已经超过企业可用以偿债的全部资源。二是被迫宣告破产（或非自愿宣告破产），指由企业的债权人向法院提出申请，要求对该企业进行破产清算。企业的债权人，可分为有担保债权人和无担保债权人。如果企业未偿债务所涉及的无担保债权人的人数在12人以上，其中未偿金额在5000美元以上的人数在3人以上者，即可由债权人向法院提出申请，要求对该负债企业进行破产清算。

破产清算也称直接破产，即按照法律的规定把债务人的财产变卖或作价，然后分配给债权人，用以清偿债务人所欠的债务。按照美国破产法的规定,所有的个人、合伙、有限责任公司和其他非公司性组织在不能清偿债务时均可以被申请破产清算。要求对债务人进行清算的申请可由债务人或债权人向法院提起。由债务人提出申请的清算称为自愿清算,由债权人提出申请的清算称为强制清算。但从统计数据看,美国的清算案件,大约 99.5% 以上是由债务人提出申请的。当债务人申请破产后,所有对债务人的其他形式的诉讼或非诉讼追债行为都必须自动中止,破产法称之为"自动中止程序"或"自动冻结"。自动中止程序生效期间,各债权人不必担心其他债权人会偷偷摸摸地抢先获取债务人的财产。当破产程序结束时,自动中止程序亦随之失效。破产程序终结之前债权人可以获取债务人财产的唯一途径是向破产法庭申请"解除自动中止程序"。

当债务人提出破产法第 7 章下的破产申请时,债务人的所有财产成为"第 7 章破产财产"。法庭指定一位"第 7 章临时破产受托人",直至债权人会议选出一名正式破产受托人代表债权人接收和清理债务人的破产财产。破产财产原则上包括清算申请提出时债务人拥有的全部财产。受托人根据破产法或州法的规定扣除"豁免财产"后,将债务人剩余的财产移交给有担保权益的债权人或予以出售后清偿没有担保权益的一般债权人。破产受托人的工作须接受债权人会议的代表——检查人的监督。

破产财产分配给债权人时,通常有担保权益的债权人要优先于无担保权益的一般债权人受偿。所有不具有担保权益的普通债权人受到平等保护。但在无担保债权人之间,分配也不是简单地按比例进行,而是采取等级优先制。破产法规定,从第一优先到第八优先,共有八种无担保债权人属于优先无担保债权人。这八种优先无担保债权依次是破产案件审理中的行政费用、从强制申请提出后至债务人被宣告破产时止债务人在正常业务活动中形成的债权、债务人欠其雇员的工资和其他劳务报酬、债务人雇员的福利、粮食生产者或水产品生产者的债权、消费者所付的定金、某些政府税收、特殊的银行保证金。而所有不享有优先权的其他人称为普通无担保债权人。普通和优先无担保权这 9 种人之间,只有上一级的债权人已获充分清偿后,下一级债权人才可以开始分配。换言之,在各级之间,不存在平等地按比例分配问题。

美国破产法规定了两种破产程序:第一种是托管人将债务人无豁免权的财产收集变卖,再将卖得的收益付给债权人;第二种是让债务人用将来的收益付给债权人,从而让债务人恢复元气。前者是一种"直接的"破产,后者是一种"重组性的"破产。在一定的条件下,第一种破产申请可以转换成第二种。这两种程序都可以通过债务人的自愿申请或债权人的主动提出两种形式来启动。相比之下，按证券投资者保护公司（SIPC）进行的清算程序就要"简单"得多，只是一种真正的"直接破产"，而且，也不存在将 SIPC 清算程序转换为破产法中任一破产程序的可能。这种程序的启动只有 SIPC 来完成。根据证券投资者保护法（SIPA）的规定，如果美国证券交易委员会（SEC）或自律组织知悉任何受其规则制约的证券公司已处于或正接近财务困难，都要立刻通知 SIPC。SIPC 接到通知后，根据两个标准对该会员公司做出认定，并向法院申请保护令，启动清算程序：其一，该会员处于已经不能或正处于不能履行对其客户支付义务的危险中；其二，该会员已经符合破产法规定的破产条件，或没有遵守 1934 年证券交易法的规定，或没有遵守 SEC 或自律组织的规则等。虽然破产法的清算程序有债务人的自愿申请或债权人的主动提出两种形式来启动，其中也包含了债权人积极寻求主动保护的成分在内，但对于证券公司这种专业性强的公司来说，债权人有时并不了解债务人已经发生了不能继续履行义务的情形，所以单由 SEC 和自律组织对证券公司的专业监督管理并不能使债权人的利益获得全面保护。而且，根据破产法，一旦进入破产程序，债务人的所有财产就不能再进行交易转移，在一个相对长的时间段内，这些财产被"固定"住了。对于证券这种随时依市场变化而改变价值的财产来说，就有其不合理性。而按照 SIPA 的清算程序，由于 SIPC 的任务之一就是要全权挑选出合格的托管人或自己来担当托管人，以便程序一启动，托管人立刻就把证券公司的财产接管过来，最大限度地保护客户的利益；且 SIPC 挑选的都是熟知证券市场的法律专业人士，能迅速地将客户的证券转移给另外的证券公司（当然要经过法院的准许，并且要留出足够的时间给另外的证券公司做尽职调查），使客户的证券账户处于可交易状态，可以不因市场变化令持有证券被动贬值。所以，在 SIPA 清算程序中，绝大多数的客户能在一个月至三个月内就能收到通过清算程序还给自己的证券或现金，这也就是 SIPA 清算程序受到客户青睐的原因之一。

在美国，绝大部分的破产案件是"无产可破"的案件。许多债务人之所以选择重组性破产，就是因为债务太多，破产后能让其重新开始。但是，SIPA 的程序可以使 SIPC "提前介入"，即一旦发现问题就可启动程序，从而保证"有产可清"；而且 SIPC 有自己的基金，可以使债权人的损失得到较快的补偿或降到最低限度。应该说，SIPC 对美国证券市场贡献不小，如果没有 SIPC，则许多证券投资者在遇到证券公司出现问题时，便可能永远失去自己的现金、股票和其他证券,也可能使自己的上述财产陷于长期的破产程序中而不能得到及时的清理。总之,美国证券公司清算程序的法律适用中有两套程序,一套是破产法的清算程序,另一套是 SIPA 的清算程序。虽然 SIPA 程序窄了一些,只有 SIPC 的客户才能进入此清算程序,但它具有优先性、快速性等特点。破产法的程序慢一些,但具有保护范围广的特点。

(二)国内破产清算研究

我国破产清算的发展经历了由"政策性破产"向"市场化破产"转变的过程。我国早期高度集中的计划经济使得"政企合一"的观念深入人心,企业盈亏由国家调控补贴,通过财政补贴将盈利企业的劳动果实分给那些濒临破产的企业以"续命"。直到 1978 年在改革开放的浪潮席卷下,社会主义市场经济体制逐步确立,破产法立法工作才被提及。然而,此时人们尚未完全摆脱计划经济体制的束缚,错误地认为破产是资本主义的现象,同时市场经济关系又尚未完全理顺,因此立法不得不妥协于当时不成熟的社会背景,导致了"政策性破产"的形成。"政策性破产"从"破不破"到"何时破""怎么破"都在各级政府的领导下进行,破产主体中的清算组也是由政府相关部门派员组成。破产制度是及时止损、积极化险、公平偿债、宽容失败、自我化解、自我拯救的理性制度,"政策化破产"削弱了破产制度本身的价值,破坏了破产制度的市场选择机制。由于社会制度不健全,在破产法实施初期,政府适当干预作为破产法实施的有效调节手段并非不可。但是,这种干预的方向要正确,力度要合适,不能形成错误的运行定式,否则必将阻碍破产法的良性发展。

随着经济体制改革的深入以及法治在社会发展中的重要性逐渐显现,市场发展推进了"以市场化"为主导的破产法立法进程。1988 年和 1991 年分别颁布的《中华人民共和国全民所有制工业企业法》及《中华人民共和国民事诉讼法》中,企业破产还债程序只是市场化破产的探索,2006 年《中华人民共和国企业破产法》正式确立了以"市场规律"为本位的企业退出机制和企业再生机制的破产制度。该法理顺了各类破产债权的清偿顺序、拓展了破产程序的适用范围,修正了破产的受理和原因条件,标志着"政策性破产"时代的终结和"市场化破产"时代的到来。市场化的企业破产法虽开启了"市场化破产"序幕,但却在法律实践中遇到了困难。首先,我国破产案件长期在低位徘徊。尽管党的十五大提出要把"规范破产"作为实现建立企业优胜劣汰竞争机制的一种途径,但即便作为破产案件高峰年的 2001 年,案件数量仍然不到 9000 件。2012 年，我国地方各级人民法院受理的案件总数为 1220.4 万件，而其中破产案件只有 2531 件。这说明运用破产法治促进良性市场"退出机制"的方式并未得到社会的认可。其次，与破产案件数量低相伴的是破产清偿率低下。以经济发达的上海市为例，债务清偿平均率只有 5.01%。企业破产不是越多越好，也不是越少越好，企业破产越多说明国家经济状况出现了严重问题，但是企业破产越少却不表明经济状况越好。"有生就有死"，市场经济总是要淘汰一些企业，应该被淘汰而未及时退出的企业就会沦为"僵尸企业"，占用着市场资源，扰乱市场秩序。因此，实现市场化破产的功效就是要实现"破产企业数量"的恰到好处，让部分企业及时通过"破产退出"是为了让更多的企业获得更好的发展。

推进破产要快更要稳。2015 年以来，供给侧结构性改革成为全国上下的工作重点。国务院要求，对持续亏损 3 年以上且不符合结构调整方向的企业采取资产重组、产权转让、关闭破产等方式予以出清，清理处置僵尸企业。由于过度关注"破产"的功效发挥，忽视了运行中的稳定，于是加速了破产制度的"异化"，在实践过程中出现了许多问题。例如，对于本应遵循市场调控的管理人制度，却常作行政化定位。一些迹象表明，市场化破产由于实践中未把握好"法治是最好的营商环境"这一理念，使得市场与法治两者关系发生背离。

我国破产实践的困境是《企业破产法》这一市场化的法律制度未能助力市场的发展，通过市场化破产法治实现良好营商环境的目标未能实现。由于制定破产法时我国市场化程度不高，条件不成熟，导致理论与实践的脱轨。解决这一问题的唯一办法，是不断深化破产制度改革。深入改革我国破产制度必须坚定"市场化"破产方向不动摇，在制度框架的设计上更加完整地体现破产法对国民经济、企业、个人的指引、规范、导向、评价、预测等功能，健全激励机制，通过正向鼓励与反向规则互动促进破产机制在实践中的运用。同时，坚持"法治是最好的营商环境"的理念不动摇，把促进市场的有序发展作为改革目标。破产制度的改革必须以成本导向规范社会行为，设计简便易行的"小破产"程序及明确的和解程序，为司法外和解提供法律基础。①

---

① 王欣新：《破产法前沿理论与司法实务研究》，载《中国人民大学学报》2017 年 3 月 16 日。

(三)国外优化破产司法能力研究

近年来,越来越多的国家开启了本国的破产改革,推出了一系列新的破产制度,但这些改革的目标都是趋同的。例如日本 2005 年《破产法》修改的主要宗旨就是使破产变得更加简便、高效,让企业退市更加容易。而在这些举措中,韩国的破产改革对我国的借鉴意义更大。韩国在世界银行《营商环境报告》的破产指标中排名世界第 4,但其面临的主要问题与我国相同,即破产周期过长,其破产案件的平均处理时限为 1.5 年。针对这一问题,韩国国会于 2016 年 12 月 27 日通过了《关于设立破产专门法院的法律》,根据该法 2017 年 3 月 1 日设立了破产专门法院——"首尔重整法院"。韩国学者卢泰岳认为,与其他领域相比,审理破产案件更需要专业性。法院在审理案件的过程中,应当以符合法律公正性的要求为前提,兼顾程序的运行效率,并适当地行使裁量权。从长远的角度来看,设立一个独立的法院可以提高破产案件审判的可预见性和统一性,从而有助于构建迅速且有效地调整债务结构的法律制度。

综合各国的改革现状,其大多集中于立法修订与法院改革。本课题提出的检察机关推进企业破产清算的公益诉讼制度探索,在国外尚属空白,没有相关经验可以借鉴。但是,结合具有我国特色的检察制度,发挥检察机关的监督职能,跨前一步,对债权人、债务人未提起破产程序的"僵尸企业"提起公益诉讼,对于市场救济是一个全新且值得研究的课题。

(四)国内优化破产司法能力研究

企业破产是社会主义市场经济发展过程中的一种正常现象,是"优胜劣汰"机制的产物。破产清算则是保证这些破产企业能够顺利退出市场,为存活下来的企业提供发展资源的一种有效措施,其对于社会市场不同方面具有不同的意义。首先,对于债权人是一种保护,可以通过破产清算避免恶意逃债的行为,最大限度偿还债权人债务;对于社会秩序,破产清算的实施能够帮助淘汰企业顺利退出市场,从而保证了市场竞争的正常秩序,对公平竞争的实现具有一定意义;对于资源方面,破产清算可以帮助社会资源得以重新配置,提高资源利用率;对于风险方面,企业的破产清算可以帮助化解潜在的金融风险,如果在企业破产之后没有及时进行财产的清算处理,在市场经济发展进程中可能会引起潜在的金融危机,而破产清算的实施则在一定程度上避免了这种危机的出现。

破产审判作为资源配置的有效手段,既是一种合法的市场退出机制,也是一种有效的企业拯救机制。对于债权人而言，破产不但不高深繁杂、费力费钱，而且可以实现债务人财产最大化基础上的公平清偿；对于企业而言，破产不仅意味着"清理"，也意味着"保护"，不只是"失败出局"，也有可能"涅槃重生"；对市场而言，破产非但不是坏事，反而是促进市场吐故纳新、维护社会稳定的有效方式。

目前，各级人民法院在企业破产案件中发挥了主导的作用。然而，在破产审判工作中，不仅会产生债权确认、债务清偿、财产分配等法律问题，还经常会遇到职工安置、维护稳定、获取税收优惠等公益性、外部性问题。解决这些问题仅靠法院一家单打独斗是行不通的。本书将汇总近年来上海法院系统办理破产清算案件的各类数据，并进行建模分析，明确法院在推进企业破产案件过程中遭遇的实质性困难。根据民事诉讼法第58条规定："人民检察院在履行职责中发现破坏生态环境和资源保护、食品药品安全领域侵害众多消费者合法权益等损害社会公共利益的行为，在没有前款规定的机关和组织或者前款规定的机关和组织不提起诉讼的情况下，可以向人民法院提起诉讼。前款规定的机关或者组织提起诉讼的，人民检察院可以支持起诉。"提出检察机关在推进企业破产清算方面可以有所作为，进一步探索并尝试建立检察机关推进企业破产清算的公益诉讼程序设计，对公益诉讼受案范围进行一次富有创新性的"等"外探索。

第二节　本书研究的意义、价值及已有的工作基础

一、本书研究的意义及价值

《优化营商环境条例》（以下简称《条例》）自2020年1月1日起正式施行。党中央、国务院高度重视优化营商环境工作。近年来，各地区、各部门按照党中央、国务院部署，顺应社会期盼，持续推进"放管服"等改革，我国营商环境明显改善。为了持续优化营商环境，不断解放和发展社会生产力，加快建设现代化经济体系，推动高质量发展，有必要制定专门行政法规，从制度层面为优化营商环境提供更为有力的保障和支撑。《条例》认真总结近年来我国优化营商环境的经验和做法，将实践证明行之有效、人民群众满意、市场主体支持的改革举措用法规制度固化下来，重点针对我国营商

环境的突出短板和市场主体反映强烈的痛点难点堵点问题，对标国际先进水平，从完善体制机制的层面作出相应规定。

（一）本书研究的意义

办理破产能力是考量国家或地区营商环境是否优良的一项重要因素。党的十八届五中全会强调要更加注重运用市场机制、经济手段、法治办法化解产能过剩，加大政策引导力度，完善企业退出机制。中央经济工作会议部署了供给侧结构性改革，明确了"三去一降一补"五大任务，强调要把积极稳妥处置"僵尸企业"作为化解产能过剩的牛鼻子，司法部门要依法为实施市场化破产程序创造条件。中央的要求指明了我国经济供给侧结构性改革的方向、路径和方法，破产审判必然成为"僵尸企业"处置的主战场，破产审判是处置"僵尸企业"法治路径的最优选择。

虽然现代破产法更注重于破产预防和拯救制度的发展，但破产清算制度的重要性仍不可忽视。尤其在党的十九大报告和中央经济工作会议提出，要深化供给侧结构性改革，大力破除无效供给，推动化解过剩产能的背景下，破产清算作为具有淘汰落后产能、优化市场资源配置直接作用的法律程序，对于清理"僵尸企业"、提升社会有效供给的质量和水平、防止产生新的产能过剩等具有重要意义。

近年来，全国法院受理的各类破产案件中，破产清算案件占比80%以上，为了更好发挥破产清算程序优化资源配置、实现优胜劣汰的重要作用，《全国法院破产审判工作会议纪要》（以下简称《纪要》）在第五部分对破产清算程序有关内容进行了规范。该部分共计九条，涉及破产宣告、担保权人权利的行使与限制、破产财产处置、破产债权清偿顺序、繁简分流、破产清算程序终结六个方面的内容。

其主要价值表现为：一是重申制度价值，强调适用原则；二是遵循既有法律规定，维护程序效力稳定性；三是遵循公平原则，依法公正保护各方利益；四是提升程序效率，促进相关主体利益最大化。然而，尽管近年来持续付诸努力，法院在推动破产案件的过程中仍遭遇了不少困境与瓶颈，破产司法供给仍显不足，具体表现为：一是破产法官的能力难以满足破产司法供给的需求；二是破产审判庭的设置没有进行推广；三是破产法官的业务考核规则设计不完善。

（二）本书研究的应用前景

综合近年来上海法院系统办理破产清算案件的各项数据，在缩减审理周期、缩减破产成本等方面仍居高不下，并未达到既定的理想状态。本书创新性地提出由检察机关承担起一定的主体责任，建立推进企业破产检察公益诉讼制度，将为支撑法院走出现有困境提供强大助力。

我国的检察公益诉讼从试点到全面实施，在快速发展中呈现出一系列独特而又鲜明的特点，也提出了诸多迫切需要解决的新问题。中国特色的检察公益诉讼已经在实践中初露端倪，亟须在理论与制度层面进行整体性思考和构建，创新和发展。本课题提出的企业破产清算公益诉讼制度是对现有公益诉讼受案范围的一次"等"外探索。

检察公益诉讼，是指人民检察院根据法律的授权，对侵犯国家利益、社会公共利益或不特定的他人利益的行为，向人民法院起诉，由人民法院依法追究相对人法律责任的诉讼活动。检察公益诉讼具有鲜明特性：一是诉讼主体分明。检察机关以公共利益的代表人和维护人的合法身份，直接起诉。二是诉讼目的鲜明。检察机关通过寻找适格的被告主体，旨在修复已经受损的公益项目，保障公共安全和公共利益。三是建议内容详明。检察建议通常会明示检察问题的来源或起因，应当消除的隐患及违法现象，治理防范的具体意见和回复时间，提出建议所依据的事实和法律法规。四是诉讼程序清明。一般要经过下达检察建议、回复落实措施、出庭应诉答辩和人民法院依法裁决等。五是追责问责严明。检察机关可以向人民法院提出要求停止侵害、排除妨碍、消除危险、恢复原状、赔偿损失、赔礼道歉等诉讼请求。目前，从检察公益诉讼的性质和特点出发，将这一诉讼机制延伸运用到企业破产清算案例中是完全可以适用的，对于影响面广、涉及对象众多、社会影响较大的企业破产清算案件，可以由检察机关主导或介入，提起公益诉讼，为保护债权人利益、确保破产清算审理具有效率发挥一定的机制保障作用。

本书还要谈论和研究的包括企业破产清算公益诉讼制度的设计与建立，旨在通过发挥检察公益诉讼的协同性特质，更好地联合起法院、政府等多部门，为企业破产清算案件的审理进一步打通渠道、破除难点，实现提升司法破产能力、优化营商环境的最终目标。

二、本书已有的工作基础

笔者从事法律专业工作十余年，其中司法检察工作十年、民商事专业律师工作三年，具有一定的科研能力和丰富的实务经验，对上海地区保障营商环境相关政策要求有深入的理解，具有司法资格执业证书，现未纳入员额管理检察员。

本书全面收集了上海地区破产清算案件近几年来的全量数据和资源,且笔者多次主持及参与司法系统内国家级和省部级重大及重点课题的撰写工作,为本书的顺利撰写奠定了坚实的基础。

笔者具备法学与经济学学科交叉的学历背景,本科及硕士阶段专业为法学,博士及博士后阶段专业为理论经济学与应用经济学,笔者通过结合两门学科各自的特点,多重着眼,为保障地区营商环境的路径探究提出多方面的措施和建议。

第三节 本书的研究重难点、研究方法及研究思路

一、本书的研究重难点

(一)本书研究的重点

一是开展上海地区企业破产案件的实证研究:搜集上海地区企业破产案件近五年相关数据,进行分类汇总;搜集上海破产法庭年度典型案例,进行案例分析。二是开展检察机关服务保障营商环境实施路径研究:主要基于对世行营商环境的指标解读、经济学分析、我国企业破产制度的现实分析,明确企业破产检察公益诉讼的实施路径与方向。

(二)本书研究的难点

一是提升企业破产清算诉讼效率的实施路径研究。二是检察机关推进企业破产清算公益诉讼相关制度建议。由于上述两项都涉及具体的路径与制度创设,无论在理论研究还是实务界,都完全处于空白状态。

二、本书的研究方法

(一)定性与定量相结合方法

研究质的规律性和量的规律性,使两者有机地结合起来并互相支持。本文既采用文献资料收集与分析方法进行定性研究,又利用调研、访谈、分析、问卷等方法获得的大数据进行定量分析。在定性分析方面主要围绕营商环境优化中存在的问题、世行营商环境报告之破产指标解读、我国破产制度

发展现状等方面进行;定量分析则主要围绕人民法院破产诉讼实证研究进行。

(二)规范分析与实证分析相结合方法

本文秉持理论探讨是为了更好地关照实践这一宗旨,既注重理论上的规范分析与阐释,又注重实证上的验证与剖析;既强调理论层面的宏观把握,也强调实践层面的微观探析。本文从法规范的角度系统剖析了我国破产制度存在的不足,并收集了上海法院系统的破产案件相关数据及典型案例,将上海地区企业破产清算案例分析和理论相结合,通过具象、微观的现实观察来更好地验证理论的解释力,通过实践数据来印证规范分析。

(三)多学科、多视角研究方法

公益诉讼制度、破产制度均是讲求效率和效益的制度设计,因此在构建企业破产检察公益诉讼制度的过程中必然涉及多学科、多视角的观测。综合运用理论经济学、应用经济学、统计学、计量经济学、民事诉讼法、破产法、检察公益诉讼等相关的研究范式和分析框架,运用交叉学科的分析方法。

三、本书的研究思路

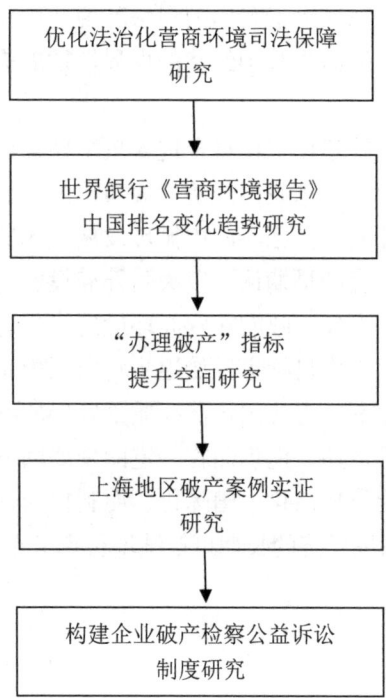

第二章 优化法治化营商环境的问题与路径

随着全球经济一体化，营商环境法治化、国际化成为时代发展不可逆转的趋势。为此，世界银行早在2001年成立全球营商环境评估项目DB（Doing Business），并自2003年起每年发布一期《营商环境报告》来评价一个经济体营商环境的优劣。报告以中小企业为研究对象，以开办企业、劳动力监管、基础设施、产权登记、办理破产等指标对各企业所处营商环境进行量化评估，目的是为全球投资者提供实证参考。截至2020年，该报告已经涵盖全世界190多个经济体。该报告的指数对于我国吸引外资、发展对外贸易乃至"一带一路"建设都有着至关重要的意义。由于政府重视加之对营商环境各个方面的不断建设，我国在世界银行《营商环境报告》中的排名不断提升，从2006年的全球第108名上升到2020年的第31名，营商环境在全球的竞争力越来越强。下一步，如何改善我国的司法环境、优化营商因素、提高我国在世行报告中的排名，进而为我国经济的世界性发展提供有利条件，是我们必须研究的问题。

未来优化营商环境的建设工作将会进入攻坚期，如何保持现有的优势并且寻求进一步提升将会是未来我国经济发展布局的重要一环。同时，随着我国经济发展的重点从外向型扩张转向内循环发展，区域营商环境的重要性逐步凸显。我国对营商环境的早期认知以吸引外商投资为主，随着服务型政府建设与政府职能转变的发展，政府在营商环境的优化进程中扮演了关键的角色，而优化营商环境的工作目标也开始逐步转向国内企业，发展到今天，营商环境的优化工作已逐渐成为我国经济高质量发展的核心内容，尽管我国营商环境的全球排名提升迅速，但仍面临一定的发展困境。因此，持续优化营商环境，持之以恒地构筑法治化、国际化、便利化的营商环境，对于促进民营经济发展以及推动国民经济的长期可持续增长意义重大。

第一节　优化法治化营商环境面临的问题概述

营商环境主要是指市场主体从事生产经营或商业贸易活动的环境，既包括处理企业内部、企业之间关系的环境，也包括处理政企关系的环境以及企业赖以生存的社会环境。这些环境决定了市场主体生产经营活动的安全、便利、自由和效益，决定了其需要付出的各种成本。营商环境对企业创立、运营、获利、退出等方面具有直接影响，是企业生存和发展的基础条件。营商环境建设是一个国家经济软实力和国际竞争力的重要体现，其好坏取决于经济、政治、社会、文化、法律、政策等多方面因素。

改革开放以来，我国的营商环境指数总体上不断完善进步，但许多制约其发展的因素依然存在，例如在市场准入、投资融资、资源配置、产权保护、竞争环境等方面存在实际困难和问题，"卷帘门""玻璃门""旋转门""弹簧门"等现象时有发生。因此，持续优化营商环境，持之以恒地努力构筑法治化、国际化、便利化的营商环境，对于促进企业发展、推动国民经济的长期可持续增长意义重大。正如世界银行发布的《2019年营商环境报告》中所阐述的："没有健全的私营部门，经济就无法繁荣。地方企业的蓬勃发展，为就业创造更多机会，也为国内企业带来更多投资和收入。所有关心经济发展和社会利益的理性政府，都对影响中小微企业发展的法律法规给予高度关注。有效的商业监管为微型和小型企业提供了成长、创新的机会，并在合适的时机，促其从非正规经济部门向正规经济部门转换。"时任世界银行行长金墉先生在该报告的前言中则用深邃的目光洞察并指出，"所测即所得""政府承担着为企业家和中小企业创造优良营商环境的艰巨任务。健全、有效的商业监管对鼓励创业和推动私营部门的发展至关重要。缺乏有效监管，我们就不可能终结极端贫困、促进全世界共同繁荣。"实质上，世界营商环境指数报告中的指数是围绕着如何促进一国私营经济部门的发展而展开的。所以，持续优化营商环境，持之以恒构筑法治化、国际化、便利化的营商环境，努力助推民营经济发展是我国未来进一步推进改革开放的一项核心任务。

第二节　我国法治化营商环境政策的特征分析

一、我国法治化营商环境政策的整体进路

党的十八大以来，我国将优化营商环境作为经济和社会发展的重要工作来抓，明确了营商环境法治化是优化营商环境的重要方面之一。2014年12月5日，习近平同志在十八届中央政治局集体学习时首次提出要"营造法治化营商环境"，首先将营商环境法治化作为一项重要理念确立下来。此后，在亚太经合组织领导人峰会、庆祝海南建省办经济特区30周年大会上，习近平同志又多次强调要"建设、营造和完善法治化、国际化、便利化的营商环境"。2016年，《中华人民共和国国民经济和社会发展第十三个五年规划纲要》将"完善法治化、国际化、便利化的营商环境"纳入纲要，至此法治化作为优化营商环境的首要原则正式得以固定。2019年10月22日发布的《优化营商环境条例》中明确"优化营商环境应当坚持市场化、法治化、国际化原则"，并将"完善法治保障"作为持续优化营商环境、加快建设并高质量推动现代化经济体系发展的一项重要抓手。至此，营商环境法治化作为优化营商环境的一项基本原则，通过完善营商环境法治保障这一路线具体落地。

营商环境法治化要求在打造和优化营商环境的过程中导入法治思维、依照法律办事、落实法治要求。近年来，我国在营商环境法治化方面给予了高度重视，在立法方面，形成了以宪法为统领，以民商法、行政法为主导的法律保护体系；在司法方面，形成了以审判职能为主体，注重司法观念、司法经验协同更新和积累的司法保护体系，为构建普惠型的平等竞争制度、营造公平竞争市场环境发挥了重要作用。正如习近平同志在中央全面依法治国委员会第二次会议上讲话时指出的那样"法治是最好的营商环境"。现阶段，我国许多地方都不遗余力地推进营商环境法治化。比如，重庆、四川、河南、江苏、陕西、江西、山东、广西、上海、北京、山西、辽宁、天津、吉林、黑龙江、河北等地已经制定了优化营商环境的省级地方性法规，湖北和安徽制定了省级政府规章，深圳市则依托特区立法权制定了经济特区法规，还有广州、青岛、商丘、阜新、辽阳等地也制定了相应的地方性法规。

第二章　优化法治化营商环境的问题与路径

制度建设是优化营商环境的主要路径，法治建设是制度建设的高级形态，从"营造法治化营商环境"到"营造稳定公平透明、可预期的营商环境"再到"法治是最好的营商环境"，法治贯穿于优化营商环境的论述之中。党中央、国务院及其直属部门发布的政策文件在宏观上决定了建设法治化营商环境的基本原则、重要方针及重点方向；最高人民法院、最高人民检察院发布的相关司法解释、司法文件和典型案例等为法治化营商环境的建设提供了在商事审判、产权司法保护、执行监督、商事多元纠纷解决机制等方面的指引。

从营商行政环境建设方面看，自2015年提出建设法治化营商环境与"简政放权、放管结合、优化服务"改革，我国将"简政放权、降低准入门槛""创新监管、促进公平竞争""高效服务、营造便利环境"三个理念贯彻至政策文件的制定之中，市场经济的发展必然要减少由外部制定的"人造秩序"，减少对企业的干预，保证公平竞争的市场环境。与此同时，中央提出建立协调监管模式、运用大数据加强对市场主体的服务与监管、颁布"三大执法制度"等系统化的行政管理方式，对营商环境进行公正监管，全面营造高效、规范、透明的营商环境和政府服务体系。[①]

从营商司法环境建设方面看，最高人民法院在2017年正式发文提出从司法方面提升营商环境的法治保障。随后发布一系列文件，旨在规范办理破产案件、深化供给侧结构性改革、营造稳定公平透明可预期的营商环境，强调建设一站式多元解纷机制、一站式诉讼服务中心，整合各类社会资源，充分调动各类解纷主体的积极性，从而实现共同参与、共同协作、共同治理的现代化治理体系，为营商环境法治化助力。

法治是衡量一个地区营商环境质量的基本标准，是各项要素的最大公约数，也是评价营商环境的最佳呈现介质。通过上述梳理可知，近年来对营商环境的建设重心逐渐从全要素转向法治要素，通过立法、司法、执法和社会治理形成保障产权、监管规范、司法独立和执法文明的法治化营商环境基本特征，并最终重点关注产权保护、纠纷解决等法治要素。我国总体营商环境的法治化水平在不断优化，地方政府在中央的指导下，因地制宜出台相应的治理文件，开展法治建设活动。

[①] 许中缘、范沁宁：《法治化营商环境的区域特征、差距缘由与优化对策》，载《武汉大学学报（哲学社会科学版）》2021年7月6日。

优化法治化营商环境路径研究

在激发地方治理创造性和有效规范地方权力运作之间保持适度平衡,是各项权力由中央向地方转移的一个前提,也是地方治理的难题。通过对地方治理文件的计量分析和内容分析,笔者对照了各个区域的发展进程与国家治理进程,进行央地共振研究,探究各区域间营商环境政策的法治化进程与特征。

二、我国法治化营商环境政策的区域差距

结合对我国法治化营商环境建设的概况分析以及对各区域政策的文本分析,可以较为客观地总结出我国各个区域法治化营商环境的不同特征。通过梳理我国法治化营商环境的整体发展情况与各个区域局部的发展进程,分析各个区域法治化营商环境建设的特征,从而为进一步探索法治化营商环境区域差异的制度性根源奠定了事实基础。

一是东部地区——全面优先型。东部地区政策文本的发布城市主要是上海、北京、福建、江苏、浙江、广东等省市,其中汕头最早提出营商环境法治化建设意见,发文主体相对均衡。从文本位阶来看,地方性法规和地方政府规章相对其他地区有较大的占比,地方司法文件数量也较多。政策文本涉及的主题不仅范围全面、内容详尽,还突出了破产案件的审理与执行问题,这是营商环境法治化建设的关键一步,因为处理好破产案件不仅紧跟中央对破产案件处理的指示方针,对于推动经济高质量发展、深化供给侧结构性改革、营造稳定公平透明可预期的营商环境也具有十分重要的意义。经过综合分析可以看出,东部地区的营商环境法治化建设较为领先,在依法行政的基础上,兼顾立法、执法与司法各个环节,与其他地区相比,或处于领军位置,或紧跟中央步伐,在央地互动过程中属于主动型,在地方横向比较中属于全面优先型。

二是中部地区——基础稳健型。中部地区政策文本的总量较少,发文主体主要集中于政府和政府办公室,其他部门的参与度相对较低。从文本位阶上看,主要以地方规范性文件为主,而地方性法规和地方政府规章数量较少,说明中部地区对法治化营商环境的建设有一定重视度,但重视度与施政力度仍显不足。从政策主题上看,中部地区着重产业园区的建设,注重规范数据平台、探索市场监管及明晰政府各项办事清单,这些措施属于营商环境法治化进程的基础性建设。通过梳理中部地区政策文件的内部性与外部性特征可知,中部地区的法治化营商环境建设处于基础建设型的中间进程,政策

发文数量、等级与东部相比都存在一定差距,属于稳步建设的基础稳健型。

三是西部地区——滞后追赶型。西部地区从总体上看政策发文量为四个区域中最少的,其中西藏、宁夏、新疆等地以转发国家政策文件为主,独立制定针对当地经济发展状况的政策文件较少。从发文主体上看与其他部门的联合建设存在短板;从文本位阶上看,西部地区处于相对滞后的状态,发文等级占比最多的是地方工作文件,由此也显示出西部地区对营商环境法治化的重视度有待提升;从政策主题上看,着重在加大对企业的投资力度、登记规范手续等前序环节发力,注重缩短办事时限,规范企业办理事项的程序。这些方面可以提升法治效率,但法治化体系建设仍显不足。便利化是我国早期营商环境的优化重点,西部地区依然处于优化营商环境的前序进程,在四个区域的比较中处于滞后追赶状态。

四是东北部地区——单一治理型。东北部地区的市均发文量领先于其他几个区域,主要是由于2016年2月4日国务院发布《国务院办公厅关于加强旅游市场综合监管的通知》,东三省及其下辖地级市紧跟其后发布了"旅游市场监管"的系列政策文件,致使东北部地区的发文量大增。从发文主体上看,存在主体单一的问题;从本文位阶上看,缺少地方司法文件,说明东北部地区的营商环境法治化建设存在司法环节的缺漏,体系构建不平衡;从政策主题上看,东北部地区的政策视角主要集中在对市场监管执法的规范、行政行为的依法整顿及公务人员的作风问题上,贯彻了习近平总书记对黑龙江省提出的"坚持把改进干部作风作为振兴发展的重要保证"的要求。综上分析,东北部地区在法治化建设上着重突出对营商环境的监管、执法,但没有发布与营商环境相关的地方司法文件,这就导致了即使东北部地区着力建设法治化的营商环境,也容易因政策不均衡而导致建设效果欠佳。质言之,东北部地区总体处于单一治理型状态。[1]

根据世行《营商环境报告2020》统计,我国在提升营商环境方面的主要措施有:一是简化开办企业流程,取得开办企业公司印章的获得完全融入一站式服务,使得相关程序更加方便。二是改进施工许可证,简化了低风险建设项目的要求,并减少了取水和排水连接的时间,从而使获得建筑许可变得更加容易,还通过对负责技术检验、验证建筑计划以及差异化建筑质量监督

---

[1] 许中缘、范沁宁:《法治化营商环境的区域特征、差距缘由与优化对策》,载《武汉大学学报(哲学社会科学版)》2021年7月6日。

计划的专业人员提出更严格的资格要求,从而使建筑更加安全(这项改革适用于北京和上海)。三是通过简化申请程序,使取电更加容易,还提高了电价变化的透明度(这项改革适用于北京和上海)。四是保护中小投资者,通过要求不公平关联交易中的控股股东承担责任并明确说明来加强对少数投资者的所有权保护和结构控制(这项改革适用于北京和上海)。五是通过对小企业实行优惠的企业所得税税率,降低某些行业的增值税税率,增强了电子申报和支付系统,使纳税更加容易(这项改革适用于北京和上海)。六是通过实施提前货物申报,升级港口基础设施,优化海关管理和公布费用表,使进出口变得更加容易(这项改革适用于北京和上海)。七是通过规定可以批准的休庭的最大次数,并将休庭限制在不可预见的特殊情况下,使合同的执行更加容易(这项改革适用于北京和上海)。八是解决破产,通过规定启动后信用优先权规则并增加债权人对破产程序的参与程度,使解决破产问题变得更加容易(这项改革适用于北京和上海)。

由此可见,大部分关于营商环境的改革均适用于北京和上海,且从营商环境政策优化角度进行的改革十分有限。因此,在全国范围内进行营商环境政策的优化,对提升我国营商环境至关重要。中、西部地区需从政策治理向法律治理转变,同时加强地方立法;中、西、东北部地区需由独立治理向协同治理转变,推动各部门联合发文;东北部地区需由行政监管向司法保障转变,提高司法文件质量;各地区均需建立地方营商法治环境评估体系。

三、我国法治化营商环境水平差异的制度根源

依据经济基础决定上层建筑的原理,市场经济水平决定法律的内容及相关制度的性质。市场经济越发达的地方,越能对民众的权利诉求予以回应,越能为法治建设提供物质保障,这也是东部地区法治化营商环境建设优于其他区域的基础原因。然而,我们还需要探寻出现区域差距的制度性缘由。

毋庸置疑,法治化营商环境建设不是政府的一家之责,也不能通过单一的行政权运作完成,它是一个系统性的工程,需要立法、行政、司法乃至社会组织的合力才能达到良好的效果。从治理文件上看,差距主要表现为:治理文件发布的位阶不高,以政府职能部门的规范性文件为主,而较少以地方立法的形式存在;政府各部门单独发布治理文件,而较少以联合发文的形式进行协同治理;以行政监管为主要的治理手段,而忽略了司法治理的重要性。一言以概之,在制度建设程度稍落后的区域存在着"立法、司法与行

政的互动中以行政为主,在行政各部门的互动中,以单独发文、单独治理为主"的特点,该特点体现出立法、司法与行政之间及政府各部门之间对于法治化营商环境建设的整体规划不足,也未能充分理解制度建设需要多管齐下。深究其因,实为地方横向权力未合理配置。地方横向权力配置主要是指地方各机关以及地方政府内部职能部门之间的权力分配,以权力之间协调和调配的适度与平衡为要求。制度体系必须先于权力运行规范而设计,因为只有在权力合理配置的基础上,权力的规范运行才有可能性。[1]

(一)权力合理配置是权力规范运行的必要前提

第一,权力配置是权力运行的前置环节,只有合理配置才能规范运行。从权力运行理论上看,权力配置与后续的权力运行、权力监督、权力保障等环节密切相关,如果不能保证权力配置是合理的,就很可能导致整个权力体系失序。故而,权力的合理配置需要保证权力的授予和运行被控制在一个合理的范围内,这是权力制约与监督的基础,也是权力规范运行的前提。

第二,权力的合理配置有助于防止滥用权力。在传统权力配置理论之下,行政权占据主导地位,相对单一的权力配置导致权力高度集中与同质化,职权之间整合度与协调性较低,致使实践中权力运行不规范。权力区分的目的是达到一种均衡,即经过区分的权力之间建立起联系,他们相互作用、相互平衡。地方人大、法院、检察院等横向监督体系是用以引导、规范地方行为的关键性制度,如司法的监督作用对于克服地方政府决策行为的短期性、主观性有明显效果,对于纠正地方政府的非法治甚至反法治竞争行为能够产生积极作用。共同权力合理配置原理表现为通过机关之间的分权与制衡来保障法治或自由等目的价值的实现。

第三,权力的合理配置符合善治理论,有助于提高治理效能。善治理论(Theory of Good Governance)认为,良善的制度规范能够对多元主体的利益冲突进行协调或提供利益协调的方式;对多重利益需求进行选择与整合,能减少基于公权力内部、公权力与私权利之间的利益博弈而产生的额外交易成本。权力的合理配置是良善规范的内核之一,其能够有效促进行政权、立法权、司法权及私权利之间的平衡,防止公权力对私权利的侵犯和挤压,提高国家治理效能,准确把握权力的本质与特性,正确认识行政权力的非垄断性

---

[1] 许中缘、范沁宁:《法治化营商环境的区域特征、差距缘由与优化对策》,载《武汉大学学报(哲学社会科学版)》2021年7月6日。

及权力主体的多元性,实现权力在不同主体间的合理配置,保证各权力主体权责相当。在各自权限范围内依法履行职责,是保证权力规范运行的必要前提,只有权力配置实现了合理性,权力的使用才有可能规范化。

(二)权力规范运行是法治化建设的应有之义

权力来自权利的授予,并应当在其权限范围内实现对权利的保护。"公民以法律为依据,以保障自身权利和自由不为权力无端侵夺",是法治首要的也是最终的价值追求,权力的规范运行是实现该目标的重要路径。国家的法治化建设就是以良善的法律为主导,多元主体共同参与,综合运用各种方式处理各层级公共事务的持续性互动过程。这意味着,法治化建设已不再被单纯地看作解决纠纷的手段,而逐渐被视为创造新兴社会的工具。新兴社会需要一种系统整合型的权力体系来规范权力的运行,从而实现法治建设所要求的自由、平等、公正与权利保障。在全面深化改革,推进国家治理体系和治理能力现代化的语境下,法治化建设的系统性、整体性和协同性之必要越发凸显,这就要求权力诸要素与各环节的规范化。权力不得滥用无疑是法治建设的重要指标,以权力制约权力是权力规范运行与实现法治化建设的重要手段。如司法权与行政权的运行中,司法规范行政机关做出的许可、处罚、强制等行政行为,打破部门垄断和地方保护,建立与行政区划适当分离的司法管辖制度,这有助于监督政府全面正确履职,促进法治化建设。在权力规范运行的场域下,行政权内部自治相比外部权力的制衡更具有内生性、精准性、专业性、即时性,其与立法、司法有机结合,形成自我预防、自我发现、自我遏制、自我纠错于一体的系统化治理工具,既是规范权力运行最直接有效的途径,也是法治化建设的重要举措。

(三)地方法治化营商环境建设对横向权力配置提出更高要求

法治化营商环境建设需要充分认识营商环境建设与法治的内在契合,以"自由、平等价值为基础的市场制度和规范,使进入市场的主体有可预期的权利保障和公正的监管环境与公平的竞争环境"为逻辑起点,以立法、司法、执法几个维度为评价进路,当整体治理形成系统化、规范化的样态时,才能够完善法治化营商环境。要规范表达中央对地方的指引,地方人大、政府、法院、检察院之间的横向关系需形成规范配合与有效制约。这同时要求立法权、行政权、司法权在分配和行使时,应呈现一种动态平衡,需要根据各地不同的实际状况进行灵活调整。对以自由流通为基础的市场来说,其治理则需要给予横向权力配置更多的关注,否则很可能会出现对市场主体权利的侵犯和挤压等负面效应。

就当前的状况而言，各区域大多呈现出以"行政权为主导，立法权与司法权配合"的模式来进行治理，与市场经营所涉及的环节相匹配，这无可厚非。但我们需要思考的是，立法权与司法权在和行政权的配合上，应当占据多少席位才能使该地营商环境实现动态化最优。在立法权和行政权的配置上，若过多强调以行政规制为主，即以规范性文件进行治理，忽略立法的高位性规范，容易使治理方针的稳定性、可预期性与大众可获知性受到削弱；在司法权和行政权的配置上，若忽视司法文件的规范作用，则区域的治理将呈现只攻不守的样态，即形成事前规范或事后监管等主动性较强的治理风格，容易使市场主体处于疲劳应对的状态。当其权益受到侵害时，被动性、消极性的司法权配置缺失，易导致市场主体正当权益的保障不足，权力与权利之间的张力失衡。在行政权内部的分配上，即政府各个职能部门的履职过程中，"应当将其视为一个内部多层子系统构成的静态系统，这一系统又是更大系统的组成部分，系统的多层次性形成了管理活动的多样性，并构成了与前者对应的动态管理系统"，这是应然状态，而事实上很难形成这样的体系。因此，在建设法治化营商环境的场域下，应当更加注重权力间的横向配置，尽量规避上述情景的出现，以更好地保障市场主体权益。

法治化营商环境的建设需要规范权力运行，而规范权力运行需要建立在权力合理配置基础之上。因此，要缩小区域之间营商环境法治化建设的差距，提升区域营商环境法治化建设水平，可尝试横向权力合理配置的思路，根据区域特征，调整各机关之间的配置及政府内部职能部门的配合。因本文立足点为地方治理文件，故以地方治理文件为切入点，对各个区域提出直接的、有针对性的完善建议。①

第三节　优化法治化营商环境的路径举措

优化法治化营商环境的具体措施主要包括：持续强化民营经济的宪法地位、努力构建普惠型的平等竞争制度和环境；在理念、制度与行动中持续强

---

①　许中缘、范沁宁：《法治化营商环境的区域特征、差距缘由与优化对策》，载《武汉大学学报（哲学社会科学版）》2021 年 7 月 6 日。

化对私有财产权的严格保护;有序扩大市场准入范围,逐步减少国企行业垄断;努力发展现代金融业,推动民营企业融资便利化;推进公正司法,确保各种所有制经济平等适用法律;强化企业自治管理,弘扬企业家精神等。

一、法治化营商环境的宪法保护

优化营商环境的宪法保护主要是指持续强化民营经济的宪法地位,努力构建普惠型的平等竞争制度和环境。在我国以公有制为主体,多种所有制经济共同发展的基本经济制度确立过程中,民营经济的法律主体地位在宪法文本中有明确体现,经历了从"公有制经济的补充""必要的有益的补充"到"社会主义市场经济的重要组成部分"的发展历程。国家对民营经济的政策也经历了从"引导、监督和管理"到"鼓励、支持和引导并依法实行监督和管理"的变迁。经济平等作为一项重要的宪法原则,主要集中于宪法总纲部分所有制和财产权的相关规定之中。党的十八届三中全会提出"国家保护各种所有制经济产权和合法利益。保证各种所有制经济依法平等使用生产要素、公平公正参与市场竞争、同等受到法律保护"的公平竞争观。营造公平竞争市场环境和秩序,必须打破所有制"身份歧视",坚持法律面前人人平等原则,确保民营企业与国有企业、外资企业一样,具有平等法律人格,享受同等"国民待遇"。

平等属于关系概念的范畴。平等是指权利、机会和规则适用的平等,而不是指结果意义上的平等。实践中还存在一些地方政府行政干预过多,而公共服务、社会管理、环境保护等职责履行却不到位,在行政审批流程上不公开、不规范,加大了企业的申请审批难度等情况。没有规矩不成方圆,不同类型企业能够真正平等竞争的政策环境、社会环境和法治环境不可或缺,而这正是国家和政府应向市场和社会提供的最基本的公共服务之一。正如经济学诺贝尔奖获得者、著名的制度经济学道格拉斯·C.诺思所言:"国家所提供的基本服务,是一些根本性的竞赛规则。"

要落实好支持民营经济发展的政策措施,根据发达国家市场经济实践的经验,需要逐步推动产业政策向竞争政策的过渡,推进公平正义取向的普惠制政策。如果从20世纪五六十年代"以钢为纲"算起,至最近出台的一系列纲领性文件,我国产业政策已有半个多世纪的历史。产业政策实施一方面对扩大中国经济总量和提升发展质量发挥了重要作用,但并非所有政府支持的竞争性产业都得到了迅速发展,甚至有些受政府重点保护的产业核心竞争力未得到实质性提升,典型的如汽车、电信、银行业等;同时,产业政策一定程度上以政府控制代替市场协调,易致大量财产集中于少数人手中,造成社会分配不公及寻租行为。基于建设统一市场、坚定不移发展民营经济、扫除平等竞争障碍的要求,必须调整产业政策的实施方式,推进经济从"发展竞争"转向"平等竞争",也就是公平正义取向的、普惠型的竞争政策要逐步替代有倾斜的产业政策,成为我国统一市场运行的奠基石,成为规范市场竞争关系的主导规则,由此确立竞争政策在整个政策体系中的优先地位。这应是我国未来更深层次的全面深化改革的重要突破点和主要着力点所在。

从法律上而言,公平竞争权是一个市场主体必须具备的权利,只是在不同的国家和不同的发展阶段,其实现的程度不同罢了,越是在发达的市场经济体制中,公平竞争权的实现越充分。所以,从本质上而言,公平竞争权应属于商事主体的人格权。从人格权的本质和内涵出发,在法律上便意味着要实现和保护"成为一个人,并尊重他人为人"。因此,公平竞争权是市场主体所享有的,作为一个市场主体被其他市场主体所尊重,并被承诺以公平的方式竞争交易机会的权利。若该权利被侵害,当事人既可以请求有关行政机关干预,亦可行使私法上的诉权以便救济。例如,在美国,为了使公平竞争制度更具效率,其反托拉斯法及其相关法规除规定了托拉斯行为的受害人有权诉请托拉斯行为人赔偿其实际损失三倍的金额外,其赔偿金额还包括诉讼费和律师费。该规定给予了原告依据反托拉斯法提起诉讼的强有力的经济激励。[①]未来,我国应当继续借鉴发达市场经济国家的成熟经验,同时从公法和私法的角度出发持续强化对市场主体的公平竞争权的保护。

二、法治化营商环境的民商法保护与行政法保护

(一)在理念、制度与行动中持续强化对私有财产权的严格保护

我国民营企业用近40%的资源,创造了我国60%以上的GDP,缴纳了50%以上的税收,贡献了70%以上的技术创新和新产品开发,提供了80%以上的就业岗位,从而成为社会主义市场经济的重要组成部分和我国经济社会发展的重要基础。我国经济总量已达世界第二,中国经济总量从1978年占世界比例的1.8%到2018年占世界比例的15.86%,人均收入从1978年的

---

① 唐兆凡、曹前有:《公平竞争权与科斯定律的潜在前提——论公平竞争权的应然性及其本质属性》,载《现代法学》2005年4月28日。

343元人民币增长到2018年的28228元,成功的秘密就是保护私有财产权、保护民营企业。改革开放以来,我国从20世纪70年代末80年代初在农村建立家庭承包制开始,到20世纪80年代中后期放开民营经济和90年代推进国有企业公司制改革,逐步打破计划经济条件下国有经济一统天下的僵化体制,建设多种所有制经济共同发展的产权制度,依法保护各种所有制经济产权。①2003年党的十六届三中全会提出"要依法保护各类产权""保障所有市场主体的平等法律地位和发展权利",2004年将"公民的合法的私有财产不受侵犯"写入宪法,再到2007年出台物权法,标志着产权保护制度逐步形成。笔者认为,现在和今后深化改革的重点,依然是进一步完善产权保护法律制度、完善现代企业法律制度。

我国民间投资的增速一直远高于国有控股企业的投资增速。但2015年以来,民间投资增速逐步下滑,在2016年6月首次出现负增长。这种状况至今没有改变,因此,可以说民间投资长期处于低迷状态,民营企业家们表现出一定的安全感的缺乏。在现实中,公权力侵害私有产权和民营企业资产等现象时有发生;公有产权受到内部人侵犯和公有资产流失的情况依然在相当范围内存在;侵犯知识产权、严重损害技术创新积极性的行为也易发多发。这些都损害了大众的财产安全感,毁坏社会信心和对未来的良性预期,消磨企业家投资兴业的积极性,对经济社会发展造成负面效应。正是基于这样的现实和认识,党的十八大以来,党中央、国务院对加强产权保护提出了一系列新要求。党的十八届三中全会提出完善产权保护制度,保护各种所有制经济产权和合法利益;党的十八届四中全会提出健全以公平为核心原则的产权保护制度,加强对各种所有制经济组织和自然人财产权的保护;党的十八届五中全会提出推进产权保护法治化,依法保护各种所有制经济权益。2016年11月4日中共中央、国务院发布了《关于完善产权保护制度依法保护产权的意见》(以下简称《意见》),开篇第一句话就是"产权制度是社会主义市场经济的基石"。保护产权是坚持社会主义基本经济制度的必然要求。该《意见》还提出了"有恒产者有恒心"的共识,将平等保护各种所有制经济财产权这一理念贯穿全文,涵盖了产权保护制度的倡导与完善、政府行为的规范等内容,触及当前产权问题的核心。

---

① 李清云:《特色社会主义新时代民营企业可大显身手》,载《中国县域经济报》2017年11月2日。

(二)有序扩大市场准入范围,逐步减少国有企业行业垄断

当前我国存在的垄断现象主要是行政垄断。许多基础设施产业如电信、电力、民航、铁路,在引入竞争后,依然以自然垄断为理由,以政府原有法律、政策为护身符,继续限制竞争,它们也属于行政垄断。中国国有企业垄断的形成主要有这样三个原因:第一,传统的社会主义公有制理论要求。按照传统的公有制理论,我国的公有制只能是国家所有和集体所有两种形式。社会主义公有制经济的主体地位要求社会主义国有企业具有控制国民经济命脉的竞争力上的优势。石油、电力、运输等基础领域都属于关系到国民经济命脉的行业,必须实行国家所有。第二,基础设施建设一般都由国家投资。在我国经济发展初期,由于基础设施建设投资大、周期长、回报率低、投资回收慢甚至没有回收等原因,基础设施建设几乎都由国家投资、政府部门管理。第三,国家用法律形式,对关系国民经济命脉的一些政府管理部门,赋予垄断经营权、特许经营权、专卖权。在我国,除铁路、电信、航空、电力外,还有烟草专卖、食盐专卖。[①]

《中共中央关于完善社会主义市场经济体制若干问题的决定》中指出:"对垄断行业要放宽市场准入,引入竞争机制。有条件的企业要积极推行投资主体多元化。""对自然垄断业务要进行有效监管。"从总体上讲,竞争制度的引入是垄断行业改革的核心问题,产权制度改革是基础,而监管制度则是垄断行业改革与发展的根本保证。在推进我国国有垄断企业改革过程中,应将三者有机统一起来。[②]

在实践中,要不断努力统一市场准入原则、办法和条件,拓宽准入领域。在一般竞争性领域允许国有经济、外资经济、民营经济站在同一起跑线上公平竞争,这是制定公平的市场准入法的前提。应当统一民营经济、国有经济与外资经济进入同一竞争性领域的门槛,除国家法律法规明确禁入的领域外,民营经济都可平等进入。所有我国政府承诺对外开放的领域,都要鼓励民营经济加快进入。鼓励、支持民间资本通过参股、联合、并购、独资等方式参与水利、交通、能源、通信、城建、环保以及科技、文化、教育、卫生、体育等领域的投资建设。

诺贝尔经济学奖获得者斯蒂格勒认为市场准入包括四个方面:一是政府补

---

① 周雨风:《中国国有垄断企业的危害及治理》,载《理论观察》2006年10月20日。
② 周雨风:《中国国有垄断企业的危害及治理》,载《理论观察》2006年10月20日。

贴要取消。政府对国有企业补贴实际上就是对市场准入的不公平。二是减少行政许可。审批在有关国计民生的重大问题上还是需要的，但是不能用得太多和太广。对此在实践中应当严格贯彻和执行《中华人民共和国行政许可法》，以很好地规范政府审批行为。三是配套条件要统一。给民营企业的原材料价格同已经进入市场的国有企业的价格不一样，就会削弱民营企业的竞争力；配套品和代用品的政策不同，也会制约企业的公平竞争。四是价格公平。如果政府采取限定价格的办法，对新进入市场的企业是不利的，因为限定了价格，就难以竞争。因此，市场准入就要保障上述四个方面的公平。①

此外，我国应当积极构建竞争倡导（competition policy）制度。竞争倡导是反垄断执法机构实施的除执法以外所有改善竞争环境的行为，具有促进和补充反垄断执法、推进竞争政策有效实施和推动竞争文化建设的重要作用。我国竞争倡导制度构建的重点应在于引入立法优先咨询制度，推动准入管制的放松，逐步缩减反垄断除外适用范围，健全对管制的竞争评估，帮助企业进行合规制度建设，以形成多样化的倡导工具。

（三）努力发展现代金融业，推动企业融资便利化

在实践中，民营企业在资金、土地等生产要素的分配中受限严重。中小制造业企业占中小企业总量的 90% 以上，能从银行正规金融渠道获得贷款的不多，绝大部分靠自筹资金或民间借贷解决。民营企业融资难在我国一直是一个久困不解的问题。

持续的外部融资是促进民营经济快速发展的重要因素，理论界就金融发展对于企业外部融资的影响进行了较为深入的研究，以欧美等成熟市场经济国家为对象的研究基本上认同金融发展有助于企业获得信贷等外部融资的支持。有学者指出，金融发展可以通过微观渠道来影响经济增长和产出，金融发展程度的提高可以降低企业的融资成本、减轻企业融资约束、增加企业的研发投入等。在政府干预程度较低和金融发展水平较高的地区，国有银行对于不同股权性质上市公司的差别贷款行为有所减弱。同时，研究人员还利用金融深度指标检验了金融深化和企业成长之间的关系，研究结果表明金融发

---

① 刘振环、白非：《民营企业竞争权的法律保护》，载《燕山大学学报（哲学社会科学版）》2004 年 11 月 15 日。

展水平提高减轻了企业的融资约束从而促进企业成长。① 所以，根据科学研究的结果，持续努力发展现代金融业，不断努力推动企业融资的便利化，这在我国将是任重而道远的大事。

三、法治化营商环境的司法保护

就司法机关而言，应当严格遵守宪法法律，维护公平、公正和高效的司法环境，确保各种所有制经济、特别是民营经济在司法活动中受到平等对待和平等保护。在司法实践中，司法机关在履行审判、检察和司法行政职能时，要正确区分属于民商事性质的经济纠纷与属于刑法规范的经济犯罪，区分个人或企业的正当融资活动与非法集资、合法经营收入与违法犯罪所得、非公有制企业参与国企兼并重组中的经济纠纷与恶意侵吞国有资产、企业自主知识产权创新突破行政及行业管理规定与故意违反法律法规等之间的界限，在每一个司法案件的处理中体现公平和正义，确保政治效果、法律效果与社会效果的有机统一。对此，笔者提出以下几点建议：

（一）发挥审判职能，优化法治环境

法治环境的好坏直接影响企业的生存和发展空间，影响企业主的投资信心。人民法院必须充分发挥刑事、民商事、行政等各项审判职能作用，及时、准确、公平地处理各种争议，制裁各类违法犯罪行为，平等地保护和规范各类市场主体，重塑社会信用体系和商品交易安全秩序，创造一个平等竞争的市场环境和公正、诚信、高效的投资环境，为企业拓展经济发展空间。在民商事审判中，要注意依法保护企业的知识产权。要依法运用各种民事司法措施，坚决制止假冒、盗版等侵犯知识产权的行为和各种不正当竞争行为。对争议标的较大的民商事案件尽量采用调解的方式，不能一判了之。对胜诉的企业，要加大回收债权的执行力度，切实保障私人资本与投资者的合法权益，使企业主铁下心来加大投入，扩大规模，搞好经营管理。在行政审判中，对以企业为原告的，起诉有关行政机关涉及税收、行政收费、工商管理、质量监督、海关监督、经营自主权等行政案件，人民法院要审查行政行为的合法性，杜绝将审查的重点放在作为原告的企业主体的行为是否违法的错误做法。在刑事审判中，要依法坚决打击侵犯企业主人身和财产权利的犯

---

① 佟明亮：《法制环境、金融市场化程度与民营企业贷款——来自2012年世界银行中国营商环境企业调查的证据》，载《技术经济与管理研究》2015年10月26日。

罪行为。对改革开放过程中涉及企业的法律政策界限不清、罪与非罪不明的问题，要按照罪刑法定的刑法基本原则慎重处理。要严格区分和处理经济纠纷和经济犯罪的界限、改革探索中出现失误与违法犯罪的界限、执行政策中出现的偏差与钻改革空子实施犯罪的界限，区分合法的劳动收入与贪污受贿、侵占挪用、私分国有资产的界限以及经济活动中的不正之风与经济犯罪的界限。①

（二）更新司法观念，平等对待各类企业

要坚持解放思想、实事求是的思想路线，弘扬与时俱进的精神，自觉破除在所有制方面传统观念的束缚。特别是在中国经济融入世界经济一体化发展潮流的时代背景下，要树立公私无别、法治统一、公正透明、文明高效的现代司法理念，并用以指导审判实践。要在审判活动中充分体现"私有财产与公有财产一体保护"的原则，切实实行"法律面前人人平等"的原则，一视同仁地看待各类市场主体，平等保护各类市场主体的诉讼权利和合法权益，防止在司法领域对不同类型企业实行差别待遇和"双重标准"。

（三）借鉴"轻罪和解，重罪司法"经验

既要依法打击少数企业的违法犯罪行为，又不能因此打击企业在国内投资经营的信心，造成大量资金外逃，以致危害我国经济发展。如何破解这一难题，香港经济学家郎咸平提出，可以借鉴美国的做法"轻罪和解，重罪司法"。

美国没有国有银行，政府不直接参与经济，但美国仍然偏向于采用花钱赎罪的方式解决不严重的经济犯罪问题。有两个例子：第一，美国每隔约10年会对非法移民进行大赦。虽然非法移民违反美国联邦法，但众多非法移民无法缴税也是事实，美国政府大赦的真正目的是通过大赦获取税款；第二，美国证监会处理股市较轻微的不法交易也采用以钱赎罪的方式。郎咸平提议的法源基础即在于参照美国证监会的和解案例。在美国证监会强有力并可强迫被告举证的压力下，90%被调查的案子均可不经诉讼而由被告出钱和解。这种和解的主要原因非常微妙但却有效。对被告而言，采取诉讼方式，就算胜诉也要付出相当大的代价及遭受不必要的曝光，而一旦败诉，不但会遭受制裁，最重要的是在未来被股民控告的民事诉讼中不可进行翻供，从而面临天文数字的赔偿诉讼。相对来说，庭外和解不会带来这种不可翻供的压力。

---

① 贾伟杰：《民营企业的司法保障》，载《法律适用》2003年10月8日。

对证监会调查员而言，由于人手及资源所限不可能处理大量案件，他们也乐于采用这种事实上起到惩罚作用的措施。因此，在这类诉讼中，被告均选择通过和解而接受禁止令或其他处分，不需要承认或否认指控。同时证监会调查员也可宣称赢得此案，而不需要将被告强押上法庭以接受更严重的处分或不必要的曝光。和解的事实及法例由证监会发出和解通知书，该和解通知书可以当作今后调查的案例。但对于重大违法案件，美国证监会一样会采取法律行动而进入司法程序。

在我国，如果我们将企业轻微的经济犯罪案件都以司法程序处理，不仅造成司法体系负荷过重，也会造成企业恐慌而导致大量资金外逃。笔者认为，郎咸平的建议可以参考，"轻罪和解"不失为解决问题的一种办法。①

（四）继续加大力度重新审查有重大影响以及有争议的产权案件

在改革开放的推动下，我国司法体制改革和司法对产权的保护都获得了新的动力，但司法不公、不规范导致产权受到侵害的现象仍然存在。这些行为造成了一些侵害企业产权，损害了政府和司法机关的公信力。为了维护法律尊严和司法权威，应发布若干典型案例，有利于给社会以法治引导，唤起社会各界对保护产权的普遍认知，让大众感受到公平正义。②

（五）妥善处理企业经营不规范的所谓"原罪"问题

长期以来特别是在改革开放的早期阶段，各类企业特别是民营企业在成长过程中可能存在一些"灰色"经营甚至违法行为，一旦企业涉案，容易新账旧账一起算。对此，一些企业家忧心忡忡，人心不稳、投资意愿不强的现象。应该依据法律不溯及既往、罪刑法定、在新旧法之间从旧兼从轻等原则，以发展的眼光客观看待和依法妥善处理改革开放以来各类企业特别是民营企业经营过程中存在的不规范问题。③

在营商环境的平等竞争与司法保护中，还应强化企业自治管理，弘扬企业家精神。企业和企业家是经济活动的主体和创造社会财富的主要力量，也是建设民营经济法治化营商环境的重要参与者和受益者。2017年9月8日，

---

① 贾伟杰：《民营企业的司法保障》，载《法律适用》2003年10月8日。

② 胡戎恩：《平等保护产权是市场经济的基本要求》，载《第一财经日报》2018年1月2日。

③ 胡戎恩：《平等保护产权是市场经济的基本要求》，载《第一财经日报》2018年1月2日。

《中共中央国务院关于营造企业家健康成长环境弘扬优秀企业家精神更好发挥企业家作用的意见》(以下简称《意见》)提出要"营造依法保护企业家合法权益的法治环境。该《意见》明确指出,改革开放以来,一大批优秀企业家在市场竞争中迅速成长,一大批具有核心竞争力的企业不断涌现,为积累社会财富、创造就业岗位、促进经济社会发展、增强综合国力作出了重要贡献。营造企业家健康成长环境,弘扬优秀企业家精神,更好发挥企业家作用,对激发市场活力、实现经济社会持续健康发展具有重要意义。该《意见》在实践中的贯彻和执行,将是一件任重而道远的大事。

第三章　世界银行《营商环境报告》中的破产指标解读

第一节　世界银行《营商环境报告》中我国的破产指标情况分析

一、我国办理破产的总体情况分析

在世界银行评价各地营商环境所考量的因素中，破产司法能力是其中的一项重要指标，《营商环境报告2020》中，我国营商环境排名不断提升，已上升至第31位，但我国办理破产指数排名仅为第51位，远远落后于我国综合排名，成为进一步提升我国营商环境掣肘。因此，我国破产司法能力的提升，是优化我国营商环境的必由之路，加强我国破产司法能力，对于提升我国的营商环境指数排名具有重要意义。

随着社会主义市场经济的不断发展，市场机制运行中充满了机遇与风险，破产成为企业无法回避的话题。破产法是市场经济法律体系的重要组成部分，对于社会资源财富公平有序的重新配置，保证债务人和债权人的合法权益，从而满足市场经济发展的需要发挥着十分重要的规范作用。然而，现行的企业破产法在实践中已经暴露出它的缺陷，如何认识这些缺陷，完善破产法以适应市场经济的需求，成为当前的重要课题之一。

当前，我国的破产案件处理主要存在周期长、成本高、到位率低、相关配套框架不完善等问题。鉴于此，应当采取必要的破产改革措施，设置专门的破产法院和简易破产程序，建立高素质的破产职业共同体，以智慧法院形式推动破产案件信息化，并完善破产法的相关配套制度。①

---

① 李帅：《论我国破产司法能力的优化——以中日营商环境破产指标的对比为视角》，载《中国应用法学》2018年9月30日。

二、我国破产指数排名靠后的主要原因分析

根据《2020年营商环境报告》，中国"办理破产"营商便利度分数为62.1分，指标排名全球第51位，在190多个评估经济体中处于中等偏上的位置。根据报告显示，全球排名第一的是芬兰，其办理破产边路度评分为92.7分，比中国得分高3.6分。以芬兰为标的，我国办理破产各项指标情况对比如表3.1所示。

表3.1 办理破产指标对比

破产指标	中国	芬兰
破产按件处理时间（年）	1.7	0.9
破产成本（资产价值的%）	22	3.5
破产回收率（%）	36.9	88
得分	62.1	92.7
排名	51	1

通过上表对比可知，我国破产案件的处理能力与世界排名靠前的国家还存在着很大的差距，主要体现在以下几个方面：

第一，我国破产案件的平均处理周期过长。世行在进行营商环境评价时，主要选取了北京和上海两个城市指标进行平均，而在京沪地区的破产案件处理中，平均耗时周期为1.7年。北京、上海属于我国发达地区，司法供给相对充足，破产处理能力已高于我国的其他地区。根据世界银行对京沪两地法院破产案件处理情况的调研，我国企业重组转为清算大约共需要20个月。根据我国现行破产法，人民法院应当自收到申请之日起15日内裁定是否受理；人民法院受理申请的，应当在5日内将裁定送达申请人，并自裁定之日起25日内通知已知债权人受理破产申请并公告；重整计划必须在重整程序开始后180天内获债权人批准。但在实践中，准备债权人名单、起草方案并表决就需要耗费大约8个月的时间。若该方案被否决，案件将被转入破产清算程序，正式的破产清算完结（拍卖破产财产并将收入分配给债权人）时间还要延长1年①。相比较之下，芬兰的破产处理效率则更高，且以破产重整、

---

① TheWorldBank：DoingBusiness：2018 ReformtoCreateJobsEconomyProfile China，p.112, availableat http：//www.doingbusiness.org/~/media/WBG/DoingBusiness/Documents/Profiles/Country/CHN.pdf.

挽救为主。

第二，我国破产案件处理过程中企业的破产成本过高。所谓破产成本，是指破产相关费用占债务人财产的比重，其中的破产相关费用包括诉讼费用、破产管理人费用、律师费用、评估和拍卖的费用以及其他相关费用，破产成本即这些费用占破产财产的百分比。

第三，我国破产案件的清偿率较低。与芬兰破产案件88%的清偿率相比，我国的破产清偿率仅有36.9%，这就意味着在我国进行营商活动所面临的市场风险更大。虽然我国的破产法治已经有了长足的进步，破产清偿率比10年前也有了大幅度的提升，相比2008年平均破产清偿率8%提升了4.5倍[1]，但仍处于低位运行，这对于债权人权益的保护十分不利。

第四，以上问题并不仅仅影响世界银行对我国破产指标的评价，营商环境是一个综合的系统，我国法院的破产处理能力还深深影响着其他营商指标。例如良好的破产司法供给与增加公司获得信贷的机会和改善条件有关，由于它使债权人更有可能收回贷款，因此促进放贷。此外，对破产司法进行优化以提供商业救助机制，会在一定程度上降低企业的失败率，有助于保持提高整体创业水平，维持并增加就业岗位。通过促进无生存能力公司的有效退出和清算，破产法可以在整个国民经济中有效地重新分配资源，实现市场对资源的决定性配置。

综上所述，我们有必要梳理影响我国破产司法供给的问题，为优化我国营商环境创造更好的法治基础。

第二节　世界银行《营商环境报告》中的破产指标内容解读

良好的营商环境是一个国家或地区经济软实力的重要体现。其中，办理破产是评估营商环境的一项重要指标。本章拟对世界银行《营商环境报告》评价指标中的破产法律框架及其他涉及破产法的问题进行解读，强调正确理解与评价办理破产指标和我国破产法的规定与实务，并对立法与实务中的不

---

[1] 张晨颖：《企业破产中的"资不抵债"要件辨析》，载《华东政法大学学报》2008年第6期。

足之处提出完善建议。

本章主要内容包括明确保障债权人对清算程序转为重整程序的后续申请权；对《最高人民法院关于适用〈中华人民共和国企业破产法〉若干问题的规定（三）》（以下简称《破产法司法解释三》）赋予重整程序启动后新信贷优先受偿权的规定进行分析，并提出改进意见；论证企业破产法第83条建立的利益不受影响的债权人类别不参加重整计划表决的原则，是破产法司法解释三相关规定的制定依据；分析企业破产法和破产法司法解释三对管理人、债权人会议和债权人委员会三者之间对债务人财产处分权利的划分，明确管理人的财产处分行为不得与债权人会议通过的财产管理方案和变价方案相冲突，保障每个债权人通过债权人会议和债权人委员会对债务人财产的处分权；强调指出破产法司法解释三保障单个债权人知情权规定的重要意义，以及如何正确理解和执行；对破产成本进行了细化分析，提出如何正确认识与评价的意见；在破产结果问题上，突出在重整程序和清算程序中以企业营业整体出售方式对营运价值的保留，并对其在中国的实践进行了深入分析。

世界银行制作的《营商环境报告》，是对全球190多个经济体的企业进行评价的结果。在《营商环境报告》采用的评价指标中，办理破产是对一国破产相关法律法规以及企业破产程序的时间、成本和结果进行评价的标准。营商环境在评价一国市场经济完善性方面具有重要意义。对破产评价指标中的法律框架即破产相关法律法规以及其他指标中涉及破产法的问题进行分析解读，重点是如何正确理解我国破产法律制度以及对破产指标的正确评价，尤其是厘清在理解上易发生歧义的内容，并对立法和实施中存在的问题提出立法完善建议，以进一步优化我国营商环境中的破产法要素。①

《营商环境报告》设置评价指标体系的目的，是更好地综合评价一国市场经济在营商环境方面的健全与完善程度，看重的是社会实际效果，评价指标数字的高低仅是其外观透视。在对破产法律制度的评价中，有没有法律规定只是问题的一个方面，法律能不能得到顺利实施，实施的实际社会效果如何，同样应是我们关心的重点。为此，即使对一些我国形式上已经得到满分的评价指标，如果在立法规定和实施措施方面尚存在不足或疑点，本文也会

---

① 王欣新：《营商环境破产评价指标的内容解读与立法完善》，载《法治研究》2021年4月29日。

做相应分析，以寻求继续完善的路径，提升社会实施效果，把我国营商环境的改善真正做到实处。

一、破产程序的申请权问题

评价指标中的"法律程序的展开"即破产程序的启动，涉及三个问题，债务人可以启动哪些破产程序；债权人能否对债务人提出破产申请；破产程序启动的法律依据是什么。我国企业破产法对上述问题均有明确规定，所以在形式上都得到了满分。但这并不表明在当事人的破产申请权方面立法上已经不存在需要进一步优化的问题。

破产申请根据其提出的时间，可以分为启动破产程序的初始（启动）申请和在破产程序启动后转换程序性质的后续（转换）申请，后者如在法院受理清算申请后提出的转换为重整程序的申请，或者相反，因重整程序失败而提出的转换为清算程序的申请。所以，对当事人破产申请权的保障，也应当包括初始申请权和后续申请权两个方面。根据《企业破产法》第7条、第70条的规定，债务人、债权人可以提出清算程序或重整程序的破产申请从而直接启动破产程序，即享有对清算程序与重整程序的初始破产申请权。在法院受理债权人对债务人提出的破产清算申请后、宣告债务人破产前，债务人或者出资额占债务人注册资本十分之一以上的出资人，享有对重整程序的后续即转换申请权。根据《企业破产法》第95条第1款的规定，债务人享有对和解程序的初始申请权和在已经启动的破产清算程序中的后续申请权。但对提出破产清算申请的债权人之外的其他债权人在清算程序中是否享有对重整程序的后续即转换申请权，法律规定不够明确。

实践中有观点认为，在法院受理某一债权人提出的破产清算申请后，其他债权人便不能再享有将清算程序转换为重整程序的申请权。这种主张在法律上和法理上都是不妥的。这种观点不符合《企业破产法》的立法目的。第70条规定债务人与出资人享有后续重整申请权的主要立法目的，是要在破产清算申请受理后，管理人已经依据法律规定享有债务人企业全部事务的管理与处分权，债务人及其出资人的权利行使已经受到法律禁止或限制的情况下，为鼓励对债务人企业的挽救和重整制度的适用，仍允许债务人及其出资人不受破产法的一般性限制规定和管理人的制约，自主决定是否提出转换重整程序的申请。该条未在文字中规定债权人在此时有无重整转换申请权，是因立法目的本不在此点上，不能因此就简单地解释为是要限制或者剥夺在此种情形下其他债权人申请重整的权利。

《企业破产法》第 2 条第 2 款中规定，企业发生破产原因，或者有明显丧失清偿能力可能的，可以依法进行重整。据此，是否应当进行重整的关键，是债务人是否已经或者即将发生重整原因，以及债务人是否具有挽救希望和价值。第 7 条第 2 款规定："债务人不能清偿到期债务，债权人可以向人民法院提出对债务人进行重整或者破产清算的申请。"法律的总则通常规定立法的基本原则等重要内容，指导对各个法律分则的理解与执行，而分则的各个章节则是专门规定相关具体问题的处理。根据《企业破产法》的上述规定，在法院受理当事人包括债权人提出的破产清算申请后、宣告债务人破产前，没有任何限制其他债权人提出申请转换重整程序的规定。

我国立法明确规定债权人享有直接提出重整申请的权利，为此有观点认为，当债权人可以行使直接提出破产申请的权利并已经提出破产清算申请后，不应再允许债权人提出向破产重整转换的申请。这种主张的不妥之处，在于忽视了债权人与债务人两种不同申请主体之间存在的一个重大区别，即在破产程序中债务人仅有一人，作为单一主体提出申请要启动的破产程序的性质，在某一时点上肯定是统一且确定的。但债权人在破产程序中通常都是多数人，每个债权人作为独立的民事主体，其破产申请权都是独立行使的，不同的债权人对债务人应当适用何种破产程序经常会出现不同意见。在破产程序中，每个债权人都有表达意愿、行使自己对破产程序选择权的自由。所以，一个债权人提出破产清算的申请，或者法院受理了某个债权人提出的破产清算申请，不影响其他债权人提出重整申请包括申请将已启动的清算程序转换为重整程序的权利。否则，当破产案件有多数债权人时，法院受理了某个债权人即使是债权数额最小者提出的破产清算申请，则其他所有债权人便都丧失了申请将清算程序转换为重整程序的权利，这显然是错误的。这种片面的理解既不符合破产法的立法本意，又违背了日常事理，还可能放任故意曲解法律、欺诈性阻击其他债权人正当行使重整申请权、破坏困境企业挽救的行为。

再者，通常只有在破产案件受理后，债权人才得以逐步深入了解债务人企业的具体情况，才具备判断应否申请债务人进行重整的客观条件，并正确评判自己的利益得失。如果债权人丧失在破产清算申请受理后申请向重整程序转换的权利，将可能使其在很大程度上丧失行使重整申请权的实际机会。既然目前的立法规定中存在可能被人误解或曲解的可能，就应当杜绝这一问题，以保障债权人的后续重整申请权，建议我国在修订破产法或制定司法解释时对此作出完善规定。

此外，对重整的后续申请权依法只能由债务人、债权人及符合法定条件的出资人提出，但在司法实践中曾出现个别由管理人提出后续重整申请的情况，这是错误的。管理人并非破产案件的实际利害关系人，不具有相应权利产生与行使的基础，我国法律也没有赋予其此项职权，故其是无权提出后续重整申请的，对这种严重越位、越权乃至侵权的行为，人民法院应当予以制止和纠正。

二、破产程序启动后新信贷的优先权问题

在破产程序特别是重整程序启动后，为保障破产程序的顺利进行、保障重整企业的继续经营，债务人企业往往需要对外借款。但因企业已经进入破产程序，出借人进行借款会存在较之正常经营企业更大的风险，所以往往要求予以相应的权利保障，由此便产生了破产程序启动后的新信贷是否可以享有优先受偿权的问题。

在《破产法司法解释三》实施前，《企业破产法》对此问题的规定不够明确。该法第75条第2款规定，在重整期间，债务人为继续营业而借款的，可以为该借款设定担保。也就是说，新贷款可以通过约定物权担保而取得立法第109条中规定的优先受偿权。但由于该条没有规定无担保贷款享有法定优先受偿权，对解决这一问题没有任何实质意义。《企业破产法》第42条第4项规定，人民法院受理破产申请后发生的，为债务人继续营业而应支付的劳动报酬和社会保险费用以及由此产生的其他债务，为共益债务。共益债务是为全体债权人利益而发生的，所以可以在破产程序中享有优先权，由债务人财产随时优先清偿。在司法实践中，通常都是对上述规定做扩大解释，理解为"为债务人继续营业而……产生的其他债务"中包括新贷款，使其获得共益债务的优先清偿地位。这样做虽符合一般的公平合理原则，但从法律规定上讲仍有不够明确、可能被质疑的地方。主要是在该条法律规定中列举的共益债务中，尤其是为债务人继续营业而产生的共益债务中，未包括新贷款这一对继续营业最为重要的科目。此外，立法列举的释例"劳动报酬和社会保险费用"的社会属性，与新贷款相差较远，以"由此产生的其他债务"将其涵盖，文字上也不够确切。如有的观点就认为，"由此产生的其他债务"，是指与"为债务人继续营业而应支付的劳动报酬和社会保险费用"

相关的其他债务，而不能扩大解释为与"继续营业"尤其是新贷款形成的债务。所以在《破产法司法解释三》第 2 条第 1 款中规定，管理人或者自行管理的债务人为债务人继续营业的借款，可以参照《企业破产法》第 42 条第 4 项的规定优先于普通破产债权清偿，但不能优先于此前已就债务人特定财产享有担保的债权进行清偿。同时，在程序上要求进行新贷款必须经债权人会议决议通过，在第一次债权人会议召开前则需经人民法院许可。据此，明确了破产申请受理后的新贷款可以参照共益债务优先于普通破产债权的清偿顺位。

在《破产法司法解释三》出台后，有的观点就第 2 条第 1 款中的"优先于普通破产债权清偿"，提出新贷款能否优先于普通债权中同样具有一定优先清偿顺位的职工债权、税收债权进行清偿的疑问。笔者认为，这是质疑者对普通债权的概念与范围存在误解。破产程序中，所谓普通破产债权是对特别债权而言，比较对象是《企业破产法》第 109 条规定的"对破产人的特定财产享有担保权"的债权。两类债权的区别是有无设置抵押等物权担保，能否就设定担保的特定财产享有优先受偿权。所以，没有物权担保的职工债权、税收债权等虽然在清偿顺位上有一定的优先地位，但同样是普通破产债权，应当在作为共益债务的新贷款之后清偿。《企业破产法》第 113 条对普通债权也按照其不同社会属性分有先后清偿顺位，但这种普通债权之间在清偿顺位上的差异，是不能与具有不同法律属性的共益债务相比较的。

此外，《破产法司法解释三》第 2 条第 1 款中关于新贷款不能优先于原来已有的对债务人特定财产享有物权担保的债权清偿的规定，考虑不够周全，存在不妥之处。应当根据新贷款的用途以及物权担保债权人是否从中受益，确定新贷款能否优先于原有担保物权清偿。在原担保物已经不足以清偿全部担保债权的情况下，当新贷款的全部或部分用途提升了担保物的价值，使担保债权人可以获得更多清偿时，在担保债权人受益范围内发生的新贷款，应当优先于在该担保物上原有的担保债权受偿。例如，在房地产企业的重整中，新贷款用于续建已经设置抵押的未完工房地产项目；在造船企业的重整中，新贷款用于对已设置抵押的未完工船舶续建，则这些贷款均应当优先于对该项房地产和船舶的原有抵押债权受偿。如果不承认新贷款在这些情况下对原有担保物权的优先权，就不可能有人会为这些企业的重整提供新的贷款，也不会有重整的成功，担保债权人的利益会受到更为严重的损失。

三、重整程序中的表决权问题

在《营商环境报告》中,重整程序部分有三个问题:哪些债权人有权对重整计划草案投票;破产法是否要求必须遵守报告所列举的相应规定,才能批准重整计划;破产法是否要求重整计划必须具体规定,对持异议债权人的预期回报至少等于他们在清算中获得的回报。本书将对第一个问题作深入分析,在后两个问题的评价中,我国得到满分,而且法律有明确规定,不再分析。

从理论上讲,凡是债权得到确认的债权人,除法律有特别规定者外,均可以享有对重整计划草案的表决权。但为实现表决公平和简化程序,立法是可以对表决权在不损害债权人法定权益的情况下予以调整的。如《企业破产法》第 83 条规定:"重整计划不得规定减免债务人欠缴的本法第 82 条第 1 款第 2 项规定以外的社会保险费用;该项费用的债权人不参加重整计划草案的表决。"此处不得减免的社会保险费用,是指由企业缴纳的应当纳入社会统筹部分的社会保险费用。职工需要连续缴纳社保费用,才能充分享受社会保险。如果重整计划规定可以减免债务人欠缴的社会保险费用,将使对职工利益影响长远的社会保险无法维系,使国家社会保险体系的正常运行受阻,从长远角度看,甚至可以说比工资债权的短期拖欠对职工利益影响更大,所以法律规定重整计划对此项债权不得减免。另外,此类债权人由于其利益不受重整计划的不利影响,重整程序与其无关,也就不应再参加对重整计划草案的表决。否则就会出现表决人的权利与义务不对等,由那些自身利益不受不利影响的债权人去表决其他受不利影响债权人的利益,这是不公正的。所以,本条规定不仅是确立了社会保险债权人不参加重整计划草案表决的操作规则,而且实际上建立了在重整计划中利益不受不利调整和影响的一类债权人不参加对重整计划表决的重要原则。

《破产法司法解释三》参照《企业破产法》第 83 条的规定,在其第 11 条第 2 款中指出,权益因重整计划草案受到不利调整或者影响的债权人或者股东组别,有权参加对重整计划草案的表决;而权益未受到不利调整或者影响的债权人或者股东组别,无权参加对重整计划草案的表决。此规定以利害关系人权益实际是否受到重整计划草案不利的调整或者影响作为能否实际行使表决权的前提,对表决权的行使作出更为精准的调整。司法解释这一规定的立法依据,便是《企业破产法》第 83 条及其所确立的相应原则。所以,本条司法解释是有明确上位法律依据的。①

对这一问题其他国家立法也有类似规定。如美国破产法第1126条第F款规定:"不论本条其他条款如何规定,未受到重整计划消减的债权或权益种类以及该种类中每一位债权或权益的持有人,都被认定已经接受了重整计划。该种类债权或权益的持有人不能申请接受重整计划。"据此,在美国利益不受重整计划不利影响的债权人类别被视为自动接受重整计划,其对重整计划的反对是无效的,即使是同意也不纳入通过表决组别的基数。这一设置是具有合理性的,我国自然也是可以借鉴的。

笔者认为,我国司法解释的这一规定有利于在重整程序中更为公平地维护各类债权人的权益,制约债务人或管理人在重整计划中纳入不利于债权人权益的内容,并更加注重市场化的商业谈判。就本条规定而言,如要实现对债权人等利害关系人权益的公平保护,关键是必须进一步明确何种情况属于利益不受不利调整或影响,保障其正确实施,否则就可能导致规则被曲解或者滥用,反而使违法者获得一个侵害债权人权益的新借口。

对某类债权人的利益是否受到不利调整或影响,需要有明确的判断标准。首先,需要明确"利益"的确定时点,司法解释规定中是否受到不利调整或影响的"利益",是指债权人在破产申请受理前原有的各种清偿利益,而不是指在破产程序启动后破产法上规定的可能已有减损和削弱的清算清偿利益。美国破产法第1124条对债权人利益"未受到削弱"作出解释,包括对"违约行为进行了补偿(延缓)、对债权以现金的方式做出了完全的清偿、或将债权人的权利原封不动地在方案中规定出来"。

其次,利益是否受到不利调整或影响,是指债权人的实体权利和利益。破产程序启动后,对债权人权利与利益产生的损害与限制等不利影响可能存在于实体和程序两个方面。程序性权利设置的目的是维护实体性权利,在不同的权利保护目的与实施背景下,程序性权利必然会有所区别。破产作为专门适用于债务人丧失清偿能力情况的特殊法律程序,必然会对当事人进入破产程序前原享有的各种保障债权实现的程序性权利进行相应的变更与调整,以实现破产法的调整目的。例如,除法律另有规定者外,在破产程序启动后应中止债务人对债务的个别清偿,等等。所以,我们评价债权人的程序

---

① 王欣新:《营商环境破产评价指标的内容解读与立法完善》,载《法治研究》2021年4月29日。

性权利是否受到限制和损害时，应当以在债务人进入破产程序后破产法规定的相应程序为标准，而对债权人实体性权利是否受到不利调整或影响的评价，则要以进入破产程序前原享有的债权权利为标准，两者的评价标准是不同的。

最后，确立对债权人的实体权利和利益是否受到不利调整或影响的具体标准。以原债权在破产程序启动前的权利与利益为标准，如其清偿数额、利率、偿还期限以及在设有担保情况下担保的方式与数额等，在重整计划中没有被作不利改变，并且及时对破产程序启动前和破产程序中的违约行为进行了补救，如对中止担保物的执行支付延期清偿的利息等，就可以认为债权人的实体性权利没有受到损害。

判断实体权利和利益未受不利调整和影响的关键要素包括三个方面。其一，债权获得全额清偿。所谓"全额清偿"是指债权的本金与利息都得到全部清偿。《企业破产法》第46条规定"附利息的债权自破产申请受理时起停止计息"，通常认为此项规定仅适用于普通破产债权，所以普通债权利息的截止日为破产申请受理时，而对物权担保债权则存在不因破产申请的受理而停止计息的主张。在一些企业的重整中，采用"债转股"的方式解决部分债务的清偿问题。由于在转股后将原有的债务清偿风险，转变为原债务关系所不具有的持有股权的新风险，所以也应当确认为对债权人利益存在不利影响，除非在有合理的选择权下转股人自愿接受。其二，债权得到及时清偿。需要注意，即使对债权在延期期间（指重整计划规定的对债权延期清偿的期间）的损失给予了公平补偿，延期清偿也属于受到不利调整与影响的情况。对债权的清偿是否及时，在重整程序中应当以重整计划规定的清偿日期是否有所延长为判断标准，因破产程序启动而依法中止债权行使权利的期间不应认定为清偿延期。对清偿是否及时，不能简单地理解为在重整计划为法院批准生效的当天就做出清偿，应当允许有一个较短的实施缓冲期间，如在十五日或一个月期间内的清偿均可以认定为及时的清偿。其三，担保物权得到充分保护。这是对担保债权人利益的特殊保护措施，主要指在重整计划中未改变担保形式、变更担保物、改变约定清偿方式等，没有使担保债权人的权利与利益受到不利调整和影响。

四、债权人在破产程序中的权利问题

《营商环境报告》债权人预期评价指标部分共有四个问题：破产法是否

明确要求债权人（通过债权人会议的决定或债权人委员会的决定）任命破产代表或核准、批准、拒绝指定破产的任命；如果在破产程序中出售债务人的实物资产，破产框架是否明确要求债权人（通过债权人会议或债权委员会决定）同意出售前述资产；破产框架是否明确规定个人债权人有权随时要求破产代表提供债务人业务和财务方面的信息；破产框架是否明确规定个人债权人有权反对接受或拒绝其自有债权和其他债权人的债权的决定。我国除第四个问题得分外，其他三个均未得分，下面对其中的法律问题进行分析。

（一）管理人的指定

管理人由谁指定，债权人在指定中享有何种权利，是《营商环境评价报告》中评判债权人权利的一项指标。我国《企业破产法》第22条第1、2款规定："管理人由人民法院指定。债权人会议认为管理人不能依法、公正执行职务或者有其他不能胜任职务情形的，可以申请人民法院予以更换。"第61条规定，债权人会议享有申请法院更换管理人、审查管理人的费用和报酬的职权。《最高人民法院关于审理企业破产案件指定管理人的规定》对债权人会议申请更换管理人问题做有具体规定。

各国破产法对管理人指定的典型模式有两种，其一是由法院指定，其二是由债权人会议指定，在这两种典型模式之间还存在一些具有不同折中性的模式。例如，有的国家在规定由法院指定管理人的同时，也允许由债权人会议对管理人另行选任。《德国支付不能法》规定，法院在受理案件后即应指定临时破产管理人，但在第一次债权人会议上，债权人可以选任其他人替换由法院指定的管理人，除非被推选担任管理人者不适于担任该职务，法院不能拒绝债权人会议的选任。有的国家规定由债权人会议选任管理人，但当债权人会议无法选任出管理人时，则由法院选任管理人。

各国对管理人指定模式的选择，与其历史和国情有关，两种方法各有优劣。由法院直接指定管理人，成本低，效率高，破产申请受理时就可以直接确定，减少周折，但需要有合理、规范的指定制度指导和制约，以防范指定不公、寻租受贿等问题发生，还应对债权人等利害关系人意愿不足的弱点予以补强。由债权人会议选任管理人，可以充分体现当事人的自治意愿，但可能会因意见不一相持不下，不利于提高效率，还可能影响管理人公正行使职权。此外，因在破产申请受理时无法立即召开债权人会议，往往需要法院先行指定临时管理人，然后在债权人会议召开时再选任正式的管理人，如果两者人选不一致，需要进行工作交接，使管理工作复杂化。

客观地讲，管理人指定的两种方式各有其优劣，并非由债权人会议指定就是最佳选择，要根据各国国情确定。"从破产法的发展历史看，各国破产法在破产管理人的选任主体上，普遍寻求一种融法院指定和债权人会议选任于一体的方法，绝对由法院指定或绝对由债权人会议选任都不是现代破产法的发展趋向。"但需要指出的是，我国在管理人的指定以及债权人和债权人会议对管理人指定的参与更换权利的行使等方面，无论是立法规定还是实施措施均有改革和完善的余地。

第一，在法院指定管理人的主导原则下，建立债权人参与管理人指定乃至共同指定的相应制度，尊重债权人的权利与利益。例如，对法院以随机方式选定管理人的，应当有债权人参与或主持对摇号、抽签每一具体过程的监督；对以竞争方式指定管理人的，应当有债权人参与对中介机构的共同评审，等等。同时，要建立选定债权人代表进行参与和监督活动的方式。

第二，进一步保障债权人会议更换管理人权利的顺利行使，并且对法院接到申请就应当更换管理人的情况予以具体化，特别是明确司法实践中更换管理人最为重要的理由——"履行职务时，因故意或者重大过失导致债权人利益受到损害"应当如何认定。要健全召开更换管理人的债权人会议的方式，《企业破产法》第62条中规定的债权人会议召集方式可能难以保障更换管理人会议的顺利召集。依该条规定，债权人会议"在人民法院认为必要时，或者管理人、债权人委员会、占债权总额四分之一以上的债权人向债权人会议主席提议时召开"。而当需要召开更换管理人的债权人会议时，依"人民法院认为必要"而提议召开可能是没有意义的，因为司法解释规定，当法院认为应当更换管理人时是可以不经债权人会议径行决定更换的。由管理人主动召开更换自己的债权人会议更是不可能的，而可以提议召开的债权人委员会并不是每个破产案件中均有设置，至于由占债权总额四分之一以上的债权人提议召开，在没有大债权人的情况下往往也是很难做到的。所以，需要考虑确立召开更换管理人债权人会议的公平合理的新机制。此外，还应当对在何种特别情况下赋予单个债权人申请更换管理人的权利予以认真考虑，缺乏这一机制，更换管理人问题有时是难以现实解决的。[①]

（二）债权人在财产处置中的权利

在这个问题上，《企业破产法》对管理人、债权人会议和债权人委员会

---

① 王欣新：《重整制度理论与实务新论》，载《法律适用》2012年11月8日。

三者之间的职权划分存在部分重叠和界限不清的情况。其第 25 条规定，管理人的职权之一是"管理和处分债务人的财产"。第 61 条第 1 款第 8、9 项规定，债权人会议的职权包括通过债务人财产的管理方案和变价方案。据此，债务人重要财产包括其实物资产的出售、变价等处置行为，最终应当由债权人会议决议决定。第 68 条规定，债权人会议的职权可以委托债权人委员会行使。第 69 条规定："管理人实施下列行为，应当及时报告债权人委员会：（一）涉及土地、房屋等不动产权益的转让；（二）探矿权、采矿权、知识产权等财产权的转让；（三）全部库存或者营业的转让；（四）借款；（五）设定财产担保；（六）债权和有价证券的转让；（七）履行债务人和对方当事人均未履行完毕的合同；（八）放弃权利；（九）担保物的取回；（十）对债权人利益有重大影响的其他财产处分行为。未设立债权人委员会的，管理人实施前款规定的行为应当及时报告人民法院。"

由于第 69 条仅规定管理人实施上述财产处置行为应当及时报告债权人委员会，而不是经债权人委员会同意或经债权人会议决议批准，而且与第 61 条规定的债权人会议对债务人财产的管理方案尤其是变价方案的关系，以及管理人对财产的处分职权界限不明，容易导致理解和执行上的歧义，使债权人的权益受到损害。

为解决上述问题，《破产法司法解释三》作出补充完善规定。首先，其第 13 条规定："债权人会议可以依照企业破产法第 68 条第 1 款第 4 项的规定，委托债权人委员会行使企业破产法第 61 条第 1 款第 2、3、5 项规定的债权人会议职权。债权人会议不得作出概括性授权，委托其行使债权人会议所有职权。"以此对债权人会议和债权人委员会的职权包括前者可以授权后者行使职权的范围作出进一步区分，明确对债务人财产的管理方案和变价方案的决定权不得由债权人会议授权债权人委员会行使，以保障债权人尤其是个别债权人在债务人财产处置方面的权益。

其次，第 15 条规定："管理人处分企业破产法第 69 条规定的债务人重大财产的，应当事先制作财产管理或者变价方案并提交债权人会议进行表决，债权人会议表决未通过的，管理人不得处分。管理人实施处分前，应当根据企业破产法第 69 条的规定，提前十日书面报告债权人委员会或者人民法院。债权人委员会可以依照企业破产法第 68 条第 2 款的规定，要求管理人对处分行为作出相应说明或者提供有关文件依据。债权人委员会认为管理人实施的处分行为不符合债权人会议通过的财产管理或变价方案的，有权要求管理人纠正。管理人拒绝纠正的，债权人委员会可以请求人民法院作出决定。人民法院认为管理人实施的处分行为不符合债权人会议通过的财产管理或变价方案的，应当责令管理人停止处分行为。管理人应当予以纠正，或者提交债权人会议重新表决通过后实施。"据此，《企业破产法》第69条规定中列举的管理人各项财产处分行为，仅是对债务人财产管理方案和变价方案的具体实施行为，不得与方案相冲突。所以，债权人是可以通过债权人会议或债权人委员会行使对债务人的财产处分权利的。

需注意的是，《企业破产法》对于管理人应报告债权人委员会的财产处分行为，仅作了定性的规定，而没有定量的规定，即没有规定数额界限，这就使该条规定部分内容的执行可能出现操作困难。如行为性质同样都是转让权利，但转让1000元的债权和有价证券与转让1000万元的债权和有价证券，对债权人利益的影响显然是不可比的，而依据两者的行为性质都需要报告债权人委员会。如果对管理人、债权人委员会以及债权人会议在债务人财产的具体处分权上不能作出明确划分和无缝衔接，将使管理人承担频繁报告的义务与职业风险，既影响破产程序的效率，也不利于债权人的利益得到真正保护。

由于实践中不同企业的财产规模差异较大，由立法作出统一数额规定十分困难，不具有可操作性。笔者认为，可以通过由债权人会议对债权人委员会和管理人进行授权的方式解决。即在债权人会议通过财产管理方案和变价方案的同时，根据本案具体情况对管理人的具体财产处分行为进行授权。根据行为的不同性质，对财产在一定数额或比例以下的，管理人可以先行处理，不必逐次报告债权人委员会，在进行定期报告时一并报告；数额在一定区间内的，应当报告债权人委员会；数额超过一定上限或对债权人利益影响重大的，应当召开债权人会议决定。

（三）债权人个人的知情权

知情权是债权人行使其他权利的基础。《企业破产法》对债权人知情权主要是从集体权利的角度作出规定，即规定债权人会议和债权人委员会的权利，而对管理人在破产程序中应如何向单个债权人履行信息披露义务，除债权确认环节之外，其他均未作规定。

没有单个债权人的知情权就不可能真正有债权人集体的知情权，前者是后者的基石。为进一步完善立法，解决实践中矛盾突出的单个债权人知情权问题，《破产法司法解释三》第10条第1款规定，"单个债权人有权查阅债务人财产状况报告、债权人会议决议、债权人委员会决议、管理人监督报告等参与破产程序所必需的债务人财务和经营信息资料。管理人无正当理由不予提供的,债权人可以请求人民法院作出决定;人民法院应当在五日内作出决定"。这一规定对单个债权人有权查阅的债务人资料范围、信息披露人、行使权利的方式以及权利的救济措施等作出明确规定,既是对破产立法的完善,也是针对世界银行对营商环境的评价指标所做的法律改革调整。

对于知情权权利主体即债权人的范围,有观点认为,那些已申报债权但尚在债权确认过程中的债权人,同样应当享有债权人的知情权。因为在司法实践中,许多债权人在债权审核阶段,对于其债权是否得到确认、债权性质和顺位以及确认金额等情况,尤其是对债权确认或不确认的理由,通常是无法及时知情的。许多债权人往往是在债权人会议上才知道管理人的债权审查结果,而所谓债权人会议对债权的核查实际上是根本不存在的,仅仅是管理人就其对债权的审查结果向各债权人通知宣读一下而已。"如果此时不允许债权申报人行使知情权,那么债权人就只好对管理人审核确认的金额提出异议,甚至由于信息不对称无法提起债权确认之诉,影响破产程序效率,徒增破产程序的对抗性。因此,我们认为,从对债权人知情权的保护角度考量,无论该债权是否已被人民法院裁定确认,均应保证债权申报人依据《企业破产法》第57条、本司法解释第6条的规定,获取债权表和债权申请登记材料等相应信息的权利。"针对司法实践中管理人的不规范行为,这一观点对知情权人范围的确定,有利于更好地保障单个债权人的知情权。

只有在双方信息基本对称的情况下,才会产生谈判的真实参与,才会存在公平、理性的博弈,结果才会被人们所接受、信服和执行。否则,所谓的博弈就可能会变成一场骗取不懂事儿童糖果的游戏,最终遗留于社会的只会是对法律尊严的失望、对重整制度的摈弃和对某些管理人的鄙视。[①]

五、其他破产法律问题的理解与改进

在《营商环境报告》办理破产的评价指标中,除法律框架部分外,还有一些实际涉及破产法及相关法律的问题,需要对法律规定和司法实践有正确的理解,才能对评价指标给予正确的答案。

---

① 王欣新:《营商环境破产评价指标的内容解读与立法完善》,载《法治研究》2021年4月29日。

(一)办理破产案件的时间

办理破产案件的时间长短,要根据企业的情况、适用程序的性质和程序之间有无转换等因素确定,并非千篇一律。《企业破产法》允许债务人、债权人等申请人直接提出清算申请或重整申请,同时也允许破产程序启动后在符合法律规定条件下进行程序转换,如从清算程序转换为重整程序,或者相反。通常,经过程序转换尤其是由重整程序转换为清算程序的案件,办理时间自然就会较长一些。所以,为避免本应直接清算的案件却滥用重整程序拖延时间,损害债权人权益,对重整申请的受理必须经过审查,认定其申请符合法定条件,而且进行破产程序的转换也必须符合法律规定的条件。

从各国的立法原则看,一般都是希望尽可能的挽救债务人企业的营运价值,我国也是如此。但在实践中也存在个别人对企业挽救的过度曲解,并在社会上造成了一些误解,如认为只要有当事人提出重整申请就都应当受理,有不同性质申请时应不加考虑的优先受理重整申请,甚至认为破产案件都应当考虑先重整,重整不成时再进行清算。这些主张既不符合破产法的规定,也不符合我国的司法实践,而且会严重损害各方利害关系人的权益。

重整失败后转为清算的案件所花费的办理时间,通常是各类破产案件中最长的,据此可以大致评价出办理破产的最长时间。但如对破产案件都按照先重整、后清算的模式进行评估,并确定一国破产案件办理的普遍时间,必然是不具有充分代表性且不准确的。

如前所述,要减少重整失败后转为清算案件的数量,避免破产程序的延误,就不能让那些不具备挽救希望和挽救价值的企业混入重整程序。《全国法院破产审判工作会议纪要》第14条"重整企业的识别审查"规定:"破产重整的对象应当是具有挽救价值和可能的困境企业;对于僵尸企业,应通过破产清算,果断实现市场出清。人民法院在审查重整申请时,根据债务人的资产状况、技术工艺、生产销售、行业前景等因素,能够认定债务人明显不具备重整价值以及拯救可能性的,应裁定不予受理。"据此,法院对重整申请是要进行必要的实质审查的,不能无识别受理。允许不符合重整条件的企业滥用重整程序,无助于困境企业的挽救,只会延误破产案件办理时间,浪费司法与社会资源,使各方利害关系人的权益受到不利影响。所以,尽管立法允许在重整失败后转入清算程序,但对于那些明显不具备重整价值以及拯救可能性的企业,则是根本就不应允许其进入重整程序的。我们在评价破产案件办理时间时,应以正常办理的程序为一般标准,根据实际情况和企业适用的程序性质确认。①

（二）破产成本

在《营商环境报告》的评估指标中，所谓破产成本，对照我国破产法规定的概念指破产费用，即为破产程序的进行而必须支付的费用。在一些国家，破产费用也被称为行政费用。《企业破产法》第41条规定："人民法院受理破产申请后发生的下列费用，为破产费用：（一）破产案件的诉讼费用；（二）管理、变价和分配债务人财产的费用；（三）管理人执行职务的费用、报酬和聘用工作人员的费用。"破产法中还规定有共益债务，不过其不属于行政费用的范围，即不是为破产程序进行必须付出的成本性支出。

在《营商环境报告》设定的案例中，评价者列出的企业破产成本包括诉讼费（0.5%）、律师费（5%—10%）、通知与公布费用（1%）、破产代表费（5%—10%）、会计评估员检查人员和其他专业人员费用（7%）、拍卖商费用（1%—5%）、以及服务提供者和政府征税费用（5%）。但是，上述费用中有一部分列入或全部列入破产成本是不适当的。下面根据我国立法和实践进行分析：

第一，诉讼费。属于破产费用的诉讼费一是法院收取的破产案件受理费用。国务院公布的《诉讼费用交纳办法》第14条第6项规定，"破产案件依据破产财产总额计算，按照财产案件受理费标准减半交纳，但是，最高不超过30万元"。二是因债权确认或财产争议等衍生诉讼发生的费用。对这些诉讼费用的交纳办法，在上述规定中没有特别规定。在司法实践中，对破产案件中的诉讼费用尤其是债权确认诉讼费用，法院通常都会允许减交费用，有的法院还按照非财产确权性质的纠纷按件收费（50元至100元）。此外，这些诉讼费用均是由败诉方负担的，不一定对债务人企业构成实际的费用支出，即使按照一半的胜诉率计算（实践中管理人对债权的确认和提起异议诉讼是十分谨慎的），债务人的承担诉讼费也要减半。我们在评价诉讼费时必须考虑到上述因素。

第二，律师费。此项费用在我国破产案件中的支出，司法解释是有特殊规定的。最高人民法院《关于审理企业破产案件确定管理人报酬的规定》第14条规定："律师事务所、会计师事务所通过聘请本专业的其他社会中介机构

---

① 王欣新：《营商环境破产评价指标的内容解读与立法完善》，载《法治研究》2021年4月29日。

或者人员协助履行管理人职责的，所需费用从其报酬中支付。破产清算事务所通过聘请其他社会中介机构或者人员协助履行管理人职责的，所需费用从其报酬中支付。"规定的目的是为避免出现管理人将其本职工作交由同性质的中介机构承担，并将聘请费用纳入破产费用，从而使管理人报酬和破产费用重复收费。据此，律师事务所担任管理人时（律师事务所在各地的管理人名册中占据大多数，所以此种情况最多），除在境外诉讼等特殊情况外，原则上是不存在律师费的。因为破产案件中的律师业务均应由担任管理人的律师事务所自行办理，即使其聘请其他律师事务所进行诉讼，所需费用也要从其管理人报酬中支付，而不能作为独立的律师费在破产费用中支出。由破产清算事务所担任管理人时，其聘请律师事务所进行诉讼，所需费用也是从其管理人报酬中支付，不存在律师费。只有会计师事务所担任管理人时，才可能存在律师费问题。另外，在司法实践中，有时法院指定的是联合管理人，如由一家律师事务所和一家会计师事务所担任联合管理人，这时不仅不存在律师费，其他中介费用也可能会减少。

第三，破产代表费，即我国的管理人报酬。对此需注意的是，我国的管理人可以由清算组担任，清算组由政府部门派出工作人员和中介机构共同组成。《关于审理企业破产案件确定管理人报酬的规定》第15条规定："清算组中有关政府部门派出的工作人员参与工作的不收取报酬。其他机构或人员的报酬根据其履行职责的情况确定。"

第四，服务提供者和政府征税费用。所谓服务提供者的费用不包括会计、评估员、检查人员和其他专业人员的费用，我国立法没有将此项费用列入破产费用，在司法实践中一般是作为共益债务支付的。对于政府征税费用，是可以作为"管理、变价和分配债务人财产的费用"列入破产费用的。由于目前我国的税收法律制度是针对常态下正常经营企业制定的，未能及时调整以适应破产法实施的需要，与其他国家相比较，在破产程序尤其是重整程序中的部分税收不够合理，这也是我国有待进一步改革的领域。[①]

（三）债务人企业营运价值的保留

在《营商环境报告》的评估指标中，还包括破产程序的处理结果。所谓破产结果，主要是考察债务人企业的营运价值在破产程序结束时是否有法律

---

① 王欣新：《营商环境破产评价指标的内容解读与立法完善》，载《法治研究》2021年4月29日。

渠道能够得到保留。在重整程序获得成功时，企业主体得到挽救，其营运价值自然得到保留，故此项指标实际是要考察在破产清算程序（包括重整失败后转清算的情况）中，企业的营运价值是否有法律渠道得到保留。需要提示的是，由于大多数破产清算案件中的债务人早已无营运价值，其财产只能分散出售变价分配，所以能够在破产清算程序中保留营运价值的企业，客观上只能是很少一部分，在任何一个国家均是如此。所以，此项指标要考察的是在破产清算程序中有无可能保留企业营运价值的渠道，而不是有多少比例的清算企业能够实现营运价值的保留。

根据《营商环境报告》中对其问卷术语的定义，"清算"是指聚集并出售破产债务人的资产以便解散债务人并将收益分配给其债权人的过程。清算包括零散出售债务人资产或将债务人资产作为持续经营企业整体出售或出售其大部分资产。"重组"（即我国的重整）是指根据重组计划恢复债务人企业的财务状况和生存能力，从而使企业能够通过债务豁免、债务延期、债转股以及出售经营中的企业（或其部分）等方式继续经营的过程。

从上述两个定义可以看出，重组中的以"出售经营中的企业（或其部分）等方式继续经营"，与清算中的"将债务人资产作为持续经营企业整体出售或出售其大部分资产"，两者之间存在明显的相互重合领域。也就是说，根据《营商环境报告》的定义，将持续经营企业整体或部分出售以保留企业营运价值的方式，既可能发生在重整程序中，也可能发生在清算程序中。至于此种方式如何称谓、归于重整程序还是清算程序名下，则看一国之法律如何规定，以及在破产法理论上和司法实践中如何理解适用。

我们要正确理解《营商环境报告》中对重整和清算实质意义上的定义，理解企业营运价值保留的不同方式，就需要纠正对重整制度的一个认识误区。有观点认为，重整就必须保持债务人企业主体资格的继续存续，如果将经营中的企业出售、导致其主体资格被注销，就不是重整而是清算，不再是挽救企业。这种看法是不符合企业重整制度实质和立法本意的，更不符合《营商环境报告》中对重整（组）的定义。我们不能将企业仅视为固定财产的集合体，而必须看到其还是各种经营资源与经济关系的集合生命体，企业的营运价值主要体现在其营业上。重整制度设置的目的是挽救企业所经营的事业，即其营运价值，而不仅仅是企业的一个外形或空壳。所以，挽救企业的营运价值并不局限于使债务人原企业外壳继续存续一种方式，特别是当企业外壳成为不利于其事业挽救更生的负担时。要建立起重整不必形式主义地维持债务人企业外壳继续存续的适应市场经济的新观念。

从一些国家的立法与实务情况看，重整主要有两种模式。第一种是传统的企业存续型重整，即保留企业原有主体外壳存在，使其营运价值在原企业中存续的重整挽救方式。第二种是出售式重整，即将债务人具有活力的营业事业之全部或部分（通常是具有营业独立性的主要部分）连同相应的有形与无形资产、就业员工等一并转让给其他企业，并在该企业中获得重生，维持营运价值，同时将企业营业的转让款以及其未随营业转让的其他财产变现款清偿全体债权人。之所以称为出售式重整，标志性的特点就是在转让营业后将原企业注销，不再保留其存续，原企业具有的营运价值在收购营业的企业中实现挽救，并得以继续经营。在我国，从战略投资人介入方式的角度看，存续式重整主要是以调整变更债务人企业股东股权的方式进行，而出售式重整则是通过转让企业营业与资产的方式进行。

在一些国家的破产法中是明确承认出售式重整的，并将其作为重整的一种方式，适用重整程序的法律调整。也有一些国家虽也采取出售经营中企业（或其部分）的方式，维持企业营运价值，但并未将此视为重整程序的组成部分，而是作为清算程序的一种手段。所以，也有人将其称为重整式的清算。

我国立法对出售式重整的方式没有具体明确的规定，不过《企业破产法》第69条规定，管理人可以转让债务人的全部库存或者营业；第112条规定，破产企业可以全部或者部分变价出售。所以采取出售方式挽救企业营业即营运价值是有法律依据的。笔者认为，将此种方式定义为重整程序更为合理，且因其程序制度支撑更有利于获得成功（如在重整程序中限制担保物权的行使等）。不管对此称为出售式重整还是重整式清算，在我国都已经有很多实际案例。也就是说，按照《营商环境报告》的术语定义和评估指标，无论是在重整程序中以"出售经营中的企业（或其部分）等方式继续经营"，还是在清算程序中"将债务人资产作为持续经营企业整体出售"，在我国的司法实践中，破产程序进行的结果都是有实现企业营运价值保留渠道的。所以，我们应当放开视野、更新观念、改革创新，摈弃旧的思维模式和操作惯例，从而对《营商环境报告》评估指标以及我国破产法的立法和实施状况作出正确和准确的评价。

当前在我国，优化营商环境不仅是立法的问题，更多的是实施的问题。在健全完善破产立法的同时，我们必须重视对法律的正确理解与顺利实施，才能使营商环境和我国的法治建设在实质上得到真正的改善与提升。[①]

第三节 世界银行《营商环境报告》中的破产重点指标研究

如前文所述,作为评价一国企业破产制度完备程序的重要指标,办理破产指标对于优化营商环境建设具有重要价值。其中,破产"回收率"作为世界银行营商环境"办理破产"指标中的二级指标,占据50%的得分权重。我国由于破产程序耗时长、成本高、相关配套制度不完善,导致"办理破产"二级指标"回收率"居高不下,在当前各国纷纷对标"办理破产"指标的国际背景下,我国也在提升"回收率"指标上进行了有益的探索。建立简易破产程序,加强破产审判的信息化建设从而限制破产程序的时间消耗,通过优化管理人报酬机制减少破产程序成本耗费,以及提高破产职业专业化水平,完善府院联动机制来完善相应的配套制度,这些措施都有利于加强我国破产法律制度在实践中的实际运行效果,保障破产法律相关规定切实发挥作用,最终提升我国办理破产的司法实践能力。

世界银行每年发布的营商环境评估报告,对世界上190多个国家和地区的立法修改完善和营商环境优化建设,产生了直接的推动作用。世界银行的评估体系中设置了10个一级指标,"办理破产"位列其中。破产法不是一个静态的领域,而是动态地服务于经济体系,需要随着经济结构的演变而调整。我国营商环境总体排名与办理破产指标排名,整体呈现出稳步前进的趋势。"办理破产"的指标由"回收率"和"破产框架力度指数"两项子指标组成,我国"破产框架力度指数",在世界范围上已经处于领先水平,但"回收率"指标与世界优秀实践者还存在较大差距。"回收率"指标的设置,旨在降低破产程序的运行成本,扩增债务人留存财产,提高债权人回收的债权份额,从破产程序的偿付结果上均衡债务人与债权人的利益。本文通过对"回收率"指标进行分析并提出针对性建议,希望有助于我国破产法治的发展和破产审判能力的提高。

[①] 王欣新:《营商环境破产评价指标的内容解读与立法完善》,载《法治研究》2021年4月29日。

一、办理破产"回收率"指标解读

自世界银行开展全球营商环境评估工作以来,"办理破产"作为衡量经济体市场主体退出机制完备程度的重要内容,一直位列十大一级指标之一,而二级指标"回收率"作为主要构成则历经多次更迭。

回收率通过标准函数公式计算而来,破产时间、破产成本和破产结果,是最主要的三项指标,三者相互作用,共同构成回收率指标的计算依据。

(一)"回收率"指标发展脉络

2004年世界银行首份营商环境报告中"办理破产"指标被称为"关闭企业"(Closing a Business),此时主要是对各个国家关闭企业程序和效率进行打分,包括:关闭企业所需时间(Time to Go Through Insolvency);关闭企业所需成本(Cost to Go Through Insolvency),即以关闭企业花费占企业总资产的百分比计算;绝对优先权的保留(Absolute Priority Preserved),即企业进入破产程序后享有优先权的债权人能否得到优先清偿;有效指数(Efficient Outcome Achieved),即企业选择破产程序是否能够重整成功;破产目标指数(Goals-of-insolvency Index),即企业能否获得预期重整效果;法院权力指数(Court-powers Index),即法院在破产程序中能够对程序进行起到的作用力大小。此种计分标准存在诸多的不确定因素,且各指标有重复评价之嫌疑。因此,世界银行在2005年对"关闭企业"指标各项评分进行调整,重新划分为破产时间、破产成本和回收率等三项标准,将破产成本和时间单独列出,"回收率"指标雏形初现。

2013年世界银行将"关闭企业"这一指标改为现今所称的"办理破产"(Resolving Insolvency),显见关闭企业是完全而彻底的退出市场,而破产制度本身就包括破产清算、重整与破产和解三大主要程序。因此,称"办理破产"更加贴合营商环境对企业破产制度评估的实际意义。世界银行此时的评估指标已将破产时间、成本和结果作为回收率计算的构成要件。2015年世界银行又在营商环境评估中"办理破产"一级指标下新增二级指标"破产框架力度指数",简单来说,破产框架指数就是量化的破产法律评价标准。至此,"回收率"和"破产框架力度指数"就构成了沿用至今的世行"办理破产"指标的两大子指标。

值得一提的是,2008年全球金融危机对全球经济造成了海啸般的冲击,大量企业倒闭,然而却有一些企业成功地通过重整焕发了生机。美国航空公司重整案便是其中的典型代表。在全球金融危机的冲击下，陡增的劳动力成本、高油价以及旅行需求的抑制使得美国第三大经济载体美国航空公司面临巨大危机，幸而美国破产法中具有基础坚实的重整程序，美国航空公司于2011年10月申请进入重整程序，并最终成功重整了其财务和主体业务，避免了退出市场的厄运。重整程序的巨大能量全球瞩目，"办理破产"指标中企业能否因重整而获得新生也成为重要的衡量标准，回收率项下的"结果"考量便是最直接的判断。①

（二）"回收率"指标考察对象

世界银行的"回收率"也称为清偿率，是指有担保的债权人通过重整、清算或债权追回程序收回的美分在1美元中的占比。世界银行在评估中给出假设案例（Mirage作为一家酒店，在资不抵债时如何处理），答卷人结合所在国家的法律规定和破产案件处理经验作答后得出该项得分。

1. 破产时间

时间是衡量破产程序进行的重要依据，而企业在破产程序内所必须花费的时间，则成为影响企业破产效率、债权人回收率以及企业能否重整成功的重要因素。破产时间严格意义上来说并不能作为评判企业破产程序是否高效的一个依据，因为时间的长短无法直接决定企业资产的清算、债务的清偿。但是，时间指标却间接影响了企业破产程序中的成本和回收率等客观标准。普遍认为，在不考虑破产程序有效性的情况下，破产程序所占用的时间越短，破产程序越完善，破产所产生的成本费用越低，债权人回收率越高，破产结果越有利于企业清算或重整。问卷调查中的"时间"从公司违约之时开始，直到企业拖欠最大债权人银行的款项得到偿还时为止。其中，程序的各参与方中有些主体为了自身的利益，可能会采取有利于自己却对整个程序不利的措施，比如，提出拖延时间的申诉或延期申请等均被考虑在内。问卷提问为：根据所选择的程序，整个破产程序需要多长时间？假设案例的情形在我国破产程序中，往往不能获得重整，而是最终走向破产清算。根据我国《企业破产法》第75条规定，假设案例中Biz银行（Mirage酒店的担保债权人）将不会同意重整计划。Biz银行对重整计划的不赞成将导致法院裁定终止重整程序。法院将宣布Mirage酒店正式破产，并将重整转为清算程序。在清

---

① 王欣新：《营商环境破产评价指标的内容解读与立法完善》，载《法治研究》2021年4月29日。

算期间，法院将任命破产管理人负责召开债权人会议、确定债权人索赔清单以及起草分配计划。整个过程历时1.7年。

世界银行《营商环境报告》中曾记录："巴西的破产程序需要10年，因此，很少被使用。在塞尔维亚和黑山，清算程序需要7年以上，成本约为破产财产的38%。"在这种情况下，超长的破产时间导致债务人的破产成本极高，债务人资产在长时间的破产程序中不断地被消耗，如果在破产期间不允许企业继续经营来维持破产程序，那么程序所造成的大部分损失以及成本最终将由债权人承担，这无疑是一笔巨大的资金负担。

2. 破产成本

破产成本按债务人不动产总价值的百分比记录。成本计算以调查答卷为依据，包括诉讼费、律师费、破产管理人或破产接管人的费用、拍卖人费用、会计师和其他专业人员费用以及其他一切费用和成本。在我国，破产成本占企业总资产的22%，每项费用分别为法院费用（0.5%）、律师费（5%—10%）、通知和公布费用（1%）、破产代表费（5%—10%）、会计师估价员检查员和其他专业人员的费用（7%）、拍卖师费用（1%—5%）以及服务提供者和（或）政府征收费（5%）。

企业资产价值的最大化是企业进入破产程序的重要目的之一。即便企业在进入破产程序后能够被快速清算或者恢复，但如果这个成本过于高昂，企业大多不会采用正式破产程序。不难发现，成本是评价一个经济体破产体系的重要标准。当企业进入破产程序，造成的成本将直接影响该企业接下来的命运以及债务人、债权人的利益。如果一个经济体的破产体系不健全，那么大量的破产成本会直接损耗原本资产就短缺的破产企业，使债务人更无翻身之力。如果在企业破产程序中不能很好地维护债权人、债务人的利益，那么债务人或者债权人则没有理由让企业进入破产程序。

在我国破产成本费用中，破产管理人报酬所占比重相对较大，《最高人民法院关于审理企业破产案件确定管理人报酬的规定》第2条规定，破产管理人报酬按照"超额累退"方式计算管理人报酬，根据债务人最终清偿的财产价值总额来确定，累退计费标准在12%—0.5%确定。

3. 破产结果

世界银行对于破产程序成功与否的评判标准基本侧重于债务人回收率以及企业的后续存废，即企业是清算还是重整。世界银行曾指出，世界范围内关于破产制度的改革基本侧重于债权人权益问题，到2010年前后，则基本集中在债务人权益以及重整程序的完善上。这也从侧面显示出对"结果"这个二级指标的评判有较大的争议性,不同的国家和地区、不同的政治经济社会体系,各自的侧重点都会存在差异。例如,欧美地区更加注重债权人权益保护,东欧一些地区则更强调整体国家的利益,更愿意去保障国家税收以及企业员工的权益。

问卷中的"结果",是指破产程序结束后企业是作为整体继续运营还是最终被分割出售。需要明确的是,无论企业是重整成功还是被整体出售,只要保持其实体和业务整体存在,皆可继续运营,在标准化案例中皆可得 1 分。企业最终被清算且资产被分割出售,则得 0 分。根据前文分析,案例企业在我国只能进入清算程序,最终资产被分割出售。如前所述,在假定标准化案例的设定之下,只有在担保债权人的担保债权不受影响的情况下,担保债权人才会通过重整计划。但是,根据我国《企业破产法》第 75 条的规定,在重整期间,债务人对特定财产行使的担保物权应暂停行使。因暂停行使担保物权将使 Biz 银行受到影响,因此,Biz 银行将不会同意重整计划。Biz 银行对重整计划的不赞成将导致法院终止重整程序。法院将宣布 Mirage 酒店正式破产,并将重整转为清算程序。

日本、德国、英国、美国"最终结果"皆为继续存续经营。就德国而言,商业银行将对酒店销售价值的最大化感兴趣,这可以通过持续经营的销售来实现。如果可能的话,除了要求保留所有员工之外,不随购买转移负债。英国的做法更为细致,管理人将侧重于为整个债权人实现最佳结果,在这种情况下,这将通过将企业作为持续经营企业出售来实现。管理人从董事手中接管公司的管理工作,并拥有广泛的权力来经营公司的业务,从而使公司能够继续经营下去。管理人可以代表公司签订新合同,并优先向所有其他债权人(固定费用持有人除外)支付管理费用,以便企业能够继续经营。在美国,假设案例企业在很大程度上依然可以作为整体运营,但是,目前的股权可能会被剔除,新的管理层可能会被选中,即使酒店被出售,它也很可能作为持续经营的企业出售,因为它比零星出售能提供更大的价值。[①]

---

① 王欣新:《营商环境破产评价指标的内容解读与立法完善》,载《法治研究》2021 年 4 月 29 日。

二、我国提升办理破产"回收率"指标的现状与困境

（一）影响我国"回收率"指标的主要因素

1. 破产程序的时间进程

破产程序耗费的时间长短是能否实现企业价值最大化的重要指标。在我国完成完整的破产程序需要将近2年时间（1.7年）。办理破产用时最短的国家是爱尔兰，仅需要0.4年。从其他可比经济体来看，美国需要1年，德国需要1.2年，英国需要1年，日本仅需要0.6年。

我国《企业破产法》规定，企业可以在尝试重整无望后再转入破产清算程序，也可以在申请破产清算后认为企业有重生希望而转入重整，虽然是一种较为合理的制度设计，但也带来了破产程序的时间被延长的结果。就美国而言，企业申请破产，要么依据《美国破产法典》第11章申请重整，要么依据第7章申请破产清算，不可任意在两个程序之间转换。美国申请破产清算的申请费为245美元，申请重整的费用高达1167美元（不包括铁路公司重整案件），这也就使得申请人在提出申请前谨慎考虑所选程序。美国的克莱斯勒与通用汽车这两件大型重整案件，从破产申请的提出到重整计划的批准，总共花费了42天和39天。[①]

在实践中，企业的资产负债比率在进入破产程序时往往比较高。在裁定进入破产重整程序后，破产重整案件的审理期限有可能会进一步影响资产负债比，使债务人的资产进一步贬值，最终损害整体利益的实现。一个低效、耗时的破产程序最终可能会使企业因为无法摆脱困境而最终走向破产清算，而一个快速高效的破产程序可以拯救企业。同时，我国对于债务人的保护自法院受理破产申请时才自动开始，如果债务人事前有所准备，通过提出破产申请而获得破产保护并由此中断债权人的追讨行为，在我国实践中也时有发生。

2. 破产程序耗费的成本

成本是按照整个破产过程中完成程序的花费所占债务人资产总价值百分比计算的。在调查问卷中，成本包括：诉讼费、律师费、破产管理人的费用、拍卖人费用、会计师和其他专业人员的费用以及其他。相比我国22%的

[①] 王欣新：《营商环境破产评价指标的内容解读与立法完善》，载《法治研究》2021年4月29日。

总资产占比率,从全球范围看,挪威破产成本仅占总资产的 1%,主要费用包括:破产代表的薪酬最高 1%、律师费最高 0.2%、所涉会计师和评估员的费用 0.1% 和法院费用 0.05%。可比经济体日本的破产成本仅占总资产价值的 4.5%,其中律师费为 2%,破产代表或接管人费用仅 1%。美国破产成本占总资产的 10%,律师费用占 9%。英国破产成本占总资产价值的 6%,各项费用分布较为均匀,主要费用包括:管理员的报酬约 3%、拍卖费(约 1% 和可能的溢价)和律师费约 2%。

在国际上,管理人的报酬方式各不相同,总结起来共有两种。一种是按照时间即根据管理人工作的时间来计算报酬。时间计酬法有利于管理人对于债务人资产的全面掌握,但是又有可能造成时间的拖延,管理人为取得更高的报酬而消耗不必要的时间。另一种是按照标的额即根据债务人的总财产的比例来计算管理人的报酬。按照标的额计酬能够很好地促进管理人对债务人资产的查找和追回,提升企业总资产,但是,对于与资产无关的事项,管理人却缺少必要的自理措施。管理人可以根据破产的结果获得报酬,立法可以设定激励措施以实现收益最大化,这样可能提高回收率约 20%。全球有 50 多个国家按市场收益支付管理人报酬,包括美国、日本、丹麦、约旦、马来西亚、斯洛伐克等。世界银行 2009 年营商环境报告指出,波兰通过 2007 年生效的《受托人许可法》加强了对管理人员的专业要求,以确保他们拥有监督破产程序所需的技能和教育,同时将受托人的薪酬限制在破产财产价值的 3%—5%,高效的破产程序也激励了投资人的投资。

在我国,从世界银行评估报告的数据来看,破产管理人的报酬比重已经远远超出可比经济体的相关费用占比。此外,我国的管理人报酬制度还存在对无产可破的企业没有规定报酬支付方法、对按照"标的"额支付报酬分配的具体规定不明确等问题。在实践中,我国并未区分重整程序和破产清算程序中的管理人报酬,而是直接按照债务人最终可以分配的财产总额按照比例计算。这样的计酬方式难免单一,对于某些需要管理人付出额外劳动的相关事务却没有对应的报酬,难免影响管理人的工作积极性。[①]

3. 影响回收率的其他因素

第一,破产从业人员专业化程度。破产程序涉及多方当事人,管理人需

---

① 徐阳光、韩玥:《营商环境中办理破产指标的"回收率"研究》,载《上海政法学院学报(法治论丛)》2021 年 6 月 15 日。

要在法院和债权人之间斡旋,同样,债务人的合作程度也会对管理人的工作产生影响。其中,审理破产案件的法官和管理人的专业化程度对破产程序进程的时间、成本及回收率密切相关。一方面,破产管理人的专业化程度对破产企业的回收率有重要影响。他们的任务通常包括登记所有债权人的债权、评估和管理公司的资产(自行或协同债务人的管理层或债权人委员会进行)、收回破产受理前法定时间内处置的资产和清算破产财产。

各国法律在确定破产管理人是否有资格承担这些任务的方法各不相同。在接受世界银行营商环境调查的经济体中,只有42%的经济体建立了具体的专业标准,以确保替代管理层具备相应的知识和技能。大多数接受调查的东欧和中亚经济体以及经合组织高收入群体都采取了这样的做法。德国《破产法》只对管理人有资格处理此案并具有商业经验提出了一般要求。相比之下,在加拿大,破产受托人由破产监督办公室颁发执照,加拿大破产和重整专业人员协会确立了成为特许受托人的个人的官方资格程序,并为成员制定专业行为规则和专业实践标准。

另一方面,法官的专业化程度也越来越受到关注。2019年营商环境报告认为,一个准备充分和强大的司法机构是法治的基础。对法官的培训有助于迅速解决审判,并能达到更高质量的司法判决。培训还可以促进决策的更大统一性和可预测性,并可以提高公众对法律系统有效处理专门事项能力的信心。训练有素的法官通过基本原则和可预测的程序维护法治,同时,也能应对迅速变化的社会环境。② 司法培训项目可以提高司法绩效,对法官进行破产相关问题培训的经济体在解决破产指标方面往往表现更好。司法培训是成功实施破产法院程序监管改革并产生积极影响的关键因素。在阿拉伯联合酋长国,培训是其司法现代化战略的核心部分,对成功创建专门的商业法院、引入电子案件管理系统和实施新的破产制度,发挥了重要作用。

第二,专门破产机构的设立。一方面,从全球范围来看,在营商环境报告衡量的190个经济体中,只有31个国家有处理破产案件的专门法院。设立专门法院是为了处理商业、破产、证券或知识产权法领域的复杂法律问题。这类法院需要受过具体和复杂程序培训的专门法官。在不断变化的商业世界中,法官的知识必须跟上快速发展的商业监管环境。破产案件尤其复杂,因为涉及的利益相关方要求很高,包括面临财政困难的大量不同类型的债权人、破产管理人、从业人员和债务人。处理这类案件的法官必须知识渊博,并具有一定的跨专业技能,如财务和会计技能。

另一方面，许多国家都建立了完善的管理人协会，通过管理人协会来履行行业自治管理。我国现在已经有全国性的律师协会和注册会计师协会，但尚未建立全国性的破产管理人协会，只是在许多省市成立了不同层级的地方管理人协会。管理人协会有助于管理人的高效履职和活力的迸发，提高整个管理人行业的专业化水平，进而促进整个破产制度的高效发展，也有助于提升破产审判质效，及时出清"僵尸企业"，化解过剩产能。

此外，在企业的破产程序中，不单只是一个企业自身的问题，还会涉及企业破产清算时失业职工的安置问题，以及企业重整成功后的信用修复问题。不论企业重整还是破产清算，都离不开工商的登记和变更等问题，还包括破产企业的税费缴纳问题。这些社会问题，如果不能得到有效地解决，同样不利于经济的平稳发展。要想完成整个破产程序，外界的支持尤其是政府的支持至关重要。因此，在企业进入破产程序以后，各方的相互协助，各个社会部门的分工对于企业重整时的招商引资，清算时取得资产价值的最大化都具有重要意义。①

（二）我国在提升"回收率"方面的探索

当前，在各国纷纷对标"办理破产"指标的国际大背景下，"回收率"作为制约我国"办理破产"指标的最大短板，受到了高度重视，各地也在进行积极的探索。从各地实践来看，努力主要集中于以下几个方面。

1. 尽力缩短破产案件的办理时间

一方面，各地对于重整程序和简易破产程序的探索一直没有间断。预重整制度在我国尚未被立法明确规定，但是已有相关的法律文件对庭外重整作出了规定而且也有相关实践案例。2018 年 3 月，最高人民法院出台了《全国法院破产审判工作会议纪要》，其中第 22 条是对预重整实践探索成果的肯定，也为预重整制度的发展提供了法律上的依据和支持。2019 年 11 月，最高人民法院发布《全国法院民商事审判工作会议纪要》，其中第 115 条规定了庭外重组协议效力在重整程序中的延伸，为预重整制度的司法探索提供了更为具体的指引。在预重整案件中，重整方案不需要进入重整程序后再拟定，而是事先由债务人与相关利害关系人进行协商，在商业层面的谈判之后初步拟定出重整方案。在此基础上再申请企业进入重整程序，进入重整程序后将预

---

① 徐阳光、韩玥：《营商环境中办理破产指标的"回收率"研究》，载《上海政法学院学报（法治论丛）》2021 年 6 月 15 日。

先谈判的重整方案进行调整,这样可以极大地节约制订重整计划的时间。在最高人民法院于2016年公布的企业破产重整及清算的十大典型案例中,中国第二重型机械集团公司与中国第二重型机械集团公司(德阳)重型装备股份有限公司破产重整案,就是通过庭外重整与法院重整程序相结合来处理破产重整案件的典型代表。在最高人民法院于2021年发布的"人民法院实施破产法律制度优化营商环境典型案例"中,"预重整及时指定管理人,保障债权人的推荐权——北京联绿技术集团有限公司、北京新奥混凝土集团有限公司合并重整案",就是人民法院尊重债权人意见指定临时管理人,保障债权人对预重整管理人推荐权的典型案例。这些成功案例对于我国陷入困境的大型国有企业进行快速重整提供了借鉴。

另一方面,最高人民法院《关于深化执行改革健全解决执行难长效机制的意见——人民法院执行纲要(2019—2023)》(法发〔2019〕16号)明确提出,应推进执行程序与破产程序的有效衔接,将执行转破产、破产简易程序等行之有效的经验法律化。全国各省高级人民法院也纷纷出台司法意见。上海法院《进一步推进法治化营商环境建设实施方案》中规定做好对简易破产案件的识别,积极运用破产简化程序,加快破产办理进程,打通简易破产案件的"快车道";《河南省高级人民法院关于探索破产案件繁简分流建立简单破产案件快速审理机制的指导意见》的总体要求就是对简单的破产案件快速审理,要在符合法律和司法解释规定的程序和期限的前提下,通过充分运用信息化手段,采取简便工作方式,适用法定最短期限等办法,降低破产审判司法成本,提高破产审判司法效率。可见,简易破产程序在我国已有充分的发展实践。北京、上海、江苏、浙江等地法院率先试点破产案件简易审理,在依法受理和不损害利害关系人合法权益的前提下,进行有益的探索,适当简化审理程序,缩短办案周期。

此外,在互联网时代,现代科技在给人们生活带来便捷的同时,也能够为法治的建设提供新思路。为了应对日益迅速发展的互联网世界以及由此产生的具有相应特征的网络纠纷,我国已经设立了多家互联网法院,我国破产审判的信息化,也已经基本实现了破产程序全流程的覆盖。在破产重整申请被受理后,全国企业破产重整案件信息网、企业破产案件法官工作平台、管理人工作平台"一网两平台"实现对重整进行的全程追踪,通过与"总对总"网络执行查控系统对接,实现法官办案平台通过调用查控系统查询债务人的财产信息。破产案件审理的信息化建设,为办理破产重整案件节约了大量的时间。

2. 努力降低破产成本

为降低破产成本,各地采取了不同的措施。2020年9月印发的《河南省高级人民法院关于审理企业破产案件破产成本管理的指引》,对破产案件的诉讼费用、管理人执行职务的费用和聘用工作人员的费用、管理人报酬以及公益债务的成本耗费都作出了规定。其中一项重要的举措就是坚持破产财产处置的网络拍卖,破产财产处置应以网络拍卖为优先,坚持价值最大化原则,兼顾处置效率,最大限度提升财产变现溢价率。北京市高级人民法院于2021年4月2日发布《关于破产程序中财产网络拍卖的实施办法(修订)》,明确规定处置债务人财产应当采用网络拍卖方式,并应当优先采用整体出售方式保留和提升债务人的经营价值。2019年至2020年,北京法院通过淘宝网拍卖财产价值逾2.25亿元,节省线下拍卖佣金1125万元。2020年11月,北京破产法庭集中司法处置22辆京牌小客车,占该批北京法院处置资产总数的1/10以上,全部车辆拍卖溢价为60余万元。可见,破产财产的网络拍卖形式能够极大节约破产成本,在各地司法实践中逐渐形成了共识,并不断发展为降低破产成本的重要举措。

此外,针对"回收率"指标中管理人费用偏高的问题,最高人民法院确立了管理人报酬分期支付的原则。对于案情简单的破产案件,可以实行在程序终结后一次性付清,但是,绝大多数耗时长、案情复杂的案件,法院应当根据案件的进程和现实需要分期支付管理人报酬,这不仅是为了确保管理人职务的正常履行,同时,也是对管理人履职的一种激励。当案件进展遇到困难,及时拨付报酬使得案件顺利进行,也能够约束管理人勤勉忠诚履职。另外,在管理人工作开始的初期,先行拨付一部分报酬,也是促进程序进展的有效手段。另有观点认为,为了促进管理人更好地履职,可以尝试对有担保财产的收费制度。

3. 加强破产审判专业化建设

2019年至今,深圳、北京、上海等地先后成立了10余家破产法庭。破产法庭的成立是在之前破产审判庭的基础上取得的实质性进步,体现了最高人民法院致力于推动破产审判专业化建设的决心和动力,也为营商环境优化建设提供了制度保障。广州破产法庭自成立以来,审理各类破产及强制清算案件1293件,审结1189件,同比增长50%和33.75%,促使185家"僵尸企业"有序退出市场,为粤港澳大湾区经济建设和优化法治化营商环境提供了有力的司法服务和保障。近年来，上海不断加强破产审判司法能力的建设，引导当事人通过"债转股"和公开市场招募重整投资人等方式，不断提高破产重整的成功率和债权回收率，在近两年重大破产重整案件中，担保债权人的清偿率均达到100%。

破产管理人是一个追求行业高端专业化的服务机构，这样的机构要想获得长远的发展，必须制定一套自身的规范体系，行业的自治此时变显得尤为重要。但同时，我国至今依然没有全国性的管理人协会。虽然各省都编制了当地的管理人名册，但是，管理人名册的流动性不够强，而且各地对管理人的选拔所采取的评价机制也不尽相同，因此，导致了各地管理人水平的参差不齐。事实上，如果能够成立全国性的破产管理人协会，对管理人进行统一的分类和评价，在此基础之上进行各省管理人名册的编制和选任，能够极大地减轻法院的工作负担，同时，也有利于提升整个管理人行业的服务质量和专业化程度。我国已经逐步建立起许多省级的管理人协会，目前需要考虑建立全国性的破产管理人协会。①

三、提升我国办理破产"回收率"的具体建议

（一）限制破产程序的时间消耗

我国破产程序花费的时间，在全球范围内比较来看，依然有着较大的改进空间。限制破产程序的时间消耗，应在既有法律框架之内确保程序完整性、审判公正性的前提下，进行内容的细化和调整。探索预重整模式，能够在企业进入破产程序前对有重生希望企业的债务进行预安排，在达到各方主体协调的前提下再进入正式的重整程序，正式程序消耗的时间将会大大缩短。简易破产程序能够达到对破产案件繁简分流，节约司法资源，简易程序本身的一个特点就是程序耗时少。"信息化""互联网+""大数据"已经成为新的时代热词，加强在破产领域的应用也必将成为趋势，信息化与破产审判的融合是时代要求，也是回应社会的现实需要。②

---

① 徐阳光、韩玥：《营商环境中办理破产指标的"回收率"研究》，载《上海政法学院学报（法治论丛）》2021年6月15日。

② 徐阳光、韩玥：《营商环境中办理破产指标的"回收率"研究》，载《上海政法学院学报（法治论丛）》2021年6月15日。

1. 探索预重整模式

预重整制度起源于美国。联合国《破产法立法指南》中也设专门章节，提倡预重整模式。指南规定，在简易重整程序中不需要法院介入的，在启动正式的司法程序之前，破产相对方应达成一系列重整协议。换言之，预重整制度债务人在企业进入困境后，与债权人进行事先的协商，对于申请重整的意向与债权人明示，对于涉及债权人利害关系的一些事项事先与债权人沟通，根据债权人相应的反馈进行重整协议的修正；在取得债权人的同意和确保重整计划可行性的基础之上，向人民法院提出申请。

我国目前相关法律中并没有预重整制度的相关规定，在对预重整模式的探索中，必须坚持庭外重组和庭内重整的连接以市场化谈判、法治化约束以及债权人表决相结合。预重整的目的还包括促进庭外重组的发展，鼓励以市场化协商解决冲突，并通过预重整实现庭外重组与庭内重整的有机衔接，为鼓励困境企业尽早自主寻求挽救而建立制度保障，解决我国企业挽救启动过晚的痼疾。

2. 探索建立简易破产程序

简易破产程序的目的在于缩短破产程序的时间，减少破产成本。但是，简易破产程序的适用需要有严格的限制。只有对于案件简单，在债权债务关系明确没有大的争议的情况下才能适用，如果案情复杂，适用简易破产程序往往欲速则不达。我国对于简易破产程序的地方探索规则并没有上升到法律层面，因此，在通常情况下一般申请破产的案件都是适用普通程序。这就导致了对于案情简单的破产案件不能及时地运用简易破产程序节约司法成本，在审理过程中也会消耗更多的时间，这对于提高破产结案率是不利的。统一适用普通程序的安排，在一定程度上造成债权债务关系明确、债务人财产状况清楚、案情简单的破产案件，因程序要求烦琐而迟迟不能办结，影响了破产制度价值的发挥和社会公众对破产审判工作的评价。《最高人民法院关于推进破产案件依法高效审理的意见》对简单案件的处理也有回应，尝试在现有法律框架内构建简单案件快速审理机制。这为将来企业破产法修订时设立破产案件简易程序，提供了有益的制度探索和实践支撑。

当然，在灵活设计简易破产程序的同时，应谨守两条底线。一是严格遵循不损害当事人实体权益的基本原则。优化程序设计是为了更好地实现当事人权益，推动企业有序退出市场，促进社会经济健康发展；如果程序内容造成对当事人实体权益的损害，则程序的正当性就会受到怀疑。对于当事人实体权益的充分保护，既需要法律的明确规定，也需要法官在具体裁量时加以考量平衡。二是严格遵循不违背程序公正理念的基本原则。破产程序涉及利益广泛、主体众多，处理各方权益需要在公平公正的前提下进行，区分繁简、适度、均衡。在强调效率的情况下，不能对程序公正产生冲击，需要把两者统一起来。简易破产程序的设置，是一个理论性和实践性均很强的问题，需要循序渐进、多方论证，最终形成科学、有效的制度规范。

3. 加强破产审判信息化建设

通过网络召开债权人会议，不仅大大节约了时间，而且能够节省大量成本，提高效率。通过公开、透明的网络拍卖能最大限度地实现债权人的清偿利益。据统计，2018年浙江法院破产财产网络司法拍卖成交总额为195.18亿元，溢价率达到12.49%，最高单体破产财产拍卖成交14.44亿元。例如，在北京华都肉鸡公司破产重整案件中，通过互联网公开竞价方式以9.6亿元完成股权出让，超出财产估值1.7倍，相比线下拍卖节省了700万元。这不仅实现了债务人资产价值的最大化，同时，也极大地提高了债权人清偿率。在司法信息化的建设方面，我国走在了世界的前列。

除了通过网络召开债权人会议等形式来确保债权人的参与，破产资产的网络拍卖，近年来也正在如火如荼地展开。传统拍卖方式存在成本高，成交率低，溢价率低，还容易滋生围标串标、暗箱操作、权力寻租等现象。通过司法网络拍卖能够很好地遏制此类弊端，网络司法拍卖是实现各方当事人利益最大化的重要机制，既能提高财产处置效率，又能有效地去除权力寻租空间，彻底斩断利益链条。以浙江、江苏等省为例，网拍运行至今，实现了违法违纪"零投诉"。但是，随着司法网络拍卖市场的不断壮大，随之而来的就是如何确保破产资产网拍市场的充分竞争问题，以及在确保市场充分竞争的前提下，破产资产网拍机构的公益性使命和成本负担平衡问题。随着各个网拍平台的发展，各地开放的各类信息化平台进一步得到规范和整合。但是，加强司法审判与信息化融合的道路依旧充满荆棘，深化破产审判与信息化发展任重而道远。①

（二）优化管理人报酬制度

我国目前实行的是基于最终清偿总价值按比例计算管理人报酬。管理人

---

① 徐阳光、韩玥：《营商环境中办理破产指标的"回收率"研究》，载《上海政法学院学报（法治论丛）》2021年6月15日。

的报酬最终由法院决定，法院根据管理人的工作和债务人的资产状况在法定范围内确定，在一定程度上行使自由裁量权来确定债权人报酬。在破产案件受理以后，管理人一般同时也被指定，此时管理人已经开展了相应的工作，根据案件的不同情形赋予法院一定的自由裁量权能够使管理人的报酬获得公平保证。我国可以适时引入按时间计算报酬的方法，与现行制度结合，对于合理化管理人的报酬制度有一定的参考价值。对于现实中存在的"无产可破"案件，管理人往往先期垫付了大量的资金，当最终发现企业资产不足时，损失也难以收回。这对于企业的出清也是一个极大的障碍。对于这一现象，有学者提出，应当依据谁受益谁付费的原则，在担保债权的变价款中按照比例支付管理人的报酬。这在一定程度上能够确保管理人的报酬得到保障。应当避免出现债务人有资产但管理人却没有报酬的现象。

我国有些地方法院尝试设立管理人援助基金来保障管理人报酬。管理人援助基金的设立是为了能够确保破产程序的及时启动，在保障管理人基本报酬的基础上确保破产费用的留存。当然，这是一种十分有益的尝试，管理人制度的不断发展必然能够促进破产回收率的提高。

（三）完善相关配套机制建设

1. 提高破产职业专业化水平

破产制度曾被形象地称为"坩埚"，因为破产制度涉及的问题不仅仅是一个企业的破产，而且往往涉及公法和私法中的不同内容，涉及实体法和程序法的种种学科交叉。正是因为破产法的复杂性，也造就了破产程序调整手段的多样性。

相对于法官的一般法律知识而言，积累处理破产案件的人力资本大大缩短了破产程序的持续时间，取得了更可靠的结果，从而对破产结果产生了巨大影响。例如，为了成功地进行重整程序，法官必须表现出良好的会计和财务技能。在法国，破产法官通常能很好地理解企业的运作方式，这确保了法官更积极地参与听证和取证阶段的工作。司法机构的破产培训对监管改革的成功实施具有更广泛的影响。通过在破产改革后向法官提供培训，该系统更有可能实施监管变革。事实上，我国各地已经开展了一系列的法官培训活动。最高人民法院关于《深化执行改革健全解决执行难长效机制的意见——人民法院执行工作纲要（2019—2023）》（法发〔2019〕16号）对法官培训工作作出了明确的规定。加强对破产法官的专业性培训，也是提高破产程序效率的重要途径。

此外，破产管理人同样也必须拥有高超的专业化能力。破产管理人作为破产程序中的重要成员有时甚至能够左右破产程序的进程和发展。专业化程度对于破产进程的影响极大。管理人的专业化是实现其在破产程序中独立性的一个重要标准，是保障管理人主体地位的必备条件。只有在具备专业化知识的前提下，才能够有效地开展工作，更好地管理债务人资产，与债权人取得良好的沟通，与法院的理念达成一致，进而促进企业破产程序的高效进行。因此，破产管理人专业化已经成为破产管理人选任的一大趋势。我国现行的管理人名册制度在一定程度上能够保障管理人的专业化水平，但整体上能力良莠不齐，某些管理人不具备管理重大破产案件的经验。而我国现阶段管理人选任的方式却带有一定的随机性，因此，整体而言，需要加强对管理人专业化的训练，并通过管理人制度的名册分级管理和动态调整来促进管理人队伍建设。[①]

2. 完善府院联动机制

企业"从生到死"都离不开政府的管理和服务，破产程序中涉及税务清理、工商注销、职工安置、社会救济等。我国《优化营商环境条例》中要求"优化营商环境应当深刻转变政府职能，强化协同联动，完善法治保障"。发改委等部门关于《加快完善市场主体退出制度改革方案》明确指出，应当加强司法与行政协调配合。地方各级人民政府应积极支持陷入财务困境、符合破产条件的企业进行重整或破产清算。政府与法院联动机制对于提升破产回收率具有重要的作用。破产案件的办理，是办案与办事的结合、开庭与开会的结合、裁判与谈判的结合。一方面，法院需要政府部门的担当作为，为破产案件审理提供行政支持；另一方面，法院时刻肩负着破产法市场化实施的重任，需要防范行政权力在破产程序中的不当干预。建立破产审判政府与法院联动机制有深厚的理论和实践基础。

需要注意的是，政府作用在破产程序中的发挥，不能成为行政权力对司法权力的不当干预，不能成为阻碍破产程序的力量。有时候，有些地方法院倾向于通过在个案中指定清算组担任管理人的方式，来实现个案中的行政与司法协作，虽然也取得了较好的效果，但从可持续的发展方向来看，建立规范化、制度化的政府与法院联动机制才是应有之义。政府与法院联动机制的

---

① 徐阳光、韩玥：《营商环境中办理破产指标的"回收率"研究》，载《上海政法学院学报（法治论丛）》2021年6月15日。

建立也可变分散对接为集中对接，构建政府与法院统一协调机制，有助于有效地破解破产"立案难"顽疾，促进破产在市场主体救治和退出方面发挥更大的作用，建立统一的司法裁判尺度，形成企业退出和挽救的统一标准。

"办理破产"作为世界银行营商环境评估的十大指标之一，是企业市场退出机制的重要衡量因素。一个国家破产制度是否完备，除了要在实践中取得成效，法律体系的完备程度同样重要。我国破产制度在"回收率"这一指标上与国际优秀实践者相差较大。探索预重整模式、完善简易破产程序能够有效地限制破产程序的时间消耗。要减少破产程序的成本耗费，需要对管理人报酬的计薪方式作出更加积极的探索，进而降低破产成本。同时加强对专业人员的培训，建立专门的破产机构同样能够提升破产回收率。应当全面理解世界银行评估体系，它考察的不仅是一国法律体系的完善程度，还有其实际实施法律所带来的实效。整体而言，优化营商环境，提升"回收率"指标，需要全社会每个人对"破产"的正确理解，从而最终使我国破产制度内嵌于市场经济体制，并成为持续发挥拯救困境与规范退出功能的现代破产法律制度。①

第四节　影响我国营商环境破产指标的因素分析

破产法是市场经济法律体系的重要组成部分。破产法在我国产生的背景导致其存在着明显的时代特征，在实践中也暴露出缺陷和不足。对我国营商环境破产指标的影响因素进行系统性探析，对如何完善破产法以适应市场经济发展的需要至关重要。

一、现行破产法律措施的不足

按照《民法典》的规定，市场主体包括自然人、法人企业和非法人经济组织。其中，自然人包括个人、个体工商户和农村承包经营户，非法人经济组织包括个人独资企业、合伙企业等。按照现行《企业破产法》的规定，有资格进行破产和重整的只有企业法人，对非法人组织只能参照《企业破产

---

① 徐阳光、韩玥：《营商环境中办理破产指标的"回收率"研究》，载《上海政法学院学报（法治论丛）》2021年6月15日。

法》进行清算不能进行重整。

在市场经济条件下，破产法律制度与合同法律制度、市场主体法律制度同样重要。市场主体法主要规范市场主体的"入口"，合同法主要规范市场主体的市场行为，破产法主要规范市场主体的退出行为。现代市场经济，犹如一个人的生理系统，必须有健康的进食、消化和排泄功能。如果没有良好的退出机制，对于那些因市场环境变化或者因缺乏经验而破产的公司，就不能公平有序地退出市场和获得再生的机会，对整个市场来说就会形成"梗阻"。

长期困扰我国的"执行难"问题，其实有相当多的案件是"执行不能"，根据国际通例应当按照破产程序处理，不应再放在法院，形成执行积案。在我国，由于没有健全的破产法律制度，法院只能终结本次执行纳入"终本案件库"。数量不少的"僵尸企业"不纳税不履行债务，却占据土地、厂房、机械设备等宝贵的资源。其经营者、投资人不是不想注销登记，而是因为"僵尸企业"清算后其还要承担无限责任或者担保责任。如果破产法律制度能够公平保护所有的市场参与者，那么"僵尸企业"的投资人、经营者对"僵尸企业"的注销和清算就有了积极性，从而释放宝贵的市场资源。[①]

二、破产司法供给不足

近年来，各级法院、法官的业务能力不断增强，但是法院内部不同业务庭室的工作要求不同，不同案件要求法官的知识储备量也不同，因此司法供给和现实需求在破产法治中仍存在差距，具体而言体现在主体能力、庭室设置和考核规则三个方面。

破产法官的能力难以满足破产司法供给的需求。当前我国的法官都需要通过司法考试，具备充分的法律知识背景，但是要满足破产案件的处理需求，还需要破产法官具备一定的商业判断能力，既要判断破产企业是否具有营运价值以便决定进行重整还是清算，还需要在重整计划中审批业务重组的计划。对于破产法官而言，需要"阻止任何试图重整那些本应该清算的公司

---

① 唐俊：《建立个人破产法律制度 营造公平有序营商环境》，载《法制与社会》2021年8月15日。

的努力;推动任何试图重整那些具有营运价值的公司的努力"①,因此必须有能力判定企业的运营价值。市场派的法经济学学者道格拉斯(Douglas)教授认为营运价值一般包括三个方面的价值:有形资产的价值,如机器、厂房、存货等;无形资产的价值,如专有技术、经验、商业计划等;团队成员之间的协作关系②,这要求破产法官除了通晓法律之外,还需要具备一定的财务技能和企业管理知识,而这种复合型的人才是现在所紧缺的。正因如此,许多重整案件中,往往只涉及债务重整,而不涉及业务重整,这在一定程度上也会影响重整的成功率,影响破产法的实施效果。

破产审判庭的设置没有进行推广。我国在 21 世纪初就开始了专业的破产审判庭改革实践,其中设置了破产审判庭的法院包括但不限于深圳市中级人民法院③、温州市中级人民法院④、广东省高级人民法院⑤等,专业化的审判庭和审判团队提升了破产审判的业务能力,但是这种做法并没有在全国推广。因此大力推广该做法,让具备条件的基层法院建立和设置专业破产审判庭,最终推动专业的破产法院的建立,仍然是提升我国破产审判能力、发挥破产重整挽救功能的重要突破口⑥。

破产法官的业务考核规则设计不完善。破产案件的工作量与普通案件不同,因此同样考核标准下破产业务对法官的激励不足,法官出于理性考量便不愿意从事破产工作。实践中部分法院进行了破产案件考核规则的改革尝试,但是该做法一方面具有随意性,即缺乏科学的工作量测量,稳定程度不够;另一方面并没有形成公认的制度,只能在一时一地发挥作用,对于我国

---

① Douglas G. Baird, The Hidden Values of Chapter11: An Over view of The Lawand Economics of Financially Distressed Firms, p.2, availableat http://www.law.uchicago.edu/Lawecon/wp1-50.html.

② Douglas G.Baird&Robert K.Rasmussen, The End of Bankruptcy, 55Stann.L.Rev. pp.777, 763-768, 773-775.

③ 李曙光:《关于新〈破产法〉起草中的几个重要问题》,载《政法论坛》2002年第 3 期。

④ 鞠海亭:《温州"两链"金融风险司法化解与破产审判实践》,载《法律适用》2016 年第 5 期。

⑤ 申来津、张中强:《供给侧结构性改革背景下"僵尸企业"的破产法应对》,载《学术论坛》2017 年第 4 期。

⑥ 张艳丽:《破产重整制度有效运行的问题与出路》,载《法学杂志》2016 年第 6 期。

破产司法的大环境影响有限。

三、破产管理人费用等成本偏高

我国的破产成本是芬兰的 7 倍，但综观破产成本的构成，我国破产案件的法庭费用（主要是案件受理费）其实比芬兰还低，造成高成本的主要因素是破产管理人费用、律师费、拍卖费等。我国《关于审理企业破产案件确定管理人报酬的规定》确定了管理人报酬由法院确定的规则，并确立了 15%—0.5% 的超率累退法计算管理费，拍卖机关亦由破产法院进行委托，并非完全是市场竞争结果，使得破产成本无法受到市场之手的调节从而导致溢价。个别地区破产案件仅为少数几个破产团队所垄断，而法院也更倾向于在规定的比例中顶格确定破产管理人报酬，导致资金池内可以用于债权人分配的份额进一步减少，增加了破产成本的同时拉低了清偿比例。

四、参与执行制度的存在冲抵了破产法的功能

参与分配制度是在民事执行程序中，数个申请执行人对同一被执行人财产申请执行时，申请执行人可向人民法院申请按照各个案件的债权额比例分配被执行人财产的制度。参与分配制度在许多特征上与企业破产制度十分相似，历来有"小破产"程序之称。虽然参与分配制度的程序设计与破产程序十分相似，但是参与分配制度是无法起到替代企业破产程序的作用的。

首先，参与分配制度的设计缺乏债务人财产最大化的考量。债务人财产最大化是破产程序中的重要原则，其目的是最大限度地保障债权人的受偿比例，因此规定了由破产管理人来管理破产财产，以免债务人的财产在分配方案的研究和等待中不断地减损、贬值从而影响债权人利益。参与分配制度就缺乏这样的设计考虑，由于债务人的执行案件可能涉及不同法院，需要不同法院、不同债务人之间的协调，因此经常发生债务人财产减损的情况，特别是对于钢材、电子产品等财产的查封更是如此。

其次，参与分配的申请主体和参与主体只限于已经取得执行依据的金钱债权人。民事执行的执行依据包括民事判决、裁定（包括刑事附带民事判决、裁定）、公证书、仲裁书等，这就意味着正在诉讼、仲裁、公证过程中的债权和没来得及进入诉讼、仲裁、公证过程的债权是无法参与分配的，与破产程序相比缺失了债权申报程序，也将未到期债权排除在外。可以看出，

参与分配制度本身只保护一部分债权人,即只保护获得执行依据的债权人,而不是对所有的债权人提供公平的保护。

再次,容易诱发道德风险和信用风险。对于在民事执行程序中"当破而不破"的被执行人企业,最大的潜在风险还是其企业法人资格的继续存在。对于企业投资人来说,他们对企业的经营状况有一个清醒的认识,对企业的资不抵债情况也有清楚地把握,而躲在法人企业之后的股东很可能利用"当破而不破"的时间差和股东有限责任的制度设计,继续从事明知不可能完成的经济交易活动,这种活动就是经济欺诈活动[①]。

最后,冲抵破产挽救的功能。由于参与分配制度的存在,在一定程度上分流了破产案件或延缓了案件进入破产阶段的时间,可能会错过企业的最佳挽救时机,导致企业生产经营情况进一步恶化或财产进一步贬损,从而丧失重整的可能,降低企业破产的清偿率。

五、企业破产的配套制度不完善

我国破产法的配套制度还存在以下三项缺陷,制约着破产法治的成效。第一,破产的程序性规定不完备。我国《企业破产法》并没有明确规定破产案件的审理时限,而破产案件又难以完全参照《民事诉讼法》的时效规定,导致时效并不是破产案件绩效考核的重点。此外,简易破产程序的缺失使得所有的破产案件"一刀切"地适用同样的规则,也影响破产案件的处置效率。第二,个人破产制度尚未确立。实践中很多企业的投资人或者高管都是破产企业的担保人,但他们通过个人的资金运作隐匿了财产,逃避了担保责任,影响清偿率,在没有个人破产制度的情况下,单靠执行程序无法解决这一问题。第三,债权人权利保护制度不完备。从现行的评价体系来看,我国对于债权人权利的保护制度还存在不足,突出地表现在债权人知情权、查账权和相关信息获取权的受限,而共益债务的相对优先,可能在实践中影响债务人的重整机会,不利于债权人权利保护。

---

① 李帅:《论执行案件中法院职权主义破产启动程序的构建》,载《法律适用》2015年第11期。

第四章 我国破产法律制度研究

第一节 我国企业破产法的演变历程

一、我国企业破产法的建立背景

我国企业破产法是在计划经济体制向市场经济体制的过渡中建立起来的。在计划经济体制下企业的产生、经营、销售、盈亏全部由国家包揽下来，没有破产和失业是可能的，但这种体制不能适应市场经济场景中企业投资多元化以及鼓励竞争基础上企业追求利润的内在需要。一旦我们推行以市场经济为导向的企业竞争经济运行机制，建立公平有序的市场主体准入和退出机制就是不可或缺了。我国的企业破产法律制度就是在改革开放向市场经济体制的过渡中建立起来的。

新中国最早的地方破产立法是沈阳市人民政府于1985年2月9日颁布施行的《关于城市集体所有制工业企业破产倒闭处理试行规定》。该规定要求，负债超过资产或者亏损额达到固定资产总额的80%的企业，应当宣告破产。继而，沈阳市政府按照该规定对3家企业出示了黄牌警告，其中沈阳防爆器材厂于1986年8月3日被宣告破产，同年11月破产程序终结。此外，武汉、重庆等城市也曾于1986年出台了各自关于企业破产的相关规定。广东省六届人大常委会于1986年11月曾通过《深圳经济特区涉外公司破产条例》。[1]

二、1986年企业破产法

我国全国性统一的破产立法，是于1986年12月2日第六届全国人大常委会第18次会议通过的《中华人民共和国企业破产法（试行）》。该法正式

---

[1] 韩长印：《我国企业破产立法演变及启示》，载《公民与法（法学版）》2009年7月25日。

通过之前，曾就草案进行过多次实质性的修改。可以说，企业破产法的颁布，对于促进当时经济体制改革的进一步深入，改善企业经营管理状况和增强竞争意识，提高劳动生产率以及转变就业观念等，都起到了巨大的推动作用。由于企业破产法颁布之时，全民所有制工业企业法尚未出台（当时，企业法被认为是从正面引导和规范企业发展的法律，企业法的颁布和实施被视为企业破产法生效实施的前提条件），故而企业破产法将其生效实施的时间，延长至全民所有制工业企业法实施满3个月之日。实际上，企业破产法是从1988年11月1日生效实施的。

《企业破产法（试行）》有以下几方面特点：其一，适用范围限定为全民所有制企业。其二，宣告企业破产的原因是"企业因经营管理不善造成严重亏损，不能清偿到期债务"。其三，债权人和债务人均可提出破产申请，但债务人申请破产须经其上级主管部门同意。其四，债权人和债务人不能直接提出和解整顿的申请，只有由债权人提出破产申请的案件，在人民法院受理案件之日起3个月内，债务人企业的上级主管部门申请对债务人进行整顿的，债务人方可进入和解整顿程序。其五，破产企业的法定代表人或者破产企业的上级主管部门对企业破产负有主要责任的，对该法定代表人或者该上级主管部门的领导人，给予一定的法律制裁。

鉴于企业破产法仅适用于全民所有制企业，而全民所有制企业以外的其他企业同样需要破产法的调整，1991年4月9日，七届全国人大四次会议通过施行的《中华人民共和国民事诉讼法》（以下简称民事诉讼法）于第2编（审判程序编）中专设第19章"企业法人破产还债程序"，适用于全民所有制企业以外的具有法人资格的其他企业的破产案件。

将民事诉讼法规定的企业法人破产还债程序和企业破产法规定的内容相比较，可发现如下主要差异：第一，宣告破产的条件不同。全民所有制企业的破产原因为"因经营管理不善造成严重亏损，不能清偿到期债务"（企业破产法第3条）；非全民所有制企业的破产原因为"因严重亏损，无力清偿到期债务"（民事诉讼法第199条）。第二，对和解整顿程序的规定不同。企业破产法规定，全民所有制企业的和解程序与企业整顿程序互为条件；而民事诉讼法仅规定了非全民所有制企业的和解程序，对整顿程序无规定。同时，将非全民所有制企业法人的破产还债程序规定于民事诉讼法中，更突出了破产法的程序性特征。企业破产法共有6章43条规定，民事诉讼法中的"企业法人破产还债程序"一章只有8个条文。这些较为笼统的规定，无论是在实体权利的处理方面还是程序规范的适用方面，都不能充分满足司法实践的需求。故而，最高人民法院于1991年11月7日下发了《关于贯彻执行〈中华人民共和国企业破产法（试行）〉若干问题的意见》（以下简称《破产法意见》），并于1992年7月13日下发了《关于适用〈中华人民共和国民事诉讼法〉若干问题的意见》（以下简称《民诉法意见》），对企业破产案件审理中可能遇到的问题作了较为详细的司法解释，以求保障企业破产法的正确实施。

可以看出，我国目前的破产立法模式，首先是依企业的所有制性质将企业分为全民所有制企业与非全民所有制企业，对全民所有制企业制定破产立法调整；其次是将非全民所有制企业区分为法人型企业和非法人型企业，仅就非全民所有制法人型企业再进行补充破产立法。不同的破产立法之间，在具体的法律规范内容上存在一定差异。这种立法模式的形成具有一定的历史必然性。我国当时的经济体制改革尚不够深入，企业立法本身就建立在以所有制和行业为标准区分立法的体系模式基础上，在当时全民所有制工业企业占主导地位的企业组织结构中，为使破产立法与企业立法的体系相互协调一致，只能按企业所有制进行破产立法，并采取先全民所有制企业后非全民所有制企业的惯例顺序推进。

然而，随着我国经济体制改革的不断深入以及对市场经济体制改革目标的正式确立，1986年企业破产法中的内容已不能完全满足经济体制改革和经济发展的需要，并日渐暴露出其诸多缺陷，影响到对破产关系的正确调整。从各方面的反映看，这些缺陷主要包括：第一，受计划经济观念和体制的影响，该部立法存在立法理念和目标方面的偏差，在制度设计方面也显得不成熟；第二，立法内容简单、粗糙，诸多制度存在疏漏，法律规范缺乏可操作性；第三，对国外已有的成功的立法经验与制度借鉴不足；第四，适用对象范围上存在较大的局限性；第五，与其他法律之间的相互协调不够，与相关破产法规和行政规章包括国务院有关国有企业破产试点文件之间存在冲突和矛盾等。[①]

1994年3月，全国人大财经委员会根据第八届全国人大常委会立法规划的要求，着手组织新破产法的起草工作。1995年9月，全国人大财经委员会

---

① 韩长印：《我国企业破产立法演变及启示》，载《公民与法（法学版）》2009年7月25日。

将新破产法草案提交全国人大常委会。从公布的第八届人大常委会1995年的立法规划来看,破产法应属于1995年出台的立法文件之一。但因种种原因,破产法草案并未付诸审议。之后,破产法作为"列入八届人大立法规划的尚未完成的"立法项目,被列入了第九届人大的立法规划,直到第十届全国人大常委会才将此"立法规划"变为现实。

伯尔曼在《法律与革命》一书中说过,"法律的发展被认为是具有一种内在的逻辑;变化不仅是旧对新的适应,……并且至少事后认识到,这种过程反映一种内在的需要"。的确,法典编纂,通常总是以某种成熟的法律思想作为背景,并应充分反映出法律制度本身所应蕴含的时代特色。新破产法之所以长时间不能出台,部分原因在于相对于我国推行改革政策所造就的日新月异的社会情势变迁,破产法理论准备不充分及现有理论成果一定程度上不敷立法的需求,也在于破产案件中不同的利益相关者(担保债权与职工优先权等)在破产财产分配中可能存在的利益冲突。此间,为推动破产试点工作的开展,国务院于1994年10月25日发布了《国务院关于在若干城市试行国有企业破产有关问题的通知》(以下简称《通知》),《通知》对试点城市中破产企业职工的安置、破产财产(包括土地使用权)的处置、银行贷款损失的处理等破产法实施中的一些难点问题,作出了相应的规定。《通知》下发后,一方面,全国法院受理破产案件的数量大幅上升;另一方面,一些地方违反《通知》规定的试点城市范围实施破产,滥用《通知》中规定的优惠政策。据统计,1989年至1993年的5年间,全国法院共受理企业破产案件1153件,而1994年到1997年,全国法院共受理企业破产案件15479件,其中国有企业破产案件8578件。与此同时,不在试点城市名单之内的一些地方法院在地方政府的操纵和干预下,比照试点城市的做法处理了一大批"破产逃债"的案件,诸多有关破产逃债的案件的报道屡见报端。

在此情势下,国务院于1997年3月2日又发布了《国务院关于在若干城市试行国有企业兼并破产和职工再就业有关问题的补充通知》(以下简称《补充通知》)。《补充通知》强调指出,《通知》中有关破产方面的政策,只适用于国务院确定的企业"优化资本结构"试点城市范围内的国有工业企业。非试点城市和地区的国有企业破产,只能按照破产法的规定实施,破产企业财产处置所得,必须用于按比例清偿债务;安置破产企业职工的费用,只能从当地政府补贴、民政救济、社会保障等渠道解决。为协调解决破产企业的职工安置及再就业、银行呆坏账核销等问题,《补充通知》对试点城市的国有工业企业的破产案件受理程序，有一些特殊规定。后来的几年，全国法院受理的破产案件数量大都在 6000 件左右，在破产案件的规范化处理方面取得了长足的进步。鉴于新破产法草案迟迟不能出台，破产审判实践中的诸多新问题又亟须加以统一规范，最高人民法院于 2002 年 7 月颁布了《关于审理企业破产案件若干问题的规定》，自同年 9 月 1 日开始实施。这是最高人民法院第二次对企业破产法作出的全面系统的司法解释，该司法解释的施行无疑进一步推进了我国破产案件的规范化审理。如果说 1986 年企业破产法作为一部"试行"法，其追求的立法目标是初步建立起我国企业破产制度并开始试运行，该立法目的到我国正式确立市场经济改革目标之时已经基本实现，完成了历史使命，接下来的立法任务，应当是对我国的破产立法作出新的定位，对企业破产法长达 15 年的实施效果进行全面的回顾和检讨，分析立法的利弊得失，在此基础上参考世界范围内自 20 世纪 80 年代开始的破产法改革大势，同时结合历经 15 年变革的我国社会情势以及与市场经济相适用的企业运行机制和自然人的财产结构的变革，重构我国符合当代市场经济体制和现代企业制度的破产制度，圆满完成新一轮的破产法改革。毕竟，一部法典的成功编纂，是需要及时吸纳和体现社会发展所蕴含的时代特质的。[①]

三、2006 年企业破产法

2006 年企业破产法的颁布实施，标志着我国相对成熟的企业破产法律制度的正式建立。2006 年 8 月 27 日，第十届全国人大常委会第 23 次会议通过了新的《中华人民共和国企业破产法》，并于 2007 年 6 月 1 日生效实施，这是在对我国破产法作出新的定位的基础上，结合十余年来已经发生巨大变革的我国社会情势以及与市场经济相适应的企业运行机制和各类民商事主体的财产结构，圆满完成的新一轮破产法改革。它既吸收了我国相对成熟的破产法理论研究成果和国外比较成熟的立法经验，又映射了我国社会发展所蕴含的时代特质。

从企业破产法的立法结构和内容看，此次立法至少在以下方面实现了重要的制度革新：

一是设定了独立的破产清算、破产重整、破产和解程序。当事人提出破

[①] 韩长印：《我国企业破产立法演变及启示》，载《公民与法（法学版）》2009 年 7 月 25 日。

产申请时可以直接提出清算申请,也可以依法直接提出破产和解或者破产重整的申请,完成了我国企业破产法立法从偏重破产清算向偏向破产预防的立法转变,并建立了科学合理的破产预防程序启动机制。

二是确立了(破产)管理人在破产程序中的中心地位。规定了管理人的任职资格和条件。按照规定,管理人可以由有关部门、机构的人员组成的清算组或者依法设立的律师事务所、会计师事务所、破产清算事务所等社会中介机构担任。人民法院根据债务人的实际情况,可以在征询有关社会中介机构的意见后,指定该机构具备相关专业知识并取得执业资格的人员担任管理人。破产管理人制度确立,既克服了过去政府主导的破产案件的行政化运作模式,又一步到位地建立起了破产案件处理的市场化运作模式。

三是在立法层面确立了必要的过渡措施。一方面,允许一定范围内的国有企业破产在一定期限内继续实行特殊的处理方法。按照规定,新企业破产法施行前国务院规定的期限和范围内的国有企业实施破产的特殊事宜,继续按照国务院有关规定办理。另一方面,对破产企业所欠职工的工资及其他依照新企业破产法应当享有优先权的相关费用及补偿金,实行"新旧划段"的处理方法。按照规定,新企业破产法施行后,破产人在该法公布之日前所欠职工的工资和医疗、伤残补助、抚恤费用,所欠的应当划入职工个人账户的基本养老保险、基本医疗保险费用,以及法律、行政法规规定应当支付给职工的补偿金,依照该法规定的清偿顺序不足以清偿的部分,以该法规定的已经设定了担保权的特定财产优先于对该特定财产享有担保权的权利人受偿。过渡措施的采用,及早完成了新一轮的立法改革以替代早已过时的《企业破产法(试行)》,也减少了新企业破产法在生效实施中对社会带来的剧烈阵痛。①

四、企业破产立法尚需完成金融机构破产和自然人破产的立法任务

2006 年企业破产法遗留的第一项立法任务是商业银行、证券公司、保险公司等金融机构的破产立法。2006 年企业破产法对银行、非银行金融机构、保险公司等采取分离立法的模式。按照规定,商业银行、证券公司、保险公

---

① 韩长印:《我国企业破产立法演变及启示》,载《公民与法(法学版)》2009 年 7 月 25 日。

司等金融机构达到破产界限的,国务院金融监督管理机构可以向人民法院提出对该金融机构进行重整或者破产清算的申请。国务院金融监督管理机构依法对出现重大经营风险的金融机构采取接管、托管等措施的,可以向人民法院申请中止以该金融机构为被告或者被执行人的民事诉讼程序或者执行程序。金融机构实施破产的,国务院可以依据本法和其他有关法律的规定制定实施办法。

2006年企业破产法遗留的第二项立法任务是自然人破产法立法。在2004年6月提交审议的破产法草案中,曾将破产法的适用范围扩大到合伙企业及其合伙人、个人独资企业及其出资人。但新企业破产法正式颁布之时,继续将其适用范围局限于企业法人,只是在该法的附则部分增加了一条,即"其他法律规定企业法人以外的组织的清算,属于破产清算的,参照适用本法规定的程序"。也就是说,新的企业破产法适用的主体范围上仅赋予非法人组织以破产清算能力。毫无疑问,随着我国自然人参与经济活动的频率和规模的不断提升,个人财产信用问题的凸显也会不同程度地影响自然人负债之后的经济交往和日常生活,也有通过破产法进行调整的必要,其作用无异于对自然人进行疾病诊断和治疗的医院,法律制度中缺少了这一环节,公民的经济能力就会像人类的健康肌体受到危害一样,其道理当是不言自明的。[①]

第二节 我国破产法律制度的实践困境

一、破产原因的多元化

破产原因又可称为破产界限,是法院据以宣告债务人破产的唯一根据。我国现行破产法关于破产原因的规定实际上是呈"多元化"。《中华人民共和国企业破产法》第3条规定:企业因经营管理不善造成严重亏损,不能清偿到期债务的,依照本法规定宣告破产。《民事诉讼法》第199条规定:企业法人因严重亏损,无力清偿到期债务,债权人可以向人民法院申请宣告债务人破产还债,债务人也可以向人民法院申请破产还债。上述两条的规定尽管有

---

① 韩长印:《我国企业破产立法演变及启示》,载《公民与法(法学版)》2009年7月25日。

一些差异，但其共同之处在于均采用了"多元化"条件，更确切地讲是"三元化"即不能清偿到期债务、严重亏损、因经营管理不善造成严重亏损，和"二元化"即严重亏损和无力清偿到期债务。其结果是造成实践和理论上的分歧，给人民法院审理破产案件设置了障碍。

依企业破产法，什么程度的亏损算严重亏损？潜在亏损算不算作亏损？如何计算？是不是因经营管理不善造成的严重亏损更无法判断。实际上，债权人和破产案件受理法庭不必考虑此问题，因为如果属于政策性亏损，哪一级政府批准的政策性亏损，就由哪一级财政补贴，补贴后不存在破产的问题。由于这两个条件认定的困难，人民法院在审理破产案件时很难作出适时合法的裁决，并为债务人提供了对抗债权人破产申请的借口。

民事诉讼法的规定虽说放弃了经营管理不善对不能清偿到期债务的限制，但是严重亏损对它的限制所带来的实践问题不亚于企业破产法。事实上，面对破产原因多元化条件可操作性差的状况，法院采用依据企业的审计报告所反映的资产和负债是否持平来决定是否宣告企业破产，把资不抵债作为破产原因，可是目前我国现行法不承认资不抵债为企业法人破产的原因，这样做是没有法律依据的，结果是现存的法律成为摆设，有法不依，有法难依。[①]

二、破产清算组人员选用上存在弊端

破产清算组在国外立法中称为破产清算人，是指破产宣告后依法成立的，在法院的指挥和监督下全面接管破产企业并负责破产财产的保管、清理、估价自理和分配，总管破产清算事务的专门机构。这一机构是破产程序中最重要的一个机构，它具体管理破产中的各项事务，尤其是对破产财产的管理，为实现债权人利益的保护起着关键作用。破产程序进行中的其他机关或组织仅起监督或辅助作用。破产程序能否公正、公平和高效地顺利进行和终结，与清算组的关系甚为密切。

我国目前有关破产清算组人员的选用上具有非职业化和非市场化的特征。根据企业破产法的规定，人民法院应当自宣告企业破产之日起15日内成立清算组，接管破产企业。清算组成员由人民法院会同同级人民政府从企

---

① 齐治兰：《浅谈我国破产法的缺陷与完善》，载《国际关系学院学报》2002年5月30日。

业上级主管部门、政府财政、工商行政管理、计委、审计、税务、物价、劳动、人事等部门和有关专业人员,用公函指定清算组成员。一经指定,有关单位和有关人员不得借故推脱或擅离职守。确因特殊情况不能执行职责的,人民法院可以另行指定。清算组组长由人民法院指定。清算组可以聘任一定数量的会计师及其他工作人员。显然,清算组成员中债权人未被邀请参加,比如银行作为目前破产企业的最大债权人,在清算组中无一席之地。破产清算组人员非职业化和非市场化的问题是:

第一,在实践中,这些人员的工作大多是消极的,他们虽为清算组成员,却有各自的本职工作,清算组的工作仅是分外之事,若本职工作与清算工作发生冲突时,不可能苛求其放弃本职工作。这必然会影响破产工作的进程和效率;

第二,来自这些部门的人员是否都适于从事破产案件的清算工作,是否具备必要的专业知识和技能,是否精通必要的法律知识并不确定。事实上各部门在选派人员时往往要从本部门工作需要出发,不可能让本单位的骨干力量去,这势必会影响清算工作的专业性和权威性;

第三,由于当前缺乏权威、公正的评估论证机构和规范的破产交易转让市场及公开拍卖市场,破产企业资产转让往往由代表地方利益的政府撮合成交,破产财产评估作价不合理,造成交易价格的随意性、强制性,且缺乏应有的法律监督。

三、立法技术简单且缺乏可操作性

破产法是综合性的法律,既包括程序法又包括实体法,融民事责任与刑事责任于一体,包括和解、整顿、清算等,环节多,内容繁杂,涉及面较宽。国外破产立法规模都较大,特别是那些市场经济发达的国家对破产法的制定和实施都非常重视。而我国目前的破产法却显得过于简单,数十个条文就将破产这一庞杂的内容涵盖。由于规范过于笼统简单,原则性极强,可操作性差,结果导致司法实践中的主观随意性难以克服,大大影响破产法的严肃性和权威性。

第一,前述的"破产原因"的规定,由于多标准,而且标准的原则性强,不具体,在实践中无法严格科学地执行。第二,关于土地使用权、破产企业兴办的社会性公益事业(托儿所、学校、医院、养老院、职工宿舍等)是否作为破产财产在破产法中没有相应的规定。这部分财产虽说是国有企业兴办，但通常享受着国家的多种直接或间接的优惠扶持，难以判定为国有企业的独有财产。况且，这些财产关系到社会生活秩序的基本稳定，规定不明确会在实践中引起争议。第三，破产费用支付没有标准，更没有有效的监督，结果在实践中出现破产费用高标准支付，必将侵害债权人和债务人的利益。如湖北某造船厂的破产费用占破产时账面资产的9.5%。破产法中对破产程序的监督目前仍是空白，法院是否依照法定程序依法实施破产，司法人员是否有违法乱纪行为，都缺乏应有的法律监督，况且破产法强调审理破产案件采用一审终结，债权人不得上诉，这又成为现实中某些审判人员无所顾忌的滥用职权的直接动因。①

第三节　我国破产法律制度的完善路径

一、建立完善破产案件预重整制度

2019年6月，国家发展改革委等十三部委联合印发的《加快完善市场主体退出制度改革方案》重点提出要"研究建立预重整和庭外重组制度"。实践证明，预重整做得好，能够有效打破各方利害人的沟通壁垒，促使相关信息全程透明披露，促进预重整向重整的有效衔接，确保重整取得又快又好的进展。《江苏省优化营商环境条例》明确，"人民法院应当探索建立重整识别、预重整等破产拯救机制，帮助具有发展前景和挽救价值的危困企业进行重整、重组"。因此，要努力探索破产案件预重整制度，研究制定危困企业预重整实施办法、操作指引，明确预重整的条件和启动程序。要充分发挥政府在预重整中的协调推动作用，推动建立由政府牵头，相关企业、管理人、法院及有关部门参与的企业预重整协调领导小组，研究解决预重整工作中遇到的困难和问题，引导各方对债权债务作出合理的安排，促成预重整方案形成。要做好预重整与重整程序的有序衔接，在不影响企业正常经营的情况下，提前开展资产评估、财务审计工作，解决好意向重整投资人的各种诉求，为正式进入重整程序奠定基础。

---

① 齐治兰：《浅谈我国破产法的缺陷与完善》，载《国际关系学院学报》2002年5月30日。

二、健全"执转破"衔接机制

2018 年 3 月,《全国法院破产审判工作会议纪要》专章对"执转破"程序衔接问题作出了规定。从制度建设层面看,"执转破"规则体系已基本形成。但在具体的司法实践中,进入破产程序的案件数量寥寥无几。无论是执行局还是破产庭的同志,都要增强做好"执转破"工作的积极性、主动性,全面推进符合破产条件的企业依法转入破产审查。要建立"执转破"保障机制,研究制定"执转破"工作规程,明确启动条件、审查方式、移送程序,统筹立、审、执、破协作配合及各节点的具体工作要求,定岗定责,压实责任,确保"执转破"工作依法启动、有序开展、高效推进。要建立"执转破"考核机制,科学设置考核指标,适当加大"执转破"案件在整个绩效考核中的权重,对工作开展情况较好的法院和个人及时表彰奖励,推动"执转破"工作取得实质性进展。要建立"执转破"案件繁简分流机制,对确为无财产、无人员、无账册的"三无"企业,以及资产清楚、债权债务关系简单明确、债务总额不大的企业执转破案件进行分流,依法适用简易程序,简化审理流程,减少不必要的债权人会议,促进"执转破"案件高效审结。[①]

此外,应当禁止在民事执行过程中对企业债务人适用参与分配制度。从法理上看,参与分配替代破产制度是以程序性的暂时中止代替了程序性的终结案件[②],导致的社会效果是负面的,不仅不能真正解决问题,反而可能会造成更大的不公平[③]。从当前立法角度来讲,参与分配制度的适用对象也只能是"公民或其他组织",原则上不适用于法人企业。《最高人民法院关于适用〈中华人民共和国民事诉讼法〉的解释》(以下简称《民诉法解释》)第 513—515 条规定了有限的"执行转破产"程序,但此种转化是以"申请执行人之一或被执行人同意"为前提的,这只是"申请制"破产启动程序中的另一种形式,仍要取决于债权人或债务人的意思表示,如果企业作为债务人时,有资格申请重整或破产清算的主体都怠于行使破产申请权,则应当赋予人民法

[①] 邹祥凤、邹晶、袁诚:《完善破产审判机制 营造法治化营商环境》,载《群众》2021 年 8 月 5 日。

[②] 张勇:《参与分配与破产在企业法人债务清偿中的选择适用——以基层法院的司法实践为基础》,载《人民司法》2015 年第 11 期。

[③] 王欣新:《参与分配制度不应与破产法相冲突》,载中国法院网 2018 年 8 月 14 日,https://www.chinacourt.org/article/detail/2014/04/id/1285608.shtml。

院依照职权将执行案件转入破产程序的权力。①

三、建立与企业破产配套的个人破产制度

《企业破产法》已经出台 17 年,此次修改要面临的问题比较多,但社会最关注的问题是破产法的适用范围能否扩大到个人破产。目前,个人破产制度在一些地方进行试点,深圳最近首宗裁定生效的个人破产案件具有重大社会影响,也是我们破产法修改的一个重要参考。现在大家比较关注的是个人破产立法时机是否成熟,讨论焦点在个人破产制度的主要价值,在于给诚实而不幸的债务人东山再起的机会,如何防止"老赖"通过个人破产逃债,以及如何更好地实现个人重整和清算。

个人破产制度的建立将改变数千年中国人不愿意自负其责的文化传统。个人破产是市场经济信用的基石,也是一个新型商业与社会文化的基石。传统观念中,个人负债通常与家庭或家族相关。将个人负债、个人行为,特别是在市场经济中的行为归咎于家庭、亲戚关系当中,而个人破产制度在某种程度上意味着个人要自负其责,要对自己在市场经济中的任何交易行为、任何市场行为以及民事行为负责。个人破产制度将改变我国数千年形成的集体主义文化传统,这是一种生活行为责任哲学的变化。

个人破产制度是约束债权人的有效机制。目前,我国社会中存在很多"子债父还"的现象,很多借贷并非期待父债子还,而是期待子债父还。在 2015 年股灾中的融资购股中,网络 P2P 平台存在诱导年轻债务人借贷现象,一些高利贷债权人不在乎年轻债务人的偿债能力,而看中的是年轻人身后其父母与家庭的偿债能力,特别在独生子女的社会结构中,这种高利借贷很有市场。伴随而来的是在民间存在的暴力催债行为,暴力催债与高利贷现象相伴相随,商业交易活动中高利贷现象、股权质押、财产抵押现象非常严重。另外,一些金融机构在贷款时,也存在很多不良贷款行为。这些都是导致个人出现破产的原因或在个人破产中经常出现的问题,而这些问题很多都是由不良债权人主导的,因而个人破产制度能够在一定程度上约束债权人的行为,使债权人借贷时能够更加审慎,对借贷后果更加负责。在中国信用体系尚未完全建构起来时,通过个人破产制度的实施,约束限制债权人去搞子债

---

① 李帅:《论我国破产司法能力的优化——以中日营商环境破产指标的对比为视角》,载《中国应用法学》2018 年 9 月 30 日。

父还、暴力催债,去进行诱导性或诱骗性借贷的行为。可见,个人破产制度的构建具有非常重要的价值,我们应当加快个人破产立法的步伐。

近年来,国内首部个人破产法规——《深圳经济特区个人破产条例》于2021年3月1日正式开始实施。随着经济全球化的进程,个人参与世界市场的活动已经不是新鲜事,然而在对外经济活动中,由于个人破产制度中外有别,经常在对外交流中发生问题。为了更好地与国际接轨,防止个人市场活动的国际问题[①],我国应当尽快出台《个人破产法》。其实,我国目前的民事司法实践也存在着类似个人破产的制度,例如民事强制执行中的最低生活保障财产豁免已与个人破产之自有财产制度相近似,而对"老赖"的限制高消费令也有了个人破产失权制度的雏形[②]。从理论积淀角度来看,学者们二十余年来对个人破产制度的不懈研究积累了丰富的成果,涌现了一大批优秀的学者,为我国个人破产法的出台提供了坚实的理论基础和人才储备;从实践角度来讲,民事司法程序中诸多的类破产制度已经为个人破产制度积累了丰富的实践经验。可以说,目前我国制定《个人破产法》的时机已经成熟。[③]

四、设置破产法院和破产简易程序

近年来,越来越多的国家开启了本国的破产制度改革,推出了一系列新的破产制度,但这些改革的目标都是趋同的,如韩国国会于2016年12月27日通过了《关于设立破产专门法院的法律》,根据该法2017年3月1日设立了破产专门法院——首尔重整法院。"与其他领域相比,审理破产案件更需要专业性。法院在审理案件的过程中,应当以符合法律公正性的要求为前提,兼顾程序的运行效率,并适当地行使裁量权。从长远的角度来看,设立一个独立的法院可以提高破产案件审判的可预见性和统一性,从而有助于构建迅速且有效地调整债务结构的法律制度。"建立专业化的破产法院,有利于更加专业、高效、集中地处理重整或破产清算案件,增强破产审判机关的专业性和可预见性,并适应破产法对营商环境的常态化调整需求,这对我国具有

---

① 王卫国:《破产法》,人民法院出版社1999年版,第194页。
② 李帅:《论我国个人破产制度的立法进路——以对个人破产"条件不成熟论"的批判而展开》,载《商业研究》2016年第3期。
③ 李帅:《论我国个人破产制度的立法进路——以对个人破产"条件不成熟论"的批判而展开》,载《商业研究》2016年第3期。

十分重要的意义。之所以选择设立专门的破产法院，而非在法院内部设立专业化的破产法庭，除了提升破产审判效率之外，还可以在破产法院内部形成统一的、可以在全院范围内适用的绩效考核制度，从而方便审判管理。此外，从可行性角度来看，我国互联网法院、知识产权法院等专业法院的设置积累了相对丰富的专业法院经验，破产法实施十余年来司法专业人才的积累也可以满足区域性破产法院的需求，这都为我国破产法院的设置提供了便利条件。①

五、加强破产法官的遴选培训，建立高素质的破产职业共同体

要提升破产司法的能力，只设置专门的破产法院进行形式创新是不够的，还必须有更加专业的破产审判队伍加以保障。如前所述，破产审判业务与普通司法实务相比，涉及的知识面更广，对于法官业务能力的要求更高，因此破产法院遴选法官时还应该规定更高的准入门槛。有学者建议，破产法官应当具有民商经济硕士研究生以上的教育背景，年满40周岁或从事司法工作十年以上，并适当吸纳有经验的破产职业律师②。这样的标准选择虽略有偏颇，例如许多非民商经济法方向的法官、律师、在校学生等可能也同时通过了司法考试和注册会计师考试等，同时具备法律和财经专业的知识储备，足以胜任破产审判的工作，但该建议的内旨——提高破产法官的遴选标准是符合破产法治发展要求的，具体的遴选标准可由最高人民法院单独出台。除了破产法官之外，破产管理人亦是破产职业共同体的重要成员。当前我国正在摸索管理人分级管理制度，但并不完善，一般是根据管理人从事破产管理年限、规模、承办案件的次数等进行确定③，却缺失了考核和绩效评价。分级管理制度一定要跟考核制度结合在一起，以避免形成管理人阶层和利益的

---

① 李帅：《论我国破产司法能力的优化——以中日营商环境破产指标的对比为视角》，载《中国应用法学》2018年9月30日。

② 陈夏红：《我国清算与破产审判庭的设置与运转》，载《甘肃社会科学》2017年第1期。

③ 岳阳市中级人民法院：《岳阳法院破产管理人分级管理和选任办法》，载中国法院网2018年8月14日，http://hnyyzy.chinacourt.org/article/detail/2018/03/id/3246843.shtml。

固化，使管理人内部也有良性竞争和合理流动①。对此，建议借鉴全国律师协会、注册会计师协会的做法，发挥行业协会自律的作用，建立全国性的破产管理人协会，负责管理人队伍的管理、培训等工作，并制定统一的行业规范和业务操作规则等制度，尤其是对不合格的管理人出台惩戒或资格剥夺制度，从而提高破产管理人群体的业务素养，进而形成一个符合现代破产制度要求的破产职业共同体。

六、以智慧法院形式推动破产案件信息化

智慧法院是以信息化为基础，以大数据、互联网等为依托，支持司法业务网上办理、流程公开的一种法院工作形态②。推进智慧法院的建设，将破产案件进行电子化、信息化改革，可以大幅度提升我国破产案件的处理效率。一方面，通过智慧法院建设，可以方便法官或破产案件当事人阅览案件卷宗材料，电子化的卷宗材料可以满足多个主体同时阅览，其编辑、整理复制也更加便利；另一方面，智慧法院建设可以缩短破产案件送达时间和意见征集时间，减少纸质化重整计划或破产分配方案的提交，从而降低经济成本和时间成本。此外，通过智慧法院的信息可视化操作，可以提高破产程序的透明性，使债权人或其他利害关系人随时可以查阅相关信息，保障其知情权，从而提升我国在世界银行评价体系中的破产框架指数强度得分。值得一提的是，智慧法院的建设也会带来破产案件信息的保护问题。破产案件信息中可能会涉及企业的业务活动乃至商业秘密，因此仅对破产案件的当事人或利害关系人开放，与破产案件无关者不能查阅。同时，法院应该采取必要的防火墙等措施防止黑客攻击智慧法院的信息系统造成信息泄露。③

---

① 徐阳光：《关于〈企业破产法〉的回顾与展望——第八届中国破产法论坛暨〈企业破产法〉实施十周年纪念研讨会述评》，载《法律适用》2017年第19期。

② 黄晓霞：《推进电子诉讼创新助力智慧法院建设》，载《人民法院报》2018年8月14日。

③ 李帅：《论我国个人破产制度的立法进路——以对个人破产"条件不成熟论"的批判而展开》，载《商业研究》2016年第3期。

第五章　人民法院破产诉讼实证研究

第一节　人民法院破产诉讼制度分析

法治是最好的营商环境。企业破产法实施以来，人民法院始终坚持市场化、法治化工作方向，积极推进破产审判工作。而推进破产案件依法高效审理，对于保障债权人和债务人等主体合法权益，充分发挥破产审判工作在完善市场经济主体拯救和退出机制等方面的积极作用，更好地服务和保障国家经济高质量发展，助推营造国际一流营商环境具有重要意义。[①] 因此，人民法院在坚持破产法原理，遵循破产审判特点的基础上，以现有法律规范为基础，以提升效率为导向，立足审判实际，进行了多项切实可行的立法和实践探索。

一、破产诉讼制度实践中存在的问题

在 2019 年世界银行营商环境评估中，最高人民法院通过制定《关于适用〈中华人民共和国企业破产法〉若干问题的规定（三）》（以下简称《解释三》），设立深圳、北京、上海破产法庭等有效举措，推动我国"办理破产"指标从第 61 位跃升到第 51 位，为营商环境整体指标的提升做出了贡献。但是，我国"办理破产"指标尤其是二级指标"回收率"距离全球最佳实践还有很大差距，仍然有较大的提升空间。

破产回收率即清偿率，是指担保债权人通过重整、清算或债权追回程序收回的美分在 1 美元中的占比。影响回收率指标的因素包括破产程序时间、成本和结果。其中破产程序时间长和效率低很大程度上影响了我国"办理破产"中"回收率"指标。积极提高破产审判效率、努力降低破产程序成本，

[①] 林文学、关丽、郁琳、詹应国：《〈关于推进破产案件依法高效审理的意见〉的理解与适用》，载《人民司法》2020 年 5 月 5 日。

是现阶段人民法院持续做好破产审判工作的重要内容。通过对人民法院在审判实践中遇到的影响审判效率的问题与阻碍进行归纳，总结得出如下几类问题。

一是公告和受理程序存在缺陷，导致法院公告标准不一、受理期限过长。破产程序中需公告的事项较多，对破产费用成本和案件办理时间产生较大影响。其中在对债权申报事项进行公告时，2002年发布的最高人民法院《关于审理企业破产案件若干问题的规定》第17条规定，需在国家、地方有影响的报纸上刊登公告。但该条文本身是否被新法废止存在不同理解，实践中对于公告是否需登报存在争议。随着社会的发展，登报方式实际受众效果往往一般，无法真正地起到告知债权人进行债权申报的作用。而在受理程序方面，在债权人申请破产，而债务人因下落不明或规避送达而无法直接通知时，对受理审查异议通知是否需要按照民事诉讼法进行公告送达，即经过60日公告期才视为送达，不同法院规定不一。如果采取60日公告期以公告送达的方式进行通知，则会导致破产案件进程被过度延缓，并且会损及债权人合法权益，如将导致企业破产法第32条规定的6个月可撤销期间向前追溯的时间起点大为缩短。①

二是债务人财产接管与调查存在阻碍。债务人财产是债权人权利得以实现的重要物质基础。管理人对债务人财产的接管和调查情况，决定着破产程序能否顺利进行，影响着债权人权利能否得到最大化地实现。在债务人案件和财产调查方面，由于法院的裁判文书、执行文书没有及时进行公开等原因，导致管理人需要花费大量精力进行材料收集和核实。另外，在实践中还存在一些债务人出于逃废债务、躲避责任等目的拒不向管理人移交财产和账簿的问题，严重影响了破产进程的有效推进。实践中评估、鉴定、审计缓慢，导致破产进程迟缓也是影响破产效率的重要原因之一。

三是债权人会议召开和表决效率不高。债权人权利的行使与合法权益的保护是企业破产法的重要内容和价值追求。2019年公布实施的《关于适用〈中华人民共和国企业破产法〉若干问题的规定（三）》（以下简称《解释三》）主要针对债权人权利行使和保护问题作了规定，取得了良好效果。《解释三》规定了"采取通信、网络投票等非现场方式进行表决"，但未对债权

---

① 林文学、关丽、郁琳、詹应国：《〈关于推进破产案件依法高效审理的意见〉的理解与适用》，载《人民司法》2020年5月5日。

人会议能否采取非现场方式进行规定。实践中,存在完全以书面债权人会议代替现场会议的情况,这与企业破产法对于债权人会议的制度安排不相符,也不利于保障债权人的知情权和参与权。还涉嫌当事人滥用诉讼权利,随意申请撤销债权人会议决议,妨碍破产诉讼程序正常进行。

四是缺乏简单案件快速审理机制。破产案件具有较强的综合性,不仅包括对破产原因的认定,而且涉及债务人财产的接管、评估、拍卖等处置事项,还可能因债权确认、对外追收债权等事项而发生衍生诉讼;此外,为确保破产程序参与主体的合法权益,企业破产法还规定了一系列程序性要求。但是,企业破产法未区分破产案件难易程度、债务规模大小等因素,统一适用现有程序安排,在一定程度上造成债权债务关系明确、债务人财产状况清楚、案情简单的破产案件,因程序事项烦琐迟迟不能办结,影响了破产制度价值的发挥和社会公众对破产审判工作的评价。①

五是债务人故意逃废债行为妨碍破产程序推进。实践中债务人往往以恶意隐匿、转移、无偿或不合理低价转让资产;以改制、重组、分立、解散等方式剥离有价值资产,以通过关联交易抽逃注资、转移利润、转移资产的行为来恶意进行逃废债,这些行为会严重影响破产程序的正常推进,影响破产回收率。

二、推进破产诉讼高效审理的对策与建议

为了解决前述实践中存在的问题,满足切实提升回收率指标的形势发展需要,人民法院结合审判经验采取了多项具有针对性的对策,并且体现在最高人民法院 2020 年出台的《关于推进破产案件依法高效审理的意见》(以下简称《意见》)中。针对公告和受理程序中存在的问题,主要有如下对策:

首先,在公告方面,最高人民法院于 2016 年开发了"一网两平台"即全国企业破产重整案件信息网及法官工作平台、管理人工作平台,并出台了最高人民法院《关于企业破产案件信息公开的规定(试行)》,其第 7 条规定:"人民法院、破产管理人在破产重整案件信息网发布的公告具有法律效力。"该规定有利于统一各级法院的公告平台,能够便利社会各界查询破产案件信息,发挥平台吸引重整投资人等的功能作用。

---

① 林文学、关丽、郁琳、詹应国:《〈关于推进破产案件依法高效审理的意见〉的理解与适用》,载《人民司法》2020 年 5 月 5 日。

其次，在受理审查时无法直接通知债务人的处理方面，《意见》规定公告发出即视为完成通知，该规定的合理性在于：第一，企业破产法中的通知和送达属于不同范畴，破产程序中的公告也区别于民事诉讼送达中的公告，企业破产法及其司法解释中的公告，是对相关事项的广而告之，可以理解为进行通知或告知的一种方式。第二，法律、行政法规对企业住所登记制度有明确要求。根据我国公司法等的规定，企业住所发生变更的，应当依法办理变更登记。《公司登记管理条例》第 29 条特别强调："公司变更住所的，应当在迁入新住所前申请变更登记，并提交新住所使用证明。"相较于自然人，企业登记的住所应当具有更强的公示公信的效果。债务人经法院采取电话、邮寄并且到其住所地等合理方式后仍无法通知的，在一定程度上可以作为其具有破产原因的辅助判断因素。此时如果再采取 60 日公告期以公告送达的方式进行通知，将对未遵守法律规定的债务人过度保护。第三，是在法院裁定受理后，债务人仍有救济机会。法院受理破产申请，系根据申请材料对破产原因的初步判定，并不等同于已对债务人宣告破产。①

针对债务人财产接管与调查所遇到的阻碍，主要有以下对策：一方面，人民法院积极加强信息化建设，通过案件管理系统、网络执行查控系统为管理人提供涉及债务人诉讼、执行案件和财产等信息查询的便利。由于各地案件管理系统差异等原因，破产案件受理法院查询的债务人诉讼、执行案件不全面的，法院在提供案件信息时应一并告知管理人查询所涉的案件范围。另一方面，对于拒不向管理人移交财产和账簿的债务人，人民法院可以就债务人应当移交的内容和期限作出裁定，债务人不履行裁定确定的义务的，人民法院可以依照民事诉讼法执行程序的有关规定采取搜查、强制交付等必要措施予以强制执行，而不仅局限于企业破产法中所规定的强制措施。对于审计中的拖延问题，管理人可以与相关中介机构以约定方式明确权利义务，明确其完成相应工作的时限以及违约责任，从而督促有关中介机构尽责勤勉，及时完成有关专业技术工作。

在提升债权人会议召开和表决效率方面，采取的对策是：第一，对债权人会议进行了两个区分，即对债权人会议的召开方式和表决方式作了区分，对第一次债权人会议和以后的债权人会议进行了区分，强调第一次债权人会

---

① 林文学、关丽、郁琳、詹应国：《〈关于推进破产案件依法高效审理的意见〉的理解与适用》，载《人民司法》2020 年 5 月 5 日。

议应当通过现场方式或者网络在线视频方式召开的基础上,赋予后续债权人会议召开方式的灵活性。第二,在提高债权人会议便利度的同时强调规范性,要求以非现场方式召开债权人会议、进行表决的,管理人要做好核实参会人员身份、记录会议过程、提取保存表决载体等工作,做到全程可查,确保案件质量。第三,明确债权人会议召开或表决程序瑕疵的处理。为预防当事人滥用诉讼权利,避免破产程序时间和成本的不必要增加,《意见》明确债权人请求撤销召开或者表决程序仅有轻微瑕疵,且对决议未产生实质影响的债权人会议决议的,人民法院不予支持。①

为了解决案件审理程序单一的问题,采取的对策是:人民法院积极构建简单案件快速审理机制,从正反面两个角度规定了快速审理机制的适用范围,主要考虑债权债务关系、债务人财产、案情复杂性等因素。而具体到快速审理机制中,与一般程序的区别主要体现在审查时点以及告知对象和方式、审理期限与办理期限的压缩等方面。

针对债务人故意逃废债这一问题,采取的对策是:人民法院在强调用足用好企业破产法规定的强制措施的同时,进一步列举了实践中较为常见的妨碍行为,并按照民事诉讼法对其后果进行规定,对违反法律规定妨碍破产案件审理的相关主体依法采取强制措施。管理人是否尽职进行财产去向调查,极大地影响着破产案件审理进程和债权人权益实现,这也是避免债务人逃废债行为的重要手段,《意见》在强调管理人尽职调查的同时,为管理人启动财产去向调查规定了一定的条件,避免管理人的不作为和无效作为。最后,要根据有关主体的不同情形区分民事责任和刑事责任,以准确打击逃废债,倒逼企业规范经营,促进社会诚信建设。

三、破产诉讼制度的完善径路

(一)提高破产清偿率

目前,在提高破产清偿率方面,主要是通过市场化的手段来实现它的价值最大化,比如询价、资产处置、网络网拍等,这类方式比传统的拍卖议价率更高。在上海铁路法院的典型案例中,一组全国5A级景点的高清专业性照片,通过网拍,议价达到了500万元。除此之外,还可以尝试将整个企业

---

① 林文学、关丽、郁琳、詹应国:《〈关于推进破产案件依法高效审理的意见〉的理解与适用》,载《人民司法》2020年5月5日。

扩展型的整体出售,把整个企业作为一个整体打包处理,相较于把财产分别进行出售获得的价格更高,出售的钱款就可以用来清偿债权。提高破产清偿率实际是提升资产的回收率,根本上就是优化资源配置,将资源闲置的最快的速度、最大的价值化用在其他该用的地方,使得资产能够以最高价值变现。

在国内,这个程序不能仅依赖于人民法院来完成,在某些情况下,各地方党委和政府认为某类企业对地方的发展意义很大,即使濒临破产,仍然希望能够让企业存续下去,在这种情况下,进入破产程序虽然由人民法院操作,但是人民法院是根据地方党委和政府的要求重新寻找能够接下该企业的相关企业,最后把该企业重新义拍,使得该企业员工继续就业,企业能够继续存活,甚至有更好的发展前景,这样也有成功的案例。但是这个程序光靠人民法院是很难得以实现的,一定要依托地方党委和政府及其部门,找接收企业其实就是招商引资,招商引资人民法院无法参与,只有地方党委和政府在招商引资过程中才能有针对性地发现有实力接收的企业。因此,需要跟地方党委和政府进行充分且有效地沟通和协商。

(二)降低破产成本

降低时间成本可以从以下三个方面采取措施:首先,把最高人民法院、省级高级人民法院关于简化的文件进行细化,形成规范的操作流程。其次,统一和规范人民法院的工作标准。最后,将各项制度投入实践。加快程序性流程,但是也并非越快越好。

此外,有营业价值的企业才积极去做重整,没有营业价值的企业重整不久后再次面临破产危机,就会浪费社会成本。能进入重整的企业必须事先让市场进行试改,评估是不是具有重整的价值,没有重整价值的企业也不能"一刀切"全部推倒重整,因为企业重整是需要成本的,是要社会各方努力参与的,其中牵涉到的很多的问题是一整套的体制机制,而不是一两个问题点。在金钱成本方面,律师费用、审计费用,这些客观上都无法避免,破产管理人没有资金支持就无法进行工作,因此,相应的费用是无法省略的,而且现在的破产重整费用是通过市场来确定的,公司收费、评估审计收费都是市场化的,不可能进行限价,这方面的破产成本在没有立法支持的情况下很难降低或者省略。人民法院对这部分成本没有任何的控制权,主动权不在人民法院,也不在市场,而是需要通过立法来解决,是整个社会体制机制设计的问题。人民法院能够掌控的和积极去做的工作例如线上拍卖、电子公告、电子送达等,但上述环节能够降低的金钱成本十分有限,大概只有1%。占破产成本比重较大的税费、律师费、审计费降不下来,这个既是人民法院的任务,也需要整个社会来承担消化。

(三)提升法律体系和框架约束力

为了提升破产框架强度指数,在制度设计方面可以进一步地细化,同时学习国外的先进立法经验,并参考和结合世界银行专家的建议来增加对应内容。立法方面世界银行在评估时基本是持消极的态度,中国的破产法律规定只有仅仅三百多条,法律规范远远少于美国破产法,数量太少,因此我国当前的破产制度显然是不完善的。而且世界银行认定我国破产法律法规中的很多规定,与营商环境评价指标体系中的评分规则是相反的。例如,在加大债权人的权利方面,特别有一条指定管理人,世界银行营商环境报告评估认为指定管理人是债权人的权益,我国也充分尊重管理人包括债权人会议的权利,尽管破产司法解释也做了修订,但世界银行认为我国破产法律法规与司法解释规定的不一样,削弱了该指标的评分。因此,我国的破产制度供给还需要进一步的完善充实,对标世界最高水平以及最高标准,立法要做很深入的调查研究,跟中国的实际情况相结合,设计一套既符合世界通行的规则,又要适用于中国国情的法律体系。

在破产审判的制度设计上,如果单纯靠人民法院一家承担很多效果并不理想,可以探索多方主体参与的制度。例如,可以引入人民检察院或者公职破产律师的参与,因为如果人民法院和破产管理人本身关系比较密切,这个时候人民法院给破产管理人打分本身也有利益冲突问题。所以破产管理人的监督,如果有人民检察院或者公职律师参与可能效果会更好,这方面的制度设计可以进一步的结合实践来探讨。

在破产程序提起的制度设计上,需要顶层设计一种机制让破产能够顺利的从源头开始提出。虽然人民法院的审判工作做得很好,但是破产程序不是人民法院开始的,应当从履行债务开始,如果债务人在一定期限不履行债务,按照法律规定就必须有义务人提起破产程序,等财产都消散和灭失后再提出破产,此时就会导致无产可破。以日本为例,日本的企业资产负债率达到一定警戒线就可以破产了,不会等到财产都灭失再提起破产程序,所谓的回收率是有资产回收才能计算回收率,没有资产回收率就是零,并非单纯依靠人民法院就能够将资产进行回收。

第二节　上海法院系统破产诉讼实证研究

一、上海法院系统破产诉讼基本情况

（一）上海法院系统概述

近年来，上海法院系统紧紧围绕中央关于供给侧结构性改革和优化营商环境的战略决策，按照最高人民法院的战略部署大力推进破产审判专业化建设，破产审判工作也由此迎来了新的局面。为了进一步提升破产审判专业化建设，上海法院系统积极推进破产集中管辖试点工作，在全市法院商事审判厅普遍设立破产专项合议庭。在此基础上，2016年3月上海铁路运输法院设立了专业化的破产审判庭，集中管辖部分区域的破产案件，以及上海市地方国有企业为债务人的破产案件；2017年1月，上海三中院设立了专业化审判庭，集中管辖全市重大破产案件；2018年8月，在成立金融法院的基础上，由金融法院管辖全市金融机构的破产案件；2019年2月1日，在最高人民法院统一部署下与北京、深圳一起设立了上海破产法庭，集中管辖本市区级以上工商行政管理机构登记合成的公司企业的强制清算破产案件，以及上述案件的衍生诉讼，包括跨境破产案件。

（二）上海铁路法院概述

上海铁路法院是改革中的法院，上海铁路法院作为基层法院，从2017年5月开始，根据上海市高院的规定开始受理破产案件。目前，上海铁路法院确立闵行、黄浦、杨浦、徐汇四个区所在地的破产案件集中管辖。从2018年11月1日起将本市地方性国有企业的破产案件也集中纳入上海铁路法院管辖范围内，即只要是在上海设立的国有企业，其破产案件就由上海铁路法院管辖。三中院上海破产法庭设立以后，上海法院系统破产审判格局形成了三中院上海破产法庭和基层法院上海铁路法院两家法院集中管辖全市破产案件的模式。集中管辖范围还是四个区，其他包括重大的破产案件由三中院上海破产法庭管辖。上海铁路法院受理破产案件的趋势主要有以下四个：一是案件数量呈现出逐年递增的态势。其中，2019年受理的案件就远远超过前两年的数量。二是债权人申请破产的案件数量开始增多。三是国企破产和强制清算案件持续增加，国企破产案件大概占到了破产案件的三分之一左右。而且现

在不仅仅是国有企业破产,随着政策的要求,包括高校所开办企业的强制破产也有一定的数量。四是重大复杂案件开始增加,目前最大的案件债权人达到 1000 多人,此类案件维稳的压力比较大。涉及财产处置的标的额也越来越大,目前受理的破产诉讼标的最大的案件需要处置的财产数额达到 20 亿,当中涉及的一些问题也比较复杂,包括土地、房产等疑难复杂问题。

(三)上海破产法庭(三中院)概述

上海破产法庭自成立以来,始终坚持以习近平新时代中国特色社会主义思想为指导,积极发挥破产制度拯救与出清功能,依法平等保护民营企业合法权益,助力营造公开透明、可预期的营商环境,服务保障经济社会高质量发展。自 2019 年 2 月 1 日上海破产法庭正式成立以来,紧紧围绕依法处置"僵尸企业",促进市场主体有序退出和困境企业救治目标,依法办理破产。侧重中小企业群体,从化解企业债务危机、强化程序衔接、规范简化审理、降低审理成本、保护债权人权利等方面开展工作,体现了上海破产法庭在聚焦"办理破产"指标,提升破产司法水平方面的点滴努力。

目前,上海破产法庭的管辖范围主要有以下几类:一是受理除金融法院、上海铁路法院管辖范围之外的全市其他破产申请,以及上海铁路法院管辖的四个区域以外的所有破产申请都在上海破产法庭。二是中院移送的"执转破"案件,直接从执行程序移送破产程序,接收中院的案件。三是所接收破产案件的衍生诉讼案件。四是跨境破产的案件。五是区法院相关衍生诉讼案件。

上海破产法庭审判团队由全市 15 家法院汇集的 19 位人员组成。目前,已经组建了四个合议庭,12 位法官,案件数量方面,根据以往数据显示,自 2007 年 7 月 1 日破产法实施至 2016 年,每年破产案件年均数 42 件,从 2017 年开始破产案件数量出现了一个跨越式的发展。2017 年全市法院受理 140 件,2018 年全市法院受理破产案件 409 件。2019 年和 2020 年的案件数量已经远远超过了之前全市的总案件量,2019 年上海破产法庭受理破产案件共计 1317 件,2020 年受理破产案件共计 1567 件。2021 年受理破产案件共计 2381 件,同比增长达 51.9%。到了 2022 年,上海破产法庭全年共审结破产清算、强清及衍生诉讼等各类案件 2830 件。其中,重整成功 8 件、和解成功 14 件,清理、盘活资产 47.4 亿元。近几年来,上海破产法庭通过繁简分流、审判管理、信息化建设等举措,致力案件审理质效提升,努力提高专业能力,不断总结提炼审判规则和审理经验,培育典型案例,在每年审结的案件中,总结了一大批典型案例,每年定期发布10余起有代表性的典型案例,展示了破产制度在平等保护民营企业、促创业护民生,助力构建市场化法治化营商环境方面的独特作用。但不可否认的是,由于案件数量的不断增长,导致现阶段上海破产法庭的主要工作是忙于立案,缺乏时间进行审理,法官很多精力都是放在受理审查工作上。

二、上海法院系统破产诉讼推进情况

(一)上海法院系统破产诉讼推进整体情况

近年来,上海法院系统破产专业化工作的举措主要有以下几个方面:

第一,大力推进"执转破"工作,积极落实僵尸企业市场出新。"执转破"是指按照最高人民法院的工作部署,把执行程序无财产可供执行、三无企业,找不到企业地址和联络人的企业债务人通过一定的法定程序转化为破产案件。民诉法也同时做了相应的修订,将"执转破"纳入相当高的工作层面进行推进。从数据来看,"执转破"的工作成效很显著,仅仅2018年全市法院执行局就移送了"执转破"案件664件,正式审改650件,直接推动消化6000多件执行案件。

第二,积极探索繁简分离机制,打通审理案件的快车道。上海法院系统出台了简化程序加快推进破产办案审理。对于事实清楚,债权债务关系明确,债务人财产状况清晰的破产案件,在坚持依法受理和不损害利害关系人的合法权益的前提下,适当简化各个环节的审议程序,缩短办案周期,为大量僵尸企业的"执转破"案件提供了快速通道。同时上海市高级人民法院也制订了全市各中级人民法院以及各基层人民法院破产审判工作指引,来进一步规范备案受理到破产程序终结的各个环节,有序推进破产审判方式改革,充分保障债权人及其他利害关系对于破产程序的知情权、参与权,监督权、确保破产审理程序的规范运行。

第三,积极推进破产视察基础性的机制建设。2018年上海市高级人民法院与上海市人民政府二十个职能部门联合签署了《关于构建常态化府院破产统一协调机制的实施意见》,初步建立起了常态化府院破产统一协调机制,协调解决破产人员安置、资产处置,惩罚逃避债务等一些棘手问题来形成破产工作的合力。与上海市财政局研究制订的《企业破产工作经费管理办法》,有效地缓解了无产可破的案件和费用保障问题,助力僵尸企业依法有序退出市场。另外,上海市高级人民法院积极推动破产企业职工欠薪保障机制,与上海市人力资源和社会保障机构协调合作，推动建立针对破产企业的职工欠薪保障机制，妥善解决因企业破产引起的职工欠薪保障问题。

第四，注重破产重整工作发挥破产制度的市场救治功能，探索完善破产企业设备机制，甄别具有引领作用的困境企业，以市场化为导向，通过破产重组，获得新生。典型的案例如上海市第一中级人民法院审理的上海超日破产重整案，超日是一家上市公司，因为发行公司债券违约，也是首个债券市场公司债务人进入了破产。经过重整，半年后恢复了上市，效果是非常显著的，入选了全国法院推进供给侧结构性改革的十大破产典型案例。

第五，建立健全破产管理人机制。上海法院系统较早出台了各类管理办法，例如名册管理办法、指定管理人办法等来完善管理人工作机制，建立完备的管理人准入、考评机制。同时先行开发了破产管理人的网络管理平台，制订管理人的信息披露规则，通过平台披露破产清算案件的办理情况、履职报告，含对信息、重大事项，促进流程公开，规范管理人的依法履职和队伍建设。新设立的破产管理人协会也是一个引入市场机制的重大举措。

第六，积极推进破产审判的信息化建设。上海法院系统较早地建立了破产案件专项信息化平台，并且与最高人民法院的全国破产重整案件信息平台通过一托五实施交换，实现了案件全流程的公开。积极探索在线提交破产申请，在线审查，在线查询破产案件的信息，在线案件在线开庭，在线上传实施法律文书。将强制清算与破产案件也纳入了最高人民法院的准备中，包括上海点对点的查询系统，切实解决破产案件的财产查询难的问题，实现执行程序与破产程序的有效衔接。此外，上海法院系统还积极建设破产财产网络拍卖组织机制，通过线上公开组织破产财产竞价拍卖，大大提高破产财产的组织效率，降低企业破产成本，有利于债权人清偿利益最大化。

（二）上海铁路法院破产诉讼推进情况

上海铁路法院在推进破产诉讼机制方面所做的工作主要有如下几个方面：

一是着力推进破产审判队伍的专业化建设。上海铁路法院专门设置独立的破产审判机制，有两个审判团队，正副庭长一人带一个审判团队。这个专业化审判队伍不光是正副庭长担任两个团队的队长，而且也配备了比较强的审判力量，组成法官，包括法官助理，大部分是破产法专业的研究生。建立有专业化的考评机制，因为破产案件审理的难度、工作的特征跟其他的案件是明显有差异，所以不能完全按照其他案件一比一对法官做工作评价一定要建立针对性的评价制度。

二是依托信息化提升破产审判的质效。首先是探索实践网络债权人会议，上海铁路法院已经多次通过网络方式远程召开债权人会议。有些案件债权人比较分散或者比较远，为了便于诉讼采取网络会议方式，降低了诉讼成本。其次是研发破产案件的大数据分析系统，通过数据分析系统，不仅能够看到一些破产案件的基本数据，也能为领导决策和相关形势经济分析提供一些对应的参考。

三是完善管理人的履职保障和监督机制，坚持和保障监督并重。管理人既要保证依法履职，也要监督勤勉忠实，在这个方面需要有一定的措施。上海铁路法院定期展开管理人的奖评工作，指出其不规范、不合法的行为并予以纠正，对于履职良好的管理人给予适当奖励。另外，探索建立管理人档案，通过一案一表的方式，每个案件的管理人都有一张随案形成的考核的评价表，案件结束以后，管理人在案件中各个方面的表现通过评价表表现出来，归入案件卷宗，作为上级法院对案件进行评价的重要依据。

四是做好经费的审批和发放工作。上海市高级人民法院和上海市财政局出台了破产工作经费的暂行办法，对于一些无产可破的案件中管理人的报酬问题，通过工作经费的方式进行弥补。这项制度目前已经开始实质性运作。

五是推动构建常态化的府院联动机制。对上海铁路法院来说最主要的就是国企性质的考证，以上海铁路法院与市国资委建立了沟通机制。相关的监管部门，比如市场监管局、税务局，破产案件审理当中是体现政府应当履行职责的重要方面，结合行政审判案件在上海铁路法院集中管辖的特点，和税务局、市场监管局在破产方面建立沟通协调机制，推动行政和破产司法良性的互动。

（三）上海破产法庭破产诉讼推进情况

上海破产法庭推进破产诉讼工作的指导思想和发展方向，主要围绕以下几个方面展开：供给侧结构性改革、法治化营商环境的提升、长三角一体化建设、上海五个中心建设。由于破产制度具有综合性的功能，上海破产法庭主要通过以下几点积极推进破产审判工作：

第一，繁简分离。破产法庭首先简化审批，将"三无"企业僵尸企业审理案件的时间最大化地压缩，主要目的是降低破产程序的运行成本，同时提升破产制度实施的经济效益,这点非常重要,因为破产程序难以推进的重要原因之一就是破产程序繁杂,周期长,成本高,经济效益太低。

第二,积极推进"执转破"工作,保民生稳就业,实现企业生存与债权人利益双赢。中央全面依法治国委员会《关于加强综合治理从源头切实解决执行难问题的意见》,把破产案件纳入从源头解决执行难的方面。上海市破产法庭依法处理转入破产程序前未付费用的清偿,促进符合破产条件的尽早进入破产程序,按照破产法司法解释(三)有关规定,注重对照审查,依法处理原执行程序中已经发生的费用在破产程序中的受偿问题。如对于原执行过程中产生的尚未支付的相关费用,注意适用该条规定按破产费用予以清偿,以体现对于符合破产条件的被执行人尽早通过破产程序公平清理债务目的的立法导向。通过上述"执破衔接""府院联动"等工作机制,上海破产法庭进一步优化了破产审判运行机制,努力保市场主体护民生。

第三,完善管理人的管理机制。一是履职要求规范,二是要进行激励。在上海市高级人民法院和市司法局的共同努力下,在破产法庭的三地,北、上、深三地的破产法庭已经率先成立了管理协会,对上海破产管理队伍的建设起了非常大、很好的促进作用。为了更好地督导和激励管理人履职,上海破产法庭制定了《管理人执行职务的工作报告》等系列工作文本参考样式,将破产法司法解释(三)规范管理人履职的程序性规定融入其中,在实践中推广使用,以促进管理人规范履职、建立管理人个案履职评价机制,以激励管理人不断提升履职水平,在每案中均向管理人发送履职要求告知书,具体列明管理人应依法开展接管、调查、管理、处分债务人财产等各项职责,促进管理人公正高效履职、依法规范申报债权确认问题,对于管理人认为生效法律文书确定的债权错误,或涉嫌恶意诉讼、虚构债权债务的情形,严格依法要求管理人通过审判监督程序等法定程序处理。

第四,贯彻立案登记制度,要主动破解破产案件立案难的问题,破除门槛,开门立案。

第五,围绕破产审查构建一系列的配套机制,重点推动信息化运用基础体系建设和运用。例如研发网络债权人会议系统、建立大数据分析系统等。积极应用债权人会议非现场表决方式,促进程序成本的有效降低。"非现场表决方式"有利于减少债权人会议成本和提高效率,对此上海破产法庭在实践中予以广泛适用,绝大部分案件在第一次债权人会议上均进行"非现场表决方案"表决,后续债权人会议除法律另有规定外,均以网络、电邮、短信、微信等方式实施非现场表决，有效降低了办理破产的程序成本。同时，极大地便利了当事人行使表决权，得到了债权人的广泛认可。通过网络拍卖实现市场化的价值，也是世界银行评估当中很重要的一个指标。市场化、法治化是评估原则。因此，需要围绕市场化、法治化的方向建立相关机制。

第六，推动法治宣传机制建设。实践中民众对破产的理解还存在偏见。2019年7月国家发改委联合十三部委下发的《加快完善市场主体退出制度改革方案》当中提出要解决破产的污名化问题，社会公众一提及破产就是死亡和关门。以至于上海破产法庭在挂牌的时候也遇到了一些阻碍，所以要解决污名化的观念问题。破与兴挂钩，促进市场性、行业性、企业活力性，这是破产诉讼制度发展的方向。

第七，鼓励破产企业继续经营，促进债务人资产价值最大化。上海破产法庭在破产过程中创造条件依法恢复经营，以提升企业资产价值最大化，或者依法指导债务人在管理人的监督下继续营业，提升企业的经营价值，同时帮助债务人修复信用、重塑商业形象和经营环境。

第八，依法维护债权人自治，促进债权人积极参与破产程序。切实保护单个债权人的知情权，规范涉债权人异议权相关事项告知，规范债务人重大财产处分表决程序。

第九，积极开展预重整和重整，助力民营企业焕发生机。为尽早救治陷入财务困境的企业，上海破产法庭于2022年5月出台《预重整案件办理规程（试行）》，鼓励在司法重整程序前开展预重整，通过充分发挥市场主导作用和司法指引功能，有机衔接庭外重组与庭内重整程序，及时挽救危困企业。

第十，灵活运用破产和解制度，帮助小微企业快速摆脱债务困境。小微企业是国民经济和社会发展的重要基础，是扩大就业和改善民生的有力支撑。上海破产法庭注重保护市场主体，针对小微企业债权债务简单、决策灵活简便的特点，积极引导债务人从破产清算状态转入和解程序，通过催收应收账款，积极沟通尝试股东或实际控制人筹款还债等方式，提升债务清偿实效，保留小微企业营业存续。2022年成功将14件破产清算案件转为和解。

第十一，贯彻绿色低碳理念，促进企业转型升级。上海破产法庭在审理涉环保问题企业重整案件时，注重将绿色发展理念贯穿案件办理全过程，从破产企业所涉环境问题的修复治理、费用安排、程序衔接、重整方案制定及执行等方面，探索推进降污减碳协同治理和企业重整转型升级。

第十二，加强"逃废债"清理惩戒，提高债权清偿率。在依法受理、审理破产案件的同时,上海破产法庭注重对破产程序中"逃废债"的甄别与惩戒,积极适用破产法上撤销权等制度,纠正债务人不当处分财产的行为,恢复责任财产,防止债权人利益受到非法损害,指导管理人加大债权申报审查力度,严防虚假债权申报。

三、上海法院系统破产诉讼路径选择

根据上海市高级人民法院的部署,上海法院系统在现有破产诉讼机制建设的基础上,从以下几个方面进一步精耕细作,完善现有破产机制,进一步提升破产效率和破产效果:

第一,继续按照最高人民法院的工作部署和要求,进一步推动审判工作专业化和审判质效。在建立上海破产法庭的基础上,进一步提升破产审判的专业化、集约化。探索破产法治化、市场化助推经济高质量发展。在推进审判工作专业化的举措方面,一是进一步加强破产审理人才的培养。继续加强国际交流,因为破产制度的建立,是在不断地探讨过程中依靠多年的经验一点点积累起来的。例如对重整制度的探索和确立,欧美国家很早就开始了相关研究,经过重整,改变公司内部管理人员,对企业项目进行调整,最终使其恢复活力,这比把一个企业完全撕掉以后,完全清算掉以后更有价值。这些前沿制度的研究在外国有许多值得借鉴的经验。二是加强审判队伍的培训。通过统一的培训,或者统一办案标准,从而促进院内部工作操作程序上的统一。

第二,在推动设立上海破产管理人协会的基础上,加强管理人的准入、选任、考评机制建设,不断提高破产管理人的专业水平、职业素养,履行依法监督指导破产管理人的义务。在加强破产管理人的管理方面,首先,要解决的是破产管理人的费用问题。对于无产可破企业的破产管理人,其应得的费用无法得到保障,在履行职责的过程中甚至还要先垫付费用。关于管理人的费用,最高人民法院关于管理人费用有司法解释的,从破产财产里面来解决,但是对于无产可破的企业,管理人即使投入了也无法获得回报。解决方式主要有以下几个途径:一是政府垫付。二是设立基金,新设立的管理人协会发起基金,由协会成员募集,而且这个基金也是一个蓄水池,在无产可破的破产案件中可以从中拿取一部分金钱来支付。三是要求企业在工商设立的时候,准备破产准备金。关于减少管理人垫付费用的负担,应简化核发费用程序,优化审核与核发。其次,要建立管理人和法院之间的沟通机制。比如

多家法院查封一个破产企业，那么在破产的时候就需要到工商管理部门办理繁杂的解封手续，在协调机制缺位的情况下，管理人在办理具体事务的时候到处都会遇到困难，因此需要有一个联动或者统一的机制来解决保全人解封这类事情。最后，是考虑管理人扩容问题。随着破产案件数量的增加，管理人的队伍规模也应当随之增加，并且同时要增强管理人队伍的能力。由于十多年来破产案件数量一直稳定的维持在数量较少的状态，突然增加案件，现有管理人队伍无法及时消化，未来应当要增加人员，这也是市场化的必然结果。

第三，继续做好常态化的府院联动机制，深耕细作，加强与政府职能部门的沟通协调，不断提高机制规范化水平和运作效率，提高解决问题的实效。破产处置作为一项系统性工程，既有案件办理中常见的协调问题，也有重大案件中的专项特殊问题。府院双方今后既要为解决各种常见问题落地落实常规工作机制，也要为特殊问题及时启动专项工作方案。政府职能部门的定义应当是广义的，不只局限于现有框架内的这些部门，更不能被理解为仅限于破产条例中所涉及的负有配合调查义务的部门。府院协调机制不同于过去指令性政策性破产条件下的府院联动，而是坚持市场化法治化原则下的府院配合，应当避免行政机关对破产司法事务的不当干预。

第四，继续推进执转破工作，使之成为常态化工作，进一步助力僵尸企业依法肃清。将执行案件移送破产审查，符合条件的执行案件进入破产程序后，依照法律规定对所有债权人进行公平清偿，使企业破产制度真正落到实处。同时，通过破产案件的繁简分流和快速审理制度，提升"执转破案件"审理质效，破除传统破产程序给人程序烦琐、耗时长的印象。通常一件破产案件可以削减若干件执行案件，从而为解决部分案件的"执行难"问题提供制度保障。此外，通过执转破机制把有限的司法资源集中用于有财产可供执行的案件，也有利于推动精准解决"执行难"。

第五，坚持市场化导向，推进破产重整工作，精心整理、树立典型案例，充分释放破产的程序价值。积极鼓励和支持债务人企业运用破产重整程序开展自救，综合运用债务展期清偿、减免、债转股、引入投资人等方式，盘活现有资源，促进企业生产要素优化组合和市场化资源配置，赋能企业转型升级，帮助企业化解困境，焕发新生。及时总结、发布典型案例，注重宣传破产保护理念，提升企业、社会对破产制度价值和功能的认识。在重整过程中积极帮助重整企业修复信用，对具备挽救价值的债务人企业，及时通知执行法院将债务人企业信息从失信被执行人名单库中删除；落实政策支持，通过与金融、税务、市场监管等相关政府职能部门开展府院协调，帮助债务人企业重建信用，尽快恢复正常生产经营。

第六，建立科学的破产审判工作绩效考评机制，探索有别于一般民商事案件的破产审判绩效考评体系。破产案件的工作量与普通案件不同，因此同样考核标准下破产业务对法官的激励不足，法官出于理性考量便不愿意从事破产工作。因此在法院内部形成统一的、可以在全院范围内适用的破产绩效考核制度有助于提升法官审判积极性。

第七，开发运用好破产审判大数据平台，从而为全市法院系统破产案件的整体管控提供有效的信息支撑。同时加强法院基础信息化建设，注重用好线上办案平台，让破产程序参与人增强获得感。近年来的实践表明，开发好运用好网络平台，会使破产案件在提效率、降成本上实现大的跨越。目前一些法院和破产管理人利用网络平台办案，主要体现在公告送达、债权人会议、财产拍卖三个板块。今后除了对此继续优化完善外，还应当花大力气在关联案件信息推送、财产调查冻结移交方面攻坚克难，打通条块之间的屏障阻隔，形成一张更加畅通高效的"破网"。还可以利用线上平台构建重整融资、财产处置、引进投资人等方面的信息共享机制，拓宽破产企业财产处置和引进投资人的信息发布渠道，最大化提升企业财产价值，降低处置成本，实现市场资源快速有效配置。

第三节 2019—2023年上海破产法庭审理数据

一、2019年上海破产法庭审理数据[①]

截至2020年2月，上海破产法庭受理破产、公司强制清算、衍生诉讼等各类案件共计1317件。其中，破产和公司强制清算案件1250件，破产程序和强制清算程序案件有542件。具体数据如下：

---

① 数据来源于上海市第三中级人民法院上海破产法庭。

第五章　人民法院破产诉讼实证研究

（一）案件来源及类型

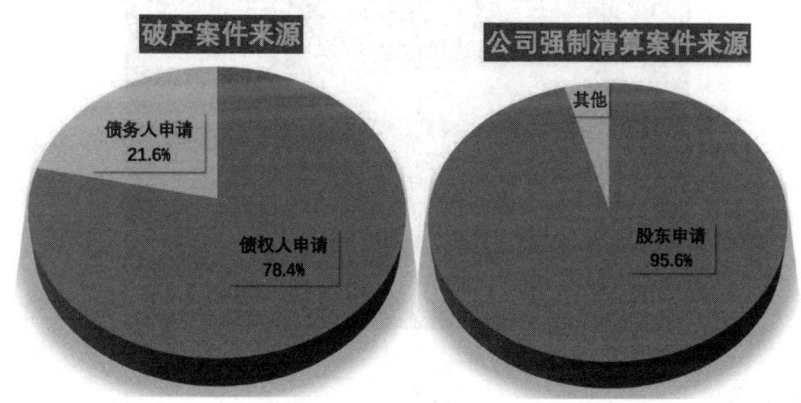

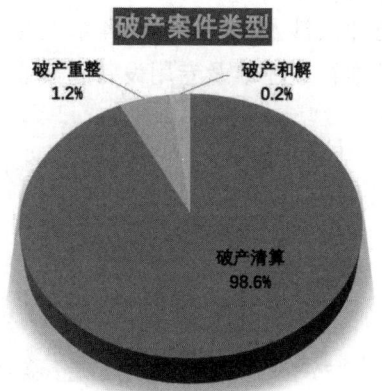

（二）被申请企业类型

企业类型

- 有限责任公司　96.5%
- 股份有限公司　1.8%
- 集体所有制企业　1.3%
- 全民所有制企业　0.2%
- 合伙企业　0.2%

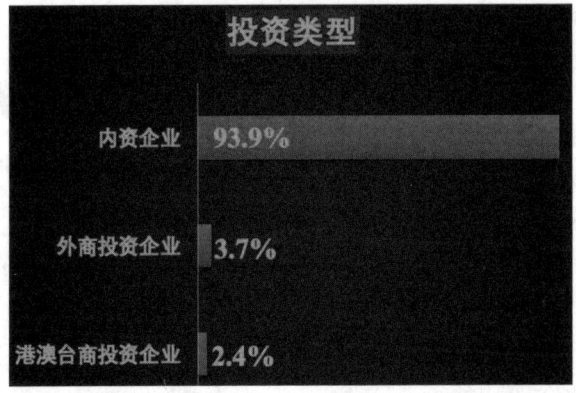

（三）被申请企业行业分布

被申请企业所在行业共涉及 15 个门类 34 个大类，前 6 个行业和案件占比情况如下图所示，其他行业还涉及专用设备制造业，零售业，建筑业，文化、体育和娱乐业等。

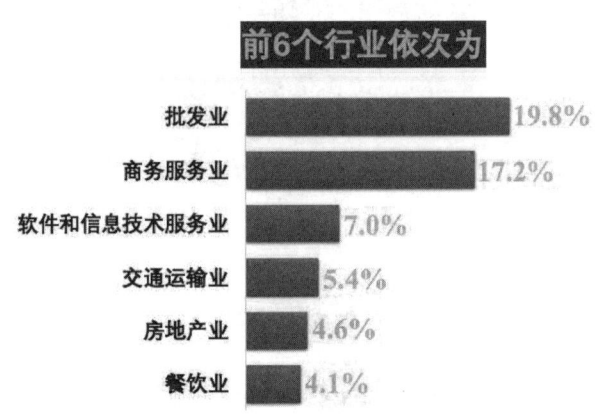

（四）被申请企业地域分布

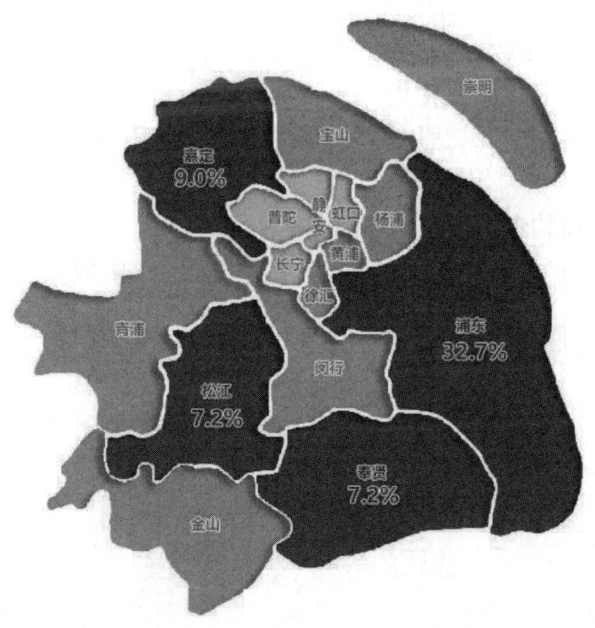

被申请企业主要分布在非中心城区，以浦东、嘉定、松江、奉贤四区居多，共计占比 56.1%；中心城区以静安、虹口、普陀、长宁四区为多，共计占比 18.1%。

（五）被申请企业规模

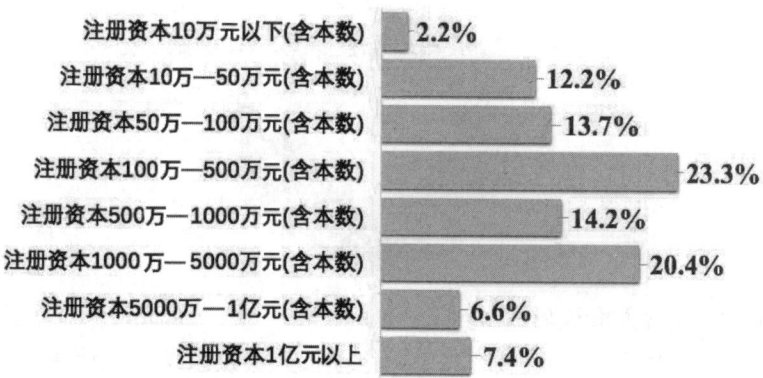

（六）被申请企业经营状态

处于吊销状态的占 30.4%；被列入异常经营名录的占 40.6%。

（七）被申请企业涉执行案件情况

被申请企业涉及执行案件（即同时为被执行人的）占 69.9%，其中，已被作出执行终本裁定的占 92.9%。

（八）审理程序适用情况

在已办结的案件中，适用简化审批程序的案件占 50.0%，平均审理期限 99.5 天。

（九）中介机构参与情况

已指定中介机构担任管理人或组成清算组的案件有 528 件。

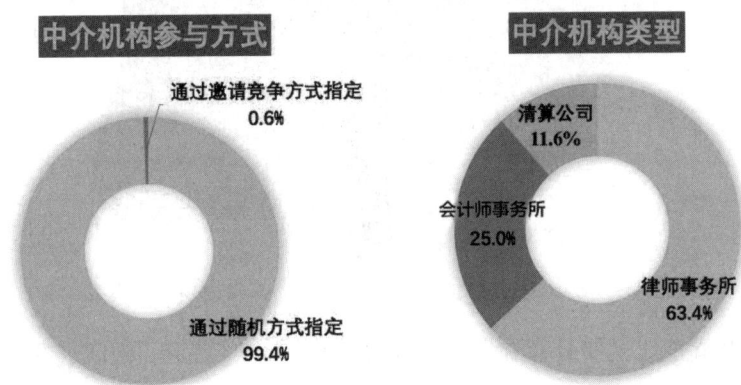

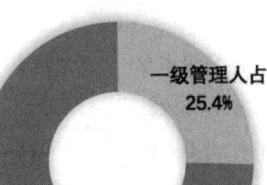

（十）债权人会议形式

2019 年 10 月，上海破产法庭网络债权人会议系统投入使用，并制定了相应的《网络债权人会议规程》等配套规则。从系统启用到 2020 年 2 月已召开网络债权人会议 102 场，占全部债权人会议的 76.1%；线上参会债权人达 1763 户，到会率达到 87%，其中不少债权人远在新疆、青海、甘肃、四川等地，网络会议形式为当事人提供了参会便利，也有效降低了案件办理的程序成本。

二、2020年上海破产法庭审理数据[①]

（一）案件概况

自2020年1月1日至12月31日，全年立案受理破产、公司强制清算、衍生诉讼等各类案件共计1567件，同比增长32.7%。具体案件类型占比如下图所示：

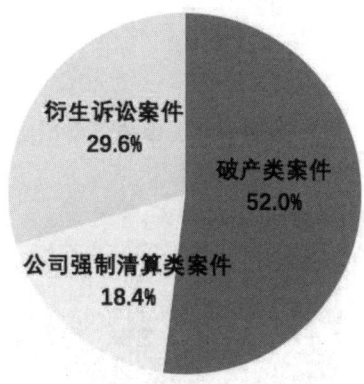

全年正式进入破产和公司强制清算程序的共计494件，同比上升3.8%。破产重整和清算的案件占比如下图所示：

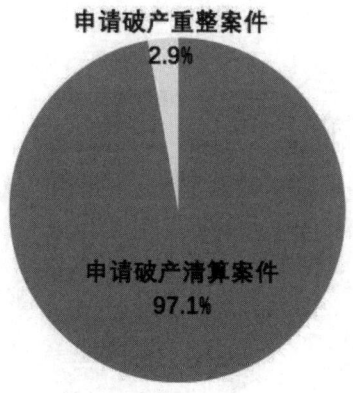

---

① 数据来源于上海市第三中级人民法院上海破产法庭。

全年受理衍生诉讼464件，涉及58类案由。集中的案件类型有：债权确认诉讼占20.7%；追究股东出资责任诉讼占17.5%；撤销个别清偿行为诉讼占5.2%；教育培训合同、房屋租赁合同、借款合同诉讼占17.1%。全年审结各类案件共计1250件，同比上升102.3%。全年法院召集债权人会议共计520场。

（二）破产案件数据

全年审结正式进入破产程序的破产案件161件，包括破产重整成功4件，破产清算转和解成功16件，破产清算14件。

1. 案件来源及类型

案件来源：

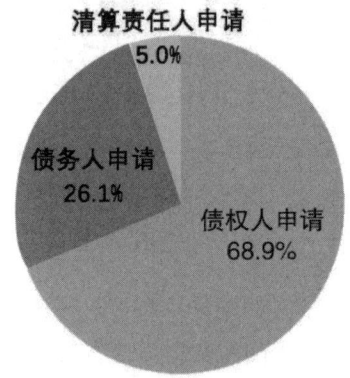

案件类型：

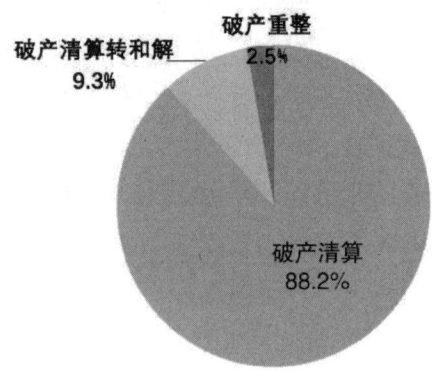

2. 债务人企业类型

企业类型：

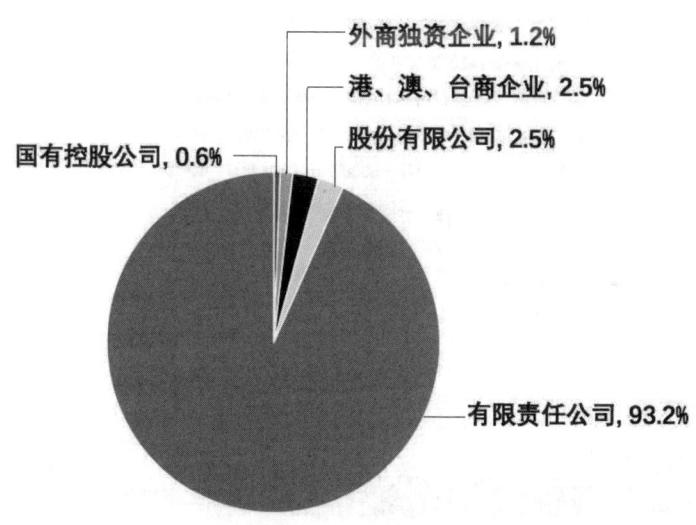

3. 债务人企业行业分布

共涉及 16 个门类 45 个大类，居前的六个行业如下图所示，其他行业为纺织服装服饰业、软件和信息技术服务业、专业设备制造业、道路运输等。

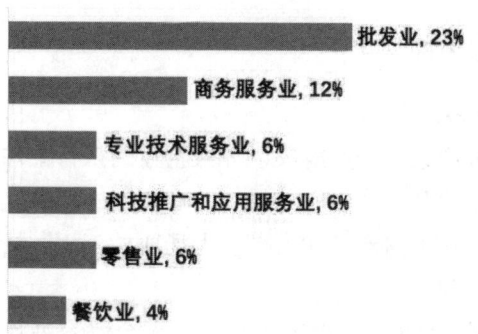

4. 债务人企业主要分布区域：

浦东 34.2%，奉贤 11.2%，嘉定 7.5%，金山 7.5%，青浦 6.8%，松江 6.2%，宝山 5.6%，虹口 5.0%，静安 5.0%。

5. 债务人企业规模

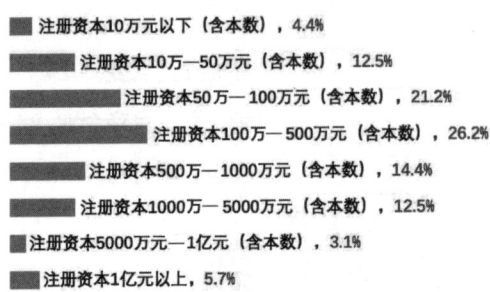

6. 债务人企业经营状态

企业被申请时，处于营业执照吊销状态的占27.5%；被列入异常经营名录的占46.2%。债务人企业自设立至破产清算程序终结的存续期如下图所示：

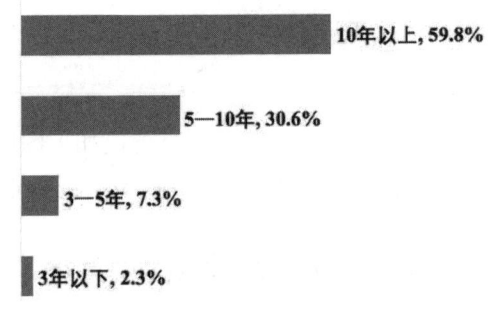

7. 债务人企业涉执行案件

办结的161件破产案件一并解决债务人企业的执行案件共计863件。

8. 清理"三无企业"

债务人企业中存在无财产、无人员、无场所"三无"情形的占30.4%。

9. 债权人程序权利

重大财产处分共计23项，单独提交债权人会议表决率100%；个别债权人行使知情权共计146次，依法支持查阅申请率100%。

10. 网络拍卖

公开拍卖处置破产财产的24件案件中，拍卖破产财产34项，网络拍卖成交总额6588.75万元，网拍手续费总额26.67万元。

11. 清算案件破产财产处置

办结的141件破产清算案件中共处置资产估值9257.27万元，包括：

总面积 3286.81 平方米估值 7825 万元土地及不动产；603 台机器设备估值 562.78 万元；7 辆机动车估值 20.80 万元；147 项知识产权估值 19.23 万元；36 件库存物品等其他财物估值 829.46 万元。此外还有：26 家对外投资股权估值 3.35 亿元；应收账款估值 21.76 亿元。

12. 清算案件债权清偿

办结的 141 件破产清算案件中涉及债权人 1417 户，共计确认债权总金额 58.16 亿元。其中：担保债权 2.68 亿元，平均清偿率 12.2%；职工债权 1643.06 万元，平均清偿率 19.5%；社保、税收债权 2367.63 万元，平均清偿率 57.8%；普通债权 54.77 亿元，平均清偿率 1.7%。

13. 重整案件

办结的 4 件重整成功案件中，盘活企业资产总价值 14.66 亿元，包括：总面积 5.54 万平方米土地及不动产估值 13.24 亿元；1037 台机器设备估值 5443.25 万元；25 艘船舶估值 3696 万元；知识产权估值 2000 万元。

共计确认 528 户债权人债权总额 38.22 亿元。其中：担保债权 15.28 亿元，平均清偿率 73.6%；职工债权 1452.21 万元，平均清偿率 100%；社保、税收债权 814.35 万元，平均清偿率 100%；普通债权 21.37 亿元，平均清偿率 57.5%。

通过重整程序一并解决执行案件 96 件；保住职工就业 359 人。

14. 和解案件

办结的 16 件和解成功案件中盘活企业资产总价值 2.35 亿元，包括：总面积 1095 平方米土地及不动产估值 3500 万元；机器设备 1 套估值 2 亿元。

共计确认 164 户债权人债权总额 6.08 亿元。其中：担保债权 1177.04 万元，平均清偿率 100%；职工债权 340.70 万元，平均清偿率 100%；社保、税收债权 40.89 万元，平均清偿率 99.9%；普通债权 5.61 亿元，平均清偿率 54.2%。

通过和解程序一并解决执行案件 136 件；保住职工就业 70 人。

15. 破产费用

支付破产费用、管理人报酬共计 4225.1 万元。其中破产费用 474.7 万元，管理人报酬 3750.4 万元。

16. 案件审理期限

全部办结的破产案件平均审理天数 245 天。其中，适用快速审理程序的案件占 20.5%，平均审理天数 124.8 天，最短期限 49 天。

17. 管理人指定方式

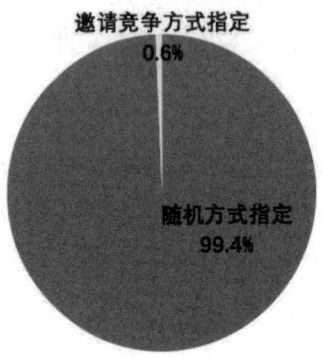

管理人类型:

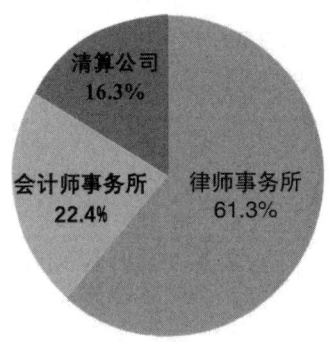

18. 管理人履职

管理人提交债权人会议报告、法院例行工作报告两大类共计2227份。其中向债权人会议提交各类报告、表决议案等共计1422份，向法院提交定期、专项履职报告共计805份。

管理人前往公安、工商、社保、税务、车管所、银行、交易中心、证券公司等机构，开展财产和人员调查共计1180次。

三、2021年上海破产法庭审理数据[①]

（一）案件概况

全年立案受理破产、公司强制清算、衍生诉讼等各类案件共计2381件，

---

① 数据来源于上海市第三中级人民法院上海破产法庭。

同比增长 51.9%。

其中，

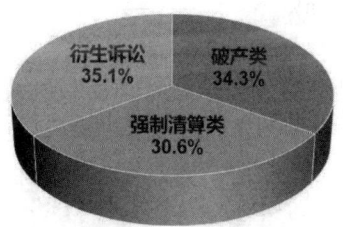

全年正式进入破产和公司强制清算程序的共计 687 件，同比上升 29.7%。

破产申请类型中，申请破产重整类案件占比 1.7%，申请破产清算类案件占比 98.3%。

共受理衍生诉讼 835 件，涉及案由 82 种，集中的案件类型有：债权确认诉讼占 21.3%，追收出资诉讼占 18.9%，对外追收债权诉讼占 5.1%，请求撤销个别清偿行为诉讼占 4.0%，清算责任诉讼占 3.8%，损害债务人利益赔偿诉讼占 3.1%；另还有确认债务人行为无效诉讼、股东损害公司债权人利益责任诉讼等。

全年审结各类案件共计 1927 件，同比上升 54.2%。

法院召集的网络债权人会议 292 场，占 97.33%，在线参会债权人 10664 户。

办结的破产和公司强制清算案件平均审理天数 409 天。其中适用快速审理程序的占 31.9%，平均审理天数 97.5 天，最短期限 73 天。

（二）破产案件审理数据

审结正式进入破产程序的破产案件共计 323 件，同比上升 100.6%；其中，破产重整成功 13 件，破产清算转和解成功 11 件，破产清算 299 件。

1. 案件来源及类型

来源：

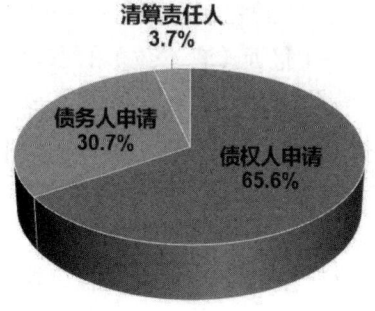

类型：

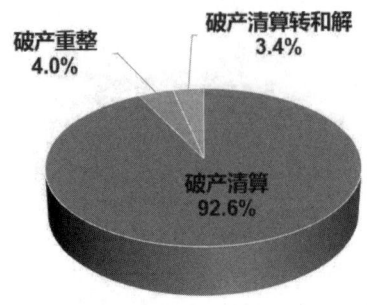

2. 债务人企业类型

主要企业类型：有限责任公司占 88.3%，股份有限公司占 2.8%，外商独资企业占 2.8%，港澳台资企业占 1.5%，国有企业占 1.2%，股份合作制企业占 0.6%。

3. 债务人企业行业分布

债务人企业所在行业涉及 17 个门类 48 个大类，居前的六个行业依次是：批发业 21.7%、商务服务业 11.8%、零售业 9.6%、软件和信息技术服务业 8.4%、餐饮业 5.3%、房地产 5.0%，其他还涉及科技推广和应用服务业、道路运输业、专用设备制造业等。

4. 债务人企业地域分布

债务人企业主要分布区域：浦东 28.2%，宝山 9.3%，嘉定 7.7%，青浦 7.7%，松江 7.4%，静安 6.8%，奉贤 6.5%，金山 5.3%，长宁 5.3%，崇明 4.6%，普陀 3.4%，虹口 3.4%。

5. 债务人企业规模

注册资本 10 万元以下（含本数）的占 4.6%；注册资本 10 万—50 万元（含本数）的占 13.9%；注册资本 50 万—100 万元（含本数）的占 11.5%；注册资本 100 万—500 万元（含本数）的占 22.6%；注册资本 500 万—1000 万元（含本数）的占 12.1%；注册资本 1000 万—5000 万元（含本数）的占 21.7%；注册资本 5000 万—1 亿元（含本数）的占 6.5%；注册资本 1 亿元以上的占 7.1%。

6. 债务人企业经营状态

企业被申请破产时，处于营业执照吊销状态的占 26.9%；被列入异常经营名录的占 39.3%。

债务人企业自设立至破产清算程序终结的存续期：10 年以上的占 52.9%；

5—10 年的占 35.3%；3—5 年的占 10.2%；3 年以下的占 1.6%。

7. 债务人企业涉执行案件

债务人企业涉执行案件 1876 件，其中涉执行终本的债务人企业占 56.0%。

8. 清理"三无企业"

债务人企业中存在无财产、无人员、无场所"三无"情形的占 18.9%。

9. 债权人重要程序权利

单独提交重大财产处分表决事项共计 32 项，表决率 100%；个别债权人行使知情权共计 48 次，支持率 100%。

10. 网络询价与网络拍卖

网络询价 72 次；网络拍卖占比 94.9%，成交总额 48.7 亿元，网拍手续费用 86.0 万元。

11. 破产清算案件

审结的 299 件破产清算案件中，共处置资产 68.1 亿元。主要包括：估值 26.8 亿元的 4.9 万平方米土地使用权和 67.0 万平方米地上建筑物，估值 2220.2 万元的 2768 台机器设备，估值 628.7 万元的 143 辆机动车，估值 1034.5 万元的 523 项知识产权，估值 24.3 亿元的 36 项对外投资股权，估值 16.6 亿元的应收账款。

共计确认 5763 户债权人债权总额 1041.5 亿元。主要包含：担保债权 73.8 亿元，平均清偿率 59.7%；职工债权 1.6 亿元，平均清偿率 34.0%；社保、税收债权 5.6 亿元，平均清偿率 21.3%；普通债权 938.4 亿元，平均清偿率 3.3%。

12. 重整案件

审结的 13 件重整成功案件中，盘活企业资产总价值 75.6 亿元，主要包括：60.9 万平方米土地使用权和 40.62 万平方米地上建筑物价值 68.2 亿元，27 台机器设备价值 1.8 亿元，69 项知识产权价值 5 亿元，18 辆机动车价值 252.2 万元。

共计确认 4839 户债权人债权总额 718.4 亿元。主要包含：担保债权 44.1 亿元，平均清偿率 98.2%；职工债权 8231.6 万元，平均清偿率 97.0%；社保、税收债权 785.1 万元，平均清偿率 100%；普通债权 654.6 亿元，平均清偿率 10.4%（幅度：5.52%—100%）。

通过重整程序一并解决执行案件 724 件；保住职工就业 322 人。

13. 和解案件

审结的 11 件和解成功案件中，盘活企业资产总价值 2.2 亿元，主要包括：

2万平方米地上建筑物价值8000万元,机器设备价值1.25亿元,机动车1辆价值15万元。

共计确认360户债权人债权总额8.7亿元。主要包含:担保债权7044.5万元,平均清偿率100%;职工债权金额743.1万元,平均清偿率100%;社保、税收债权937.8万元,平均清偿率100%;普通债权7.7亿元,平均清偿率24.7%(幅度:4.92%—100%)。

通过和解程序一并解决执行案件24件;保住职工就业23人。

14. 破产费用

支付破产费用、管理人报酬共计12477.87万元。其中,破产费用1718.1万元,管理人报酬10759.77万元。

15. 管理人指定

方式

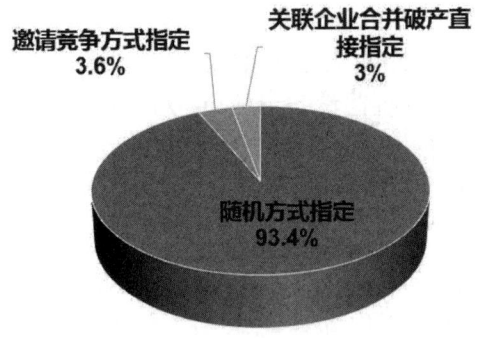

类型

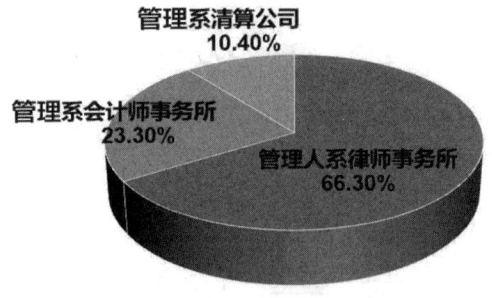

指定的管理人中,具有一级管理人资质的占28.1%。

16. 管理人履职

管理人提交债权人会议报告、提交法院例行工作报告共计4811份;其中，向债权人会议提交各类报告和表决议案共计3342份。

向法院提交履职例行报告和专项报告共计1469份。管理人前往公安、工商、社保、税务、车管所、银行、交易中心、证券公司等机构，开展财产和人员调查共计2352次。

四、2022年上海破产法庭审理数据[①]

（一）案件概况

案件受理总数3412件，同比增长43.3%。

进入破产和公司强制清算程序1314件，同比增长91.3%。

审结案件总数2830件，同比增长46.9%。

破产申请类型：清算99.4%，重整0.6%。

强制清算申请主体：股东98.8%，债权人0.9%，管理人及清算组0.3%。

线上债权人会议532场，同比上升82.2%，12602人参会。

线上听证、庭审1386场，7655人参会。

平均审理天数：破产案件542天，公司强制清算案件195天。

适用快速审：占比44.5%，平均审理天数117天，最短审理天数82天。

（二）破产案件数据

审结的296件破产案件中，清算274件，重整成功8件，清算转和解14件。

1. 案件来源及类型

来源：

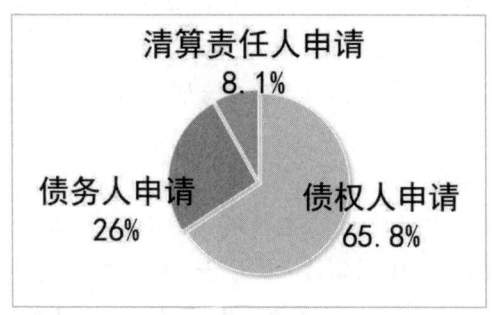

[①] 数据来源于上海市第三中级人民法院上海破产法庭。

类型:

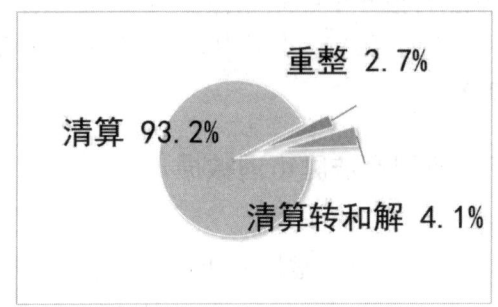

2. 债务人企业类型和性质

企业类型:

有限责任公司占91.9%,集体企业占2.7%,股份有限公司占2.4%,其他为合伙企业、股份合作制企业等。

投资类型:

民营企业占86.6%,国有企业占6.9%,港澳台商投资企业占3.7%,外商投资企业占2.7%。

3. 债务人行业分布

涉及17个门类50个大类,居前六的行业为:租赁和商务服务业占20%,制造业占17.4%,批发和零售业占17%,科学研究和技术服务业占8.2%,建筑业占6.1%,房地产业占5.8%。

4. 债务人企业地域分布

浦东新区19.6%,嘉定区15.8%,奉贤区9.4%,松江区9.5%,宝山区7.1%,崇明区7.1%,金山区6%,静安区5.4%,青浦区5.1%,普陀区4.4%,虹口区3%,长宁区1.7%,杨浦区1.7%,闵行区1.4%,徐汇区1%,黄浦区0.7%。

5. 债务人企业规模

注册资本10万元以下(含本数)的占3.4%,注册资本10万—50万元(含本数)的占11.2%,注册资本50万—100万元(含本数)的占19.6%,注册资本100万—500万元(含本数)的占24.3%,注册资本500万—1000万元(含本数)的占12.5%,注册资本1000万—5000万元(含本数)的占19.6%,注册资本5000万—1亿元(含本数)的占5.1%,注册资本1亿元以上的占4.4%。

6. 债务人企业经营状态

企业被申请破产时

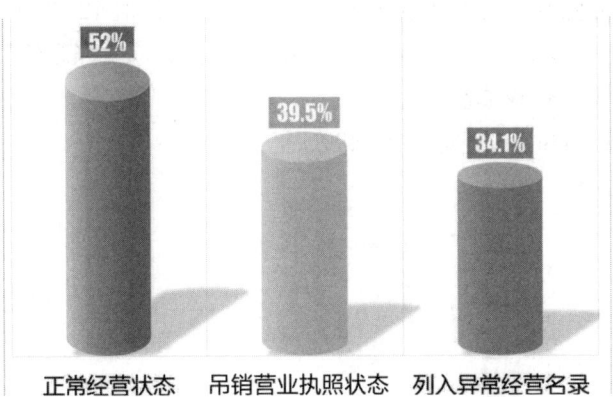

企业存续期

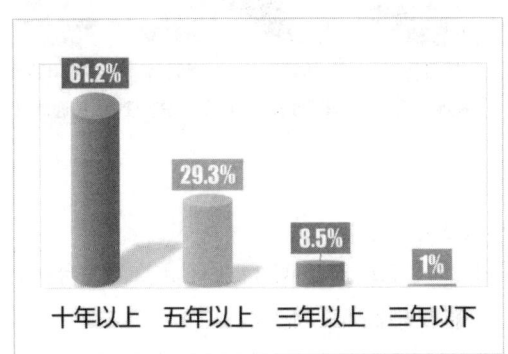

7. 债务人企业涉执行案件

涉执行终本企业占 65.9%，化解执行案件 2452 件。

8. 清理"三无企业"

存在无财产、无人员、无场所占 23.6%。

9. 债权人程序权利

重大财产处分：提交 42 项，通过率 100%。

单个债权人行使知情权：20 次，支持率 100%。

10. 网络拍卖

网络询价 88 次，同比增长 22.2%；网拍率 91.8%；成交额 17.4 亿元。

11. 清算案件财产处置

沉淀资产处置 35.5 亿元：总面积 29.4 万平方米土地及不动产价值 17.5 亿元，1283 台机器价值 1091.8 万元，26 辆机动车价值 127.7 万元，426 项知产价值 38 万元，49 家对外投资股权价值 1.5 亿元，应收账款价值 16.1 亿元。

12. 清算案件债权清偿

清理债权 7434 户，债权共计 499.5 亿元。

平均清偿率

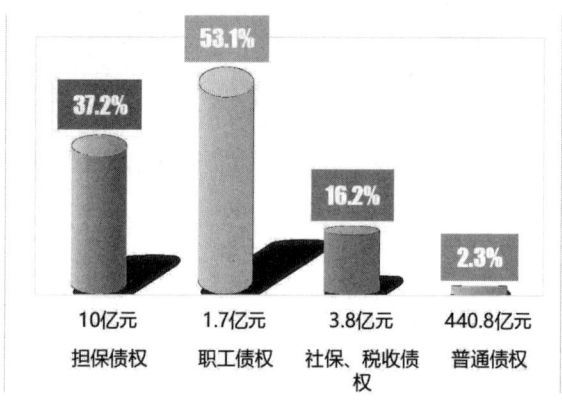

13. 重整案件

盘活企业资产 11.3 亿元：

20.3 万平方米土地及不动产价值 11.3 亿元，317 台机器价值 688.4 万元；确认 450 户债权人，债权总额 65.9 亿元。

平均清偿率

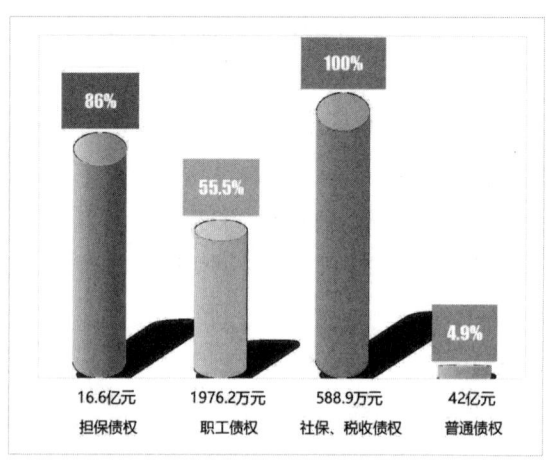

14. 和解案件

盘活了 6010.2 万元企业资产：

知识产权价值 6005.2 万元 16 项，机动车一辆价值 4 万元，设备价值 1 万余元，确认 132 户债权人，债权总额 8562.2 万元。

平均清偿率

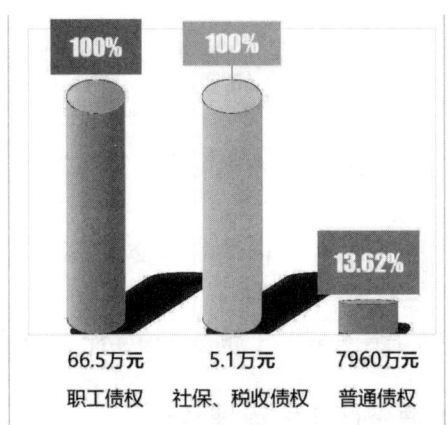

15. 保就业

22 件重整、和解案件，保住职工就业 175 人。

16. 破产费用

以破产财产支付 7419 万元，其中管理人报酬 6545.6 万元。

17. 管理人指定

方式：

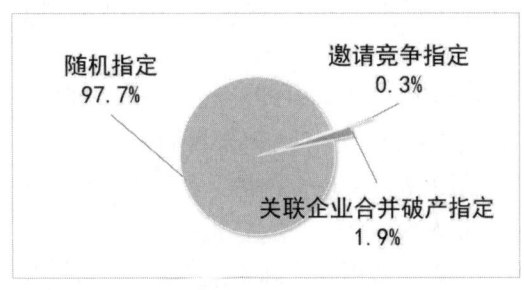

类型：

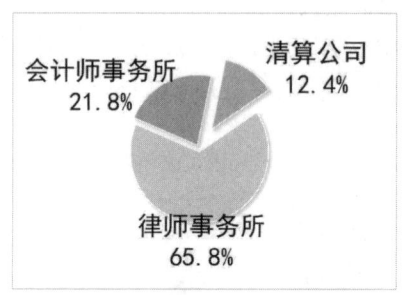

指定的管理人中具有一级管理人资质的占 25.7%。

18. 管理人履职

工作报告：共提交 4402 份；向法院提交 1518 份，向债权人会议提交 2884 份。

开展调查：管理人前往公安、工商等机构共计 2937 次。

五、2023 年上海破产法庭审理数据[①]

（一）案件概况

全年立案受理破产、公司强制清算、衍生诉讼等各类案件共计 4911 件，同比上升 45.4%。

全年正式进入破产和公司强制清算程序的共计 2137 件，同比上升 62.6%。

全年审结各类案件共计 4946 件，同比上升 75.3%。

破产申请中，申请破产清算的占 99.5%；申请破产重整的占 0.5%。

强制清算申请中，股东申请的占 98.8%；债权人申请的占 0.7%；管理人及清算组申请的占 0.5%。

破产和公司强制清算案件平均审理天数 291 天，同比下降 14.7%。其中，6 个月内审结的案件占 50.3%，平均审理天数 112 天。

网络债权人会议系统应用实现全覆盖，在线召开债权人会议 1165 场，在线参会债权人共 19520 人次。

使用财政经费垫付破产费用和管理人报酬共计 124.8 万元。

---

① 数据来源于上海市第三中级人民法院上海破产法庭。

（二）破产案件审理数据

审结的 931 件破产案件中：

1.案件来源及类型

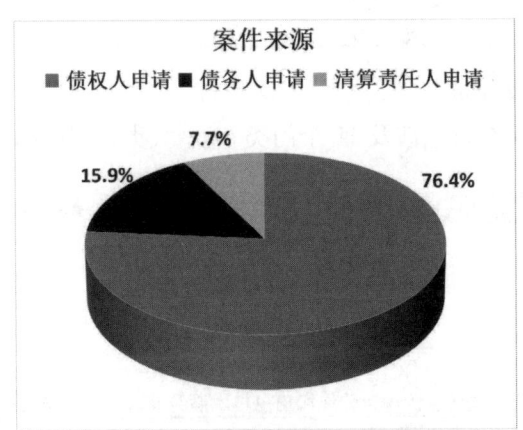

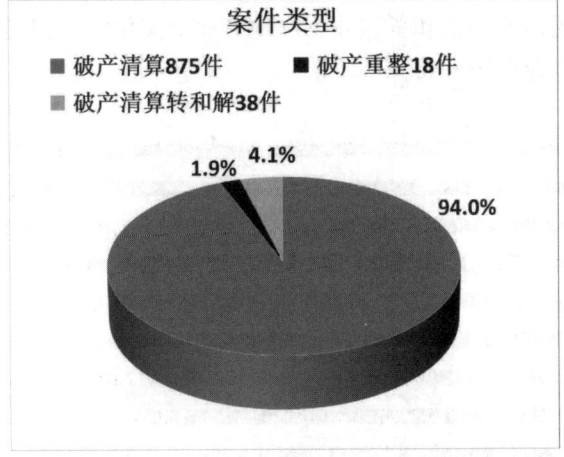

2.债务人企业类型和性质

主要企业类型	占比
有限责任公司	94.3%
股份有限公司	2.4%
集体企业	0.9%
其他股份合作制企业、合伙企业等	2.4%

投资类型	占比
民营企业	87.4%
国有企业	5.7%
港澳台商投资企业	3.4%
外商投资企业	3.5%

3. 债务人行业分布

债务人企业所在行业涉及 18 个门类 63 个大类，居前的六个行业依次是：

行业	占比
批发和零售业	17.9%
租赁和商务服务业	15.8%
制造业	12.8%
科学研究和技术服务业	6.2%
建筑业	5.6%
信息传输、软件和信息技术服务业	5.4%

其他行业还涉及住宿和餐饮业、房地产业、文化体育和娱乐业等。

4. 债务人企业地域分布

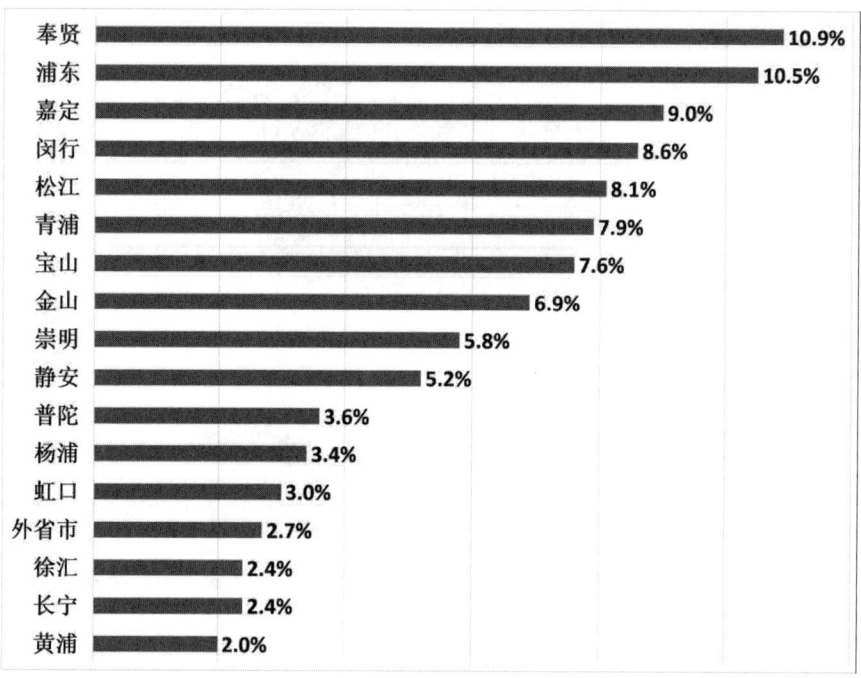

地区	占比
奉贤	10.9%
浦东	10.5%
嘉定	9.0%
闵行	8.6%
松江	8.1%
青浦	7.9%
宝山	7.6%
金山	6.9%
崇明	5.8%
静安	5.2%
普陀	3.6%
杨浦	3.4%
虹口	3.0%
外省市	2.7%
徐汇	2.4%
长宁	2.4%
黄浦	2.0%

5. 债务人企业规模

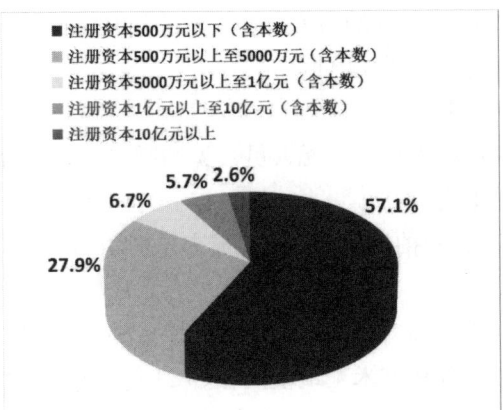

6. 债务人企业经营状态

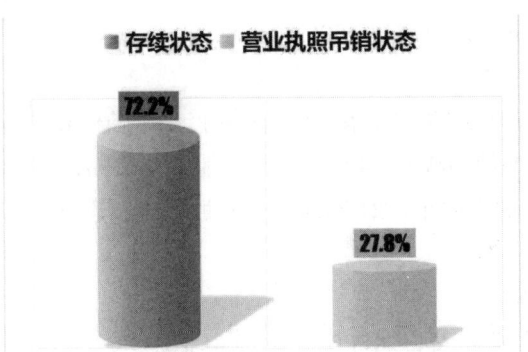

被列入异常经营名录的占 41.1%。

债务人企业自设立至破产清算程序终结的存续期：

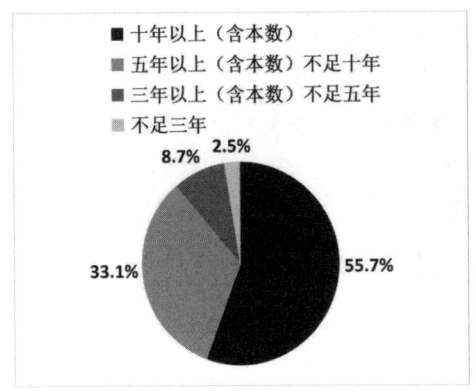

7. 债务人企业涉执行案件

债务人企业涉执行终本的占 62.5%。审结的 931 件破产案件，一揽子化解债务人企业涉执行案件 5014 件。

8. 清理"三无企业"

债务人企业中存在无财产、无人员、无场所"三无"情形的占 25.1%。

9. 网络询价和拍卖

网络询价 91 次，网拍占比 98.6%，成交总额 46.5 亿元。

10. 清算案件

审结的 875 件破产清算案件中，共清理处置估值为 128.3 亿元的沉淀资产。其中包括：22.6 万平方米土地使用权和 21.8 万平方米地上建筑物，1786 台机器设备，209 辆机动车，1373 项知识产权，98 家对外投资股权。

清理 16589 户债权人债权总额 1951.5 亿元。其中：担保债权 396.6 亿元，平均清偿率 14.8%；普通债权 1506.1 亿元，平均清偿率 0.8%。

11. 重整案件

18 件重整成功案件中，盘活企业资产总估值 205.6 亿元，其中包括：11.4 万平方米土地使用权和 14.6 万平方米地上建筑物，113 台机器设备，198 项知识产权，40 辆机动车，21 家对外投资股权。清理 753 户债权人债权总额共 212.9 亿元。

12. 和解案件

38 件清算转和解成功案件中，盘活企业资产总估值 1 亿元，其中包括 9203 平方米地上建筑物，4 家对外投资股权。清理 325 户债权人债权总额 2.7 亿元。

13. 保就业

共保住职工就业岗位 2586 个。

14. 破产费用

支付破产费用（含管理人报酬）共计 4.5 亿元。其中，管理人报酬 2.9 亿元，其他破产费用 1.6 亿元。

15. 管理人指定

100% 随机指定。其中：

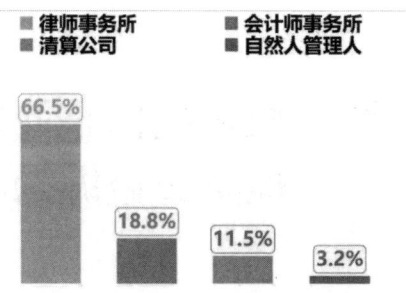

指定的管理人中，具有一级管理人资质的占 25.8%。

16. 管理人履职

管理人提交债权人会议报告、提交法院例行工作报告共计 9183 份；其中，向债权人会议提交报告和表决议案共计 4784 份。向法院提交履职例行定期报告和专项报告共计 4399 份。

管理人前往公安、工商、社保、税务、车管所、银行、交易中心、证券公司等机构，开展财产和人员调查共计 13014 次。

第六章 探索构建企业破产检察公益诉讼制度

第一节 宏观经济形势下破产诉讼制度优化的现实需求

破产制度作为社会经济中信用经济的基础支撑要素,容易受到宏观经济形势改变的影响。

一、当前经济形势的变化与破产制度优化的关系

纵观近几年国内公布的经济数据,我国GDP增长始终保持在一定的合理范围内。从全世界范围来看,我国的经济增长速度虽然受疫情影响,仍凸显出一定的韧性。按照疫情发展的时间节点来看,2021年上半年我国财政收入117116亿元,与2020年相比增长了21.8%,与疫情发生前的2019年相比增长了8.6%。从全球经济数据来看,据IMF测算,2021年全球经济增长率将达到6%,这是自20世纪70年代以来的最高经济增长率。这是否意味着全球经济开始复苏或者中国经济要回到高速增长的模式呢?或许这些数据并不是现实经济的完全反映,现有的经济数据后面隐藏着一些问题,中国经济增长率之所以如此之高,主要有以下几个方面的原因:

一是外需增长幅度较大。我国经济增长率高很重要的一个因素就是依赖出口。在疫情期间,全球很多国家,尤其是发展中国家经济下行,很多企业停产停工,而中国疫情控制较好,所以出口额大幅增加,但这一增长是短期的,而且出口的很大一部分收入是别国对我国的负债,债权能否如期兑现也是一个问题。因而出口经济数据好并不意味着实际经济好。

二是GDP平减指数较高。GDP平减指数是综合的价格水平指数,包括CPI消费价格指数、PPI生产价格指数、农产品价格与建筑安装工程价格指数等。以2021年第二季度为例,GDP平减指数高达5.29%,系2012年以来的最高值,这意味着价格指数快速上升,因而接下来一段时间我国经济通胀的

压力是非常大的。

三是企业债务水平较高，按期还债能力弱。近几年从国务院到发改委、工信部等一直在强调对企业的债务展期，央行自2020年开始也在通过增发货币解决市场流动性需求。2021年刚进入第三季度，央行就宣布全面降准，将存款准备金率下调0.5%，释放了近1万亿元资金。这似乎意味着在稳经济与稳通胀之间，央行选择了前者。换言之，我们的市场经济主体承担的债务偿还压力较大，要不断通过央行降准、增发货币、新债换旧债的方式解决经济中的流动性问题。

四是民营企业经营压力大。在疫情期间，民营企业获取贷款的成本较高，经营能力下降，而企业的整体成本却在快速上升，员工的工资水平在下降。内需不足，消费不畅。目前我国仍有8亿人口月收入在2000元以下，5亿人口月收入在1000元以下。中小企业生存压力大。

可以看出，破产案件的增速与宏观经济形势密切相关，然而与破产有关的基础制度、基础设施的建设远远不够。例如，破产法重要制度、审判规则、破产法庭、破产法官、破产管理人、破产相关的配套保障制度等的建设有不少短板，这也意味着宏观经济形势与破产法的制度需求之间产生了巨大的缺口和矛盾。因而应重点关注的是，在新的发展格局下，如何构建和修改破产法以满足整个经济社会高质量发展的需求。宏观经济形势与破产法的修改之间存在正相关关系，目前市场经济发展对破产法修改的需求越来越强烈，整个经济社会与营商环境对破产制度的需求也越来越强烈。

二、重整将成为中国经济高质量发展的又一个发动机

在经济下行与经济疲软的环境下，对困境企业的处理催生了困境企业市场和不良资产市场，也叫特殊资产市场。违约债券市场就是一个例子。虽然我国的宏观经济形势向好，但依然有大量债券违约事件出现，且这些违约的债券都是AAA级企业，也就是最佳评级企业发行的债券。

债券市场是一个非常重要的信号市场，目前债券市场主要包括三大块：一是政府债，规模约48万亿元，包括国债、地方政府债务；二是金融债，约40万亿元，主要是指金融机构发行的短期、中期票据与次级债券等；三是公司信用债。公司信用债又包括三个市场，即发改委监管的企业债市场、证监会监管的公司债市场以及央行监管的银行间交易商公司债市场，这三大市场有规模约28万亿元的公司信用债。截至2021年6月的数据表明，公司信

用债的债券违约额达到了5000多亿元，而这5000亿元的市场主体中，根据我们破产法研究中心的研究，三分之一的债券发行人在违约后会进入破产程序，为破产从业者带来了数万亿元不良资产的处置市场。在一些大型企业债券违约案中，违约数额都不是很大，但会发生连续违约现象，而且发行人总负债额都较高。

市场中不缺流动资金，为什么还有很多企业会出现债券违约的问题？一方面当然是企业自身出了问题，另一个重要原因是货币传导机制的问题，货币传导机制进入到实体经济层面依然存在很多障碍。社会商业信用机制也存在问题，比如将不满足AAA级企业资质的企业评为AAA级企业等。所以违约债是一个非常大的市场，也是一个非常重要的信号市场。

另外，银行的不良贷款市场规模也很大，目前达到3.5万亿元，这也需要处理。可以看出，中国已经形成了一个规模庞大的不良资产市场和特殊资产市场，而重整重组制度成为重要的处置工具。像违约债市场的那些发行人企业，都是高评级的企业，考虑到这些企业的社会影响、规模与实力基础，最后都选择了破产重整。这也意味着重整模式成为主要选择。鉴于破产法在处理市场主体退出与不良资产处置中的重要作用，重整制度很有可能会成为中国新一轮经济发展的另一个发动机。当然经济的高质量发展肯定要依靠创新，但是如果忽视了巨大的不良资产市场和特殊资产市场，中国经济的高质量发展与市场经济体制改革也会面临较大困难。

可以肯定的是，重整制度将成为下一阶段破产法的主流趋势，因而重整制度的完善改革、具体制度的精细化、程序的整体优化非常重要，这也是破产法修改中业界普遍关注的问题。如要让重整制度在中国经济结构调整与困境企业脱困中发挥更大作用，以下几个方面的问题需要在破产法修改中重点研究解决：

（一）企业重整价值的判断标准

如何判断一个企业真正的重整价值以及法律是否需要提供一个判断标准？在法院审查重整案件时，需要判断其是僵尸企业还是具有存续价值的企业，这是目前司法审判机关面临的重大问题，因而有必要在制度上加以完善。目前，全国已经出现了一些重整、预重整的创新试验。最高人民法院的一系列司法文件中也涉及对重整企业的识别、审查和判断标准机制的规定，因而在破产法修改中应当进行相应的吸收吸纳，使得重整制度更有利于不良资产的处置。

（二）促进重整制度的市场化、法治化

目前，在重整制度实施过程中，地方政府往往成为最大的战略投资人。地方政府掌握着最多的资源，因而在很多案件中，通常以地方政府拿土地换重整方案的方式进行重整，行政化处理困境企业的方式较多。在重整模式中，通常由管理人负责债务人财产和营业事务的管理，而少有债务人自行管理这一比较市场化的模式。《全国法院民商事审判工作会议纪要》里特别提出要促进债务人自行管理并规定了债务人自行管理的四个条件，包括内部治理机制正常运转，有利于债务人继续经营，债务人不存在转移隐匿资产与严重损害债权人利益的行为等。因而在破产法的修改中，应当促进重整制度的市场化法治化，使地方政府逐渐从最大战略投资人的角色中退场，更多让拥有市场资源的战略投资人进入困境企业重整中，让战略投资人与债权人充分博弈，让市场在重整过程中发挥更大的作用。

（三）重整计划方案的扎实落地

重整方案涉及如何吸引更多投资者进入的问题，《破产法司法解释三》解决了战略投资人投入的共益债定性问题，在很大程度上激励了战略投资人进入不良资产市场，然而这一定性的法律依据仍需要破产法予以确定。在破产重整实践中存在的另一突出问题是担保债权人的保护问题。现在一些重整案件，为了使重整成功，往往会侵害担保债权人的利益，比如没有经过担保债权人同意，法院裁定注销物权登记、强行置换担保物权、降低担保物的评估价值、让担保债权人出资解决破产费用、降低担保债权的清偿比例等。在破产法修改中，应着重考虑如何在促进重整成功和保护担保债权人合法权益之间寻求平衡。此外，在重整方案被批准之后，还需要解决对重整方案执行的监督、重整交易中的税收问题、重整企业的信用修复、新股东进入之后的股权登记等问题，还有表决机制改革问题，目前我国重整方案的表决机制采取的是双表决制，要求债权人人数过半并且其所代表的债权额占该组债权总额的三分之二以上。在实践中会遇到一些难题。

综上所述，要确保重整制度真正成为中国经济高质量发展的另一个发动机，必须在破产法的修改和完善过程中对上述问题予以重点考虑并加以解决。

第二节　构建企业破产检察公益诉讼制度的合理性与必要性

一、破产程序现有的优化路径
（一）府院联动机制中行政权适度介入

企业破产清算，特别是国有企业的破产清算，往往涉及税务、市场监督、金融监管、不动产登记和职工失业保障等多个政府相关部门和多项制度规定，仅仅靠破产立法、人民法院和破产管理人是无法担负此项重任的，故破产实务中许多案件如果没有政府的参与或者支持，审判工作难以为继。目前，我国地方法院与政府探索出的破产府院联动机制，作为"解决企业破产衍生社会问题"的一种机制，其强调行政权以履行好自身行政职责的形式配合破产司法权行权的单向作用。法院在破产个案程序中，广泛推动、协调政府多部门，针对破产案件中特定的衍生社会问题，形成公权力的合力，一定程度上攻克了区域性的破产难题。就其作用而言，府院联动机制有效地破除了制约市场化处置企业破产债务的体制机制性障碍，发挥了政府在完善社会配套制度方面的积极作用。就其权力运行来看，府院联动机制是政府所代表的行政权介入由司法权主导的企业破产处置程序中，因而，必须正确理解司法权与行政权在破产案件中的互动逻辑与权力边界，才能对这一机制进行有效的法律规制，使之常态化、长效化和规范化。

破产司法中蕴含着一定的传统行政权所覆盖的管理因素，其可以被视为案件审理、企业管理与一定程度的社会治理的融合，合法性、合理性与效益性的结合，不同部门法规范的耦合。破产事件有其自身固有的特质，往往发生于市场调整失灵的场域，行政权有适度介入的必要，这也是由我国现实国情的发展背景决定的，破产审判所反对的只是行政权的不正当干预。国家对市场失灵的有效干预理论，指明了破产实践中行政权的正确运行方向，其既不能回归政策性破产时代抑制、取代破产司法程序的老路，也不宜继续延续政府完全缺位于破产事件的错路。行政权不能借助府院联动机制干预破产司法权的行使，政府要严守介入破产事件的底线，不能将自身的监管、调控目的强行引入破产程序中，行政权不能越位。破产事件仍然是以法院审判为主导的司法事项,府院联动机制中的行政权不应在破产案件中逾越司法权或与司法权平等视之。

作为司法实践"倒逼"的产物,目前各地的府院联动机制多是通过一些法律效力层级较低的规范性文件规制。从各地出台的政策文件看,这一机制通常包括沟通协调机制、企业敏感案(事)件信息共享机制、定期监测评估破产企业信息机制、跨部门联合调研机制等。在对这些文件进行比较分析后发现,其并没有统一的机构设置、议程内容与时限要求,各地在实施过程中也存在事权不足、覆盖面窄、协调成本高等问题。就府院联动实质推进破产处置进程而言,主要受以下六方面原因制约:

第一,涉及部门利益冲突多,致使实践中难推进。在行政权内部,不同行政机构的社会治理目标与经济政策之间也会存在抵牾,协调政府各部门的多元化政策差异本身也会成为破产府院联动机制的重大负担。府院联动机制在个案中虽然彰显出高效的优势,但逐案协商或区域性协调的方式降低了破产法治的整体效率。

第二,文件指引不明确,操作性不足,难以具体执行与落实。这主要是具体政策不明晰或上下级政策存在冲突导致基层无法操作。以破产税务工作为例,破产处置实务中,税务机关因政策不明,无法可依、无先例可循或无明晰的操作指引而不敢擅自处理,故而拒绝或暂缓配合管理人开展破产税务工作。

第三,现阶段府院联动机制中的沟通协调,更多的是针对破产处置中突发矛盾的应急协调解决,针对突发矛盾的防范措施较少。

第四,由于破产事务大多为各行政部门原有工作之外的衍生性工作,而具体执行行政事务的基层工作人员对破产处置工作不够专业,从而导致即使有具体的操作指引,破产管理人常常也需要再请法院出面,与政府部门展开领导层面的沟通,由此大大延缓了破产工作的进展。

第五,大部分地方未建立协调政府处置破产衍生社会问题的常态化的稳定举措,府院联合成立的议事机构属于临时性组织,受到领导意志影响较大,府院联动形成的会议纪要等地方规范性文件的责任约束不足,所规范事项缺乏长期性,与市场化、法治化的破产法实施目标尚有差距。

第六,破产审判的专业化和独立性受到了影响。实践中针对一些社会影响较大的大型、超大型以及特殊类型企业的破产,往往在政府的主导下,采取了清算组的管理人形式,并且大多由政府的主要领导兼任清算组的组长或者负责人。这样做,一方面可以有效保证破产程序的顺利推进,另一方面也使得破产程序往往成为政府行为的一种司法背书,司法审判的独立性被削弱。更有一些极端的情况发生,即政府的某些决定并不符合法律的规定或者违背了债权公平清偿原则,但还是要求法院给予司法确认,由此也损害了法院司法裁判的公正性和权威性。

(二)破产程序中法院的权责

破产事务纷繁复杂、参与主体人数众多、相关纠纷层出不穷,法院作为破产程序的主要推进者在其中承担着多种角色,其既是审判者,也是破产程序参与人的指挥者、监管者,后者体现在法院具有选任和监督破产管理人、决定管理人报酬等职能。在破产管理人的选任上,为防止部分债权人选出来的管理人代表的债权人利益范围有限,不利于社会效益的最大化,我国《企业破产法》第22条规定,管理人由人民法院指定,以此中立地代表各个债权人利益,符合公平原则,而债权人会议有权申请人民法院更换管理人,但债权人无权直接任命或拒绝人民法院对破产管理人的任命。这种制度能够有效实施的前提是破产管理人具有能够适应各类型案件管理的专业能力。然而尽管已经采用了对管理人进行分级、对案件进行分类以及通过竞争方式乃至随机加竞争方式产生管理人等做法,我国由法院指定管理人的做法似乎还不足以完全保证管理人的中立性和相应的业务能力。

此外,在管理人实施对债权人利益有重大影响的财产处分行为时,我国《企业破产法》只要求管理人向债权人委员会报告,而非征得债权人或者债权人委员会的批准,"批准"与"报告"是两个不同的概念,"报告"似有满足知情权之意。要言之,破产管理人享有广泛的处分权,如若法院对破产管理人的选任不称职、监督不到位,则极易损害包括债权人、债务人在内的广大主体的利益。有学者提出,法院过多地干预私权关系,与法院本来应当承担的职能不相符合。尽管法院在破产程序中居于中心地位,但是法院的作用应当是通过独立行使审判权,以解决程序进行中发生的障碍,调控破产程序的进行。法院直接选任破产管理人则过多地干涉了本来应当由私人自行解决的私权关系,损害了法院公正、中立、独立行使司法权的法律地位。法院作为破产管理人的任命者、监督者,身处职权高、职责重的现实境况。

当然,法院参与破产程序并不仅仅在于对其他程序参与人的司法行政性指挥和监督,更在于其对一切争议的裁决,而正因其所具备的多元角色、多样职责,导致法院在破产程序中难免产生疏漏。正是由于破产事务的处理集中于法院，未形成多部门参与、联合惩戒公司高层人员犯罪的机制，缺乏一支有力的力量，去追究破产高管等的法律责任，使得法律法规关于董事、监事、高管忠诚义务和勤勉义务的相关规定成为睡眠条款，无法发挥净化公司治理环境的作用。

（三）破产简易程序的规定

目前，我国企业破产法未规定破产案件简易审理制度，所有破产案件均适用统一的破产程序规定，一般破产案件从提交破产申请到程序终结，至少经过6个月的时间。有学者指出，从全国法院审结的破产案件来看，破产案件的平均审理周期要2—3年时间。对于那些债务人财产较少、债权债务关系相对简单、处理难度不大的案件，如果仍按照一般的普通破产程序处理，在一定程度上会造成审理周期冗长，不但浪费司法资源，也导致债权人利益不能得到及时实现，消减了债权人申请破产的积极性。针对不同难易程度的破产案件设计不同的程序不仅是程序适当、费用相当等原理的必然要求，更是实现繁简分流、解决破产案件积压问题、提高司法效率的有效方法。

随着经济的发展，《企业破产法》在处理中小企业破产案件中的不足日益突出，现实对简易破产程序的需求促使地方对简易破产制度进行了积极的探索，特别是经济发达地区。如2013年6月，浙江省高院出台《关于企业破产案件简易审若干问题的纪要》（以下简称《浙江纪要》），该纪要对破产案件简易审理的相关问题做了简要说明。在此之前，2013年3月，温州中院印发了《关于试行简化破产案件审理程序的会议纪要》（以下简称《温州纪要》），确立了以程序分配、费用相当以及效率原则为简化审理程序的基本原则，并从审理程序的适用范围、程序的启动、审级和审判组织以及具体程序的简化三个方面，用35个条文对破产案件的简化审理作了更为详细、全面的规定。上海、深圳也出台了相应的文件，指导破产案件的简易审理程序。此外，2019年最高人民法院先后批准在深圳、北京、上海、天津、广州、温州设立破产法庭，专门审理破产案件。2020年4月15日，最高人民法院又印发了《关于推进破产案件依法高效审理的意见》（以下简称《高效审理意见》），从而可以进一步指导破产案件的简化审理。这些对简易破产程序的探索是帮助我国构建简易破产程序的宝贵经验。尽管实践中浙江等地对简易破产程序进行了有益的探索，但由于缺乏相关立法，对于简易破产程序的各种细节，如哪些事项与程序可以简化以及如何简化等问题，实践中各地做法不一，亟须统一。如同样是将债权债务关系简单的案件纳入破产简易程序的适用范围，深圳将"不存在重大维稳隐患"纳入适用条件，上海却无相似规定。再比如，上海给予当事人协商一致同意适用破产简易程序的权利，深圳却并无此类规定。进一步而言，许多地方法院在以竞争方式选定管理人时，以管理人所办破产案件的"结案率"作为重要指标，但管理人的"结案率"，可能与管理人办案素质或案件实际情况有关，但更多也与办理法院的破产审判思维密不可分。

当然，以上所言现象，归根结底又回到了"破产案件周期长"这个老生常谈的问题。一方面，是因为某些地方法院破产审判起步晚，对于破产简易程序的认识有限；另一方面，还是基于审判思维与管理人思维不同。审判风险作为审判思维考量的第一要素，如在立案受理时法院便决定以简易程序审理，可能无法在简易程序审限内结案，或者担忧损害当事人的程序权利而导致检举投诉等风险，而直接按普通程序审理。正如学者所指出的那样，虽然破产法中未设置简易程序的相关规定，但在审理破产案件的司法实践中，已出现适用简易程序的案例，但归根结底简易到什么标准，存在分歧。

二、破产程序中检察监督职能发挥

（一）检察监督的理论来源

我国《宪法》规定检察机关是国家的法律监督机关，赋予检察机关在人民代表大会制度之下的具有中国特色的监督权力，即法律监督。从法律史的角度出发，"法律监督"来源于苏联检察机关监督职能所用的立法措辞"检察监督"。为彰显有中国特色的体制形态，我国在移植苏联法的过程中没有直接引入"检察监督"这一术语，而是用"法律监督"一词以表达，并在1982年《宪法》中被确立，作为一个宪法概念沿用至今。

我国的"法律监督"脱胎于苏联的"检察监督"，后经历了本土化发展的过程。苏联的"检察监督"来源于列宁的检察理论指导，其制度内涵包含了以维护法治统一为目标、以一般监督为核心、以垂直领导为组织保障的三大理论基础，并在1922年5月28日通过的《苏俄检察监督条例》第2条中首次以"检察监督"来确定检察机关的职能。苏联的"检察监督"着重突出了为检察机关所独占的监督权，根据范围和对象的不同，苏联检察机关的"检察监督"又分为司法监督和一般监督。司法监督顾名思义就是对司法活动进行监督，而一般监督则是泛指除司法监督外的所有监督，可以说，苏联的检察机关具备对全社会全领域实施监督的权力。从理论内涵出发，我国

第六章　探索构建企业破产检察公益诉讼制度

"法律监督"最初作为一个法学概念,是对苏联"检察监督"概念从理念、职能双维度进行事实、价值双判断的结果,并在20世纪50年代借鉴苏联法的过程中初步完成了与苏联"检察监督"的概念对接。因此,在"法律监督"的原初概念中,"一般监督"是重要组成部分之一。但"一般监督"理念支撑下的监督活动往往与国家法治关系不大,现实中在我国的实践经历并不顺畅,表现出与我国法治现实的不相适应,与我国检察机关监督职能的不相符合。1979年《人民检察院组织法》中对"一般监督"予以废除,至此我国"法律监督"的概念和内涵正式从苏联"检察监督"关于"一般监督"与"垂直领导"的框架中解脱出来,我国的"法律监督"逐步融合司法监督、诉讼监督以及在人大制度体制下抽离了部分内容的"一般监督",在整合与重组中形成了一种全新意义的广义监督。

随着《民事诉讼法》《刑事诉讼法》和《行政诉讼法》相继明确检察机关在诉讼活动中的法律监督地位,"法律监督"的内涵首先在诉讼层面具象化。其后,随着相关法律的修订,法律监督的范围进一步拓展。以《民事诉讼法》为例,经过2007年、2012年两次修订之后,"法律监督"逐步由审判环节向执行环节、调解环节延伸,审判监督、民事执行监督、民事调解监督齐头发展,同时拓展出了检察建议这一特殊的监督形式,扩大了"法律监督"的制度维度。中国特色社会主义迈入新时代发展阶段后,"四大检察"构建起检察工作新局面,"法律监督"概念融入新理念、新内涵,逐渐实现刑事、民事、行政和公益诉讼全方位协调发展,全面提升整体监督效能,不断延伸和拓展检察业务的效果。比如在行政监督领域,检察机关积极发挥主动性,对行政判决、裁定执行和非诉执行,以及违法行政行为等加强监督;在公益诉讼领域,受案范围逐步向"等外"探索,加大了监督力度。可见,"法律监督"在职能维度上具有延展性,会随着监督职能的范围变化而持续动态演进,并通过强化监督功能而不断延伸"法律监督"的深入点。2021年6月15日,中共中央发布《关于加强新时代检察机关法律监督工作的意见》中提出要"服务保障经济社会高质量发展""切实加强民生司法保障",更是表明了新时代背景下检察机关施行的法律监督是一种具有延展功能的广义监督。

事实上,检察机关于近几年来将参与社会治理、服务市场经济发展作为践行检察责任的一种方式,在法律监督的职能拓展方面做了诸多试点尝试,比如知识产权公益诉讼制度、知识产权检察职能集中统一履行等,将法律监督的触角延伸到办案的上下游环节。由此，法律监督介入市场主体退市机制完全具备理论与实践的基础，尤其对于目前我国相对不太健全的破产退市机制而言，更有必要在顶层设计层面确立法律监督介入其中的大原则。

（二）破产程序中的检察监督有待加强

2017年9月11日，习近平总书记在致第二十二届国际检察官联合会年会暨会员代表大会的贺信中突出强调，检察官作为公共利益的代表，肩负着重要责任。我国的一府两院都是在党的领导下作为人民政权的国家机关，以人民为中心，一府两院有保护公益的职责。作为国家机关，检察机关保护公共利益的责任必然要依照宪法赋予其的职权——检察监督。通过发挥监督权，保障行政执法与司法审判等公权力的有效介入，进而保障社会利益。当下，《企业破产法》的具体条文中缺失了对破产程序检察权的配置，但从实践导向来看，检察机关至少在下述几个方面需要加强对破产程序的监督作用，协同法院、政府进一步完善破产制度的推进，打出一府两院联动的"组合拳"，以解决当前破产司法所遭遇的困境：

首先，在破产启动问题上，当事人申请主义难以满足社会发展需求，亟须建构依职权启动，而法院依职权启动的做法欠缺合理性，行政机关则难以负担专业业务。因此，有学者提出我国应建立检察机关申请的职权主义模式。破产案件虽然属于民商案件，但与国家利益和社会秩序有着密切联系。从《企业破产法》第2条规定的情形看，我国实行的是绝对的破产申请主义，即债务人、债权人、负有清算责任的人可以提出破产申请。但当企业处于"濒死"地位，若因无债权人、债务人等提出破产申请而听之任之，可能会酝酿出巨大的潜在危机。因此，作为社会利益代表者，检察机关应当享有代表国家行使的破产申请权。事实上，许多国家明确了检察机关享有破产申请权。意大利《1942年破产法》第6条规定检察官有权申请债务人破产。《荷兰破产法》规定，当破产案件涉及公共利益时，检察机关可以提出破产申请。法国也有公诉机关可以提起破产申请的规定。

其次，检察机关对破产管理人的监督也十分必要。检察机关应积极介入和引导管理人对债权人以及其申报债权所依据的证据进行分类，加强综合分析和论证，从中甄别出真实性存疑的债权，有针对性地进行审查，必要时，由检察机关协助管理人对债权的真实性开展确认调查。从检察机关对社会公益保护的角度看，此类行为监督是有必要的，能有效防范社会风险。从我国《企业破产法》的司法实践来看，尽管《企业破产法》未明确规定，但是间接地将公共利益审查的职能交由法院行使,实际上,法院真正能够履行公共利益审查职能的破产案件,往往也仅限于完全由社会中介机构或者个人担任破产管理人的那部分案件。尤其在大型破产重整的案件中,考虑到大量职工失业、大面积资金链断裂等所带来的社会不稳定因素,政府机构即使不作为破产管理人角色出现在破产重整的法律程序当中,也会在幕后积极协调,尽量促使重整计划获得通过。实际上,政府的立场和出发点就是对包括国税与地税、职工安置、社会稳定在内的公共利益的考量,而上述任务由现行《企业破产法》规定的破产管理人和人民法院是无法完成的。鉴于我国检察制度的特色,应当从法律监督的角度,赋予检察机关对企业破产管理进行检察监督的权力,行使类似于美国联邦破产托管人的职权,检察机关依法可以对私人破产管理人进行监督,对各类破产犯罪案件进行独立调查,这样既有利于检察机关和人民法院分工制约,也有助于破产管理人的提名、监督和管理更科学合理,使破产管理人作为破产制度的中枢神经表现得更加淋漓尽致,体现了对破产管理中公共利益保护更为成熟的法律技巧。

再次,检察机关介入破产程序,有利于追究导致破产的犯罪行为以及破产案件伴随的刑事犯罪的相应责任。企业等市场主体的破产,原因是多方面的,有不适应市场竞争被自然淘汰的,但也有因人为的渎职、欺诈甚至为一己私利贪污贿赂等违法犯罪行为所导致的。另外,破产案件经常伴随刑事犯罪,例如,债务人隐匿财产、承担虚构的债务或者以其他方法转移、处分财产,或对资产负债表虚伪登记等,构成我国《刑法》第158条至第169条规定的犯罪类型。检察机关参与破产程序,便于及早发现和有效打击相关违法犯罪行为。

最后,在破产程序中,还涉及犯罪治理与企业治理相结合的问题。当企业被认定构成犯罪,会给企业造成极大的经营困难甚至导致该企业破产倒闭,同时会影响到企业员工和投资人的利益。为解决这类企业经营困难的问题,应当从公司治理视角,合理构建涉罪企业的救助制度和机制,形成相应的救助保护模式。如果涉刑案企业出现严重困难,尤其是当因单位犯罪行为导致经营困难时,也应考虑及时进入破产程序,从而保障债权人和投资人的利益,最大限度地维护企业员工的利益。如果涉刑案企业资不抵债,在刑事诉讼过程中及早进入破产程序,破产管理人可以防止企业资产进一步贬值,甚至可能通过重整程序起死回生。这一模式的构建,将刑事法律制度与公司法律制度进行必要的整合,可以有效缓解刑事追责给民营企业带来的不利影响。

三、破产案件中检察机关介入的正当性

基于破产案件所牵涉利益的广泛性，同时结合我国国情，特别是为了防止国有资产的流失，强调"府院联动"推进破产案件的办理是有必要的。但实践中却出现了诸如借助府院联动机制干预破产司法权的行使、将自身的调控目的强行引入破产程序之类的行政权越位的现象，这与我国司法改革及建立现代企业制度的目标追求相悖，因此亟须通过法律监督机制加以制约。与此同时，法院在主导破产案件的过程中权责过重，易产生疏漏甚至滋生道德风险。因此，对法院违反破产程序的行为也应当予以纠正，尤其是当审判人员为了维护地方部门利益或个人私利而枉法裁判行为应当追究法律责任，维护审判的公正性。我国《企业破产法》中检察机关对破产案件的监督和制约处于法律空档，但检察监督介入破产案件十分必要。例如，在破产申请中，对那些不能清偿到期债务而又因故不准申请破产的企业，应由人民检察院依职权向人民法院申请破产，切实维护债权人的利益。在清算中，为保证清算的公正性和权威性，人民检察院应加强监管防止出现如虚拟、隐瞒破产财产、中介机构出示虚假验资报告等违法行为。当前，我们应正视检察监督职能在破产领域发挥不充分的现实问题，完善破产制度以适应市场经济发展的需要。

（一）检察权介入正当性的法理维度分析

学术界研究企业破产管理，大都沿袭私法自治的精神。但从《企业破产法》的发展趋势来看，破产法的价值取向日趋多元化，各国日益重视通过公权力的介入以确保社会公共利益得到正确执行。人具有自利的天性，对利益具有一种追逐的本能。从破产程序启动伊始，各方利益群体为争取债务人的有限财产这一稀缺资源而进行博弈，利益的争夺造成权利的碰撞，从而需要一种超越利益群体之上的公权力进行调和。审判权原本被赋予了这种职责，通过中立的裁决化解利益的冲突，但由于我国经济转型期的现实困境，企业一旦进入破产清算，职工劳动债权、小额债权人保护、地方经济增长指数及财政税收等问题将导致行政权对破产案件的介入，如果行政权介入失范就会形成新的冲突。此时，亟须另一种公权力的介入以实现公权力的再平衡和利益的公正分配，维系审判权在破产程序中的居中地位，制衡行政权的不当扩张。

在我国人民代表大会制度之下，政府履行行政管理职能，监察委员会履行对国家公职人员的全方位监察职能，法院履行司法裁判职能，而检察机关则行使法律监督职能。从司法改革的发展方向来看，检察机关应当站在国家利益和社会公共利益的立场上，通过行使诉讼职能、监督职能和司法审查职能的方式，来维护国家法律的统一实施。

就破产案件而言，检察机关可以通过提起抗诉、检察建议等行使，维护在破产清算程序中因信息不对称和权力寻租行为而受损一方的利益，进而促进破产案件公正和效率价值的实现。

（二）检察权介入正当性的规范逻辑分析

《企业破产法》规定破产案件审理程序适用民事诉讼法的规定。适用民事诉讼程序审理破产案件，不可避免会涉及民诉程序与破产程序性质上的兼容问题。关于破产程序的性质，理论上分歧较大，主要有总括执行程序说、非讼程序说、诉讼程序说、特殊程序说等多种主张。传统理论上，在认识破产程序性质时，人们很容易对照民事诉讼中的强制执行程序，将其描述为债务人无法正常清偿债务时适用的一种总括性执行程序。但事实上，即便持总括性执行程序观点的学者也会承认，破产程序的任务与强制执行程序的任务差别很大。任何国家的破产法、破产程序都不可能局限在执行规范的范畴之内，必然要面对大量的需要法院裁判的纠纷，比如破产实体要件的审理、破产宣告裁定的做出、破产和解程序、重整程序、清算程序中的众多破产方案的裁定认可，以及其他与破产财产相关纷争的大量审理裁判等。

除此之外，在破产程序性质的争论中具有实质性影响的还有诉讼程序说与非讼程序说，二者的争论直接触及了破产程序的正当性与效率性问题。实际上，破产程序包含有非讼因素。首先，从整体上来说，破产程序的最终任务是判断债权人是否有通过这种特殊程序实现债权债务关系的资格和权利，这是一种程序权利而非实体权利。其次，破产程序中有大量具体的非讼内容，比如债权人会议的决议程序、破产重整方案的制定程序、破产财产经营管理方案的决定程序，和解程序、重整程序中更是有不少破产事务与实体权利义务的判断没有直接关系。最后，在程序主体的争讼关系方面，破产债务人的权利在破产程序中受到严格限制，甚至会丧失与债权人争讼的地位；而债权人组成了一个利益目标基本一致的共同体——债权人会议；破产管理人则为全体债权人利益考虑，相对中立、公平地处理破产事务。这些程序主体在许多破产事务处理过程中确实不存在对立的争讼关系。但同时，破产程序中也包含有与非讼因素并存的诉讼因素。首先，破产程序中有许多破产实体权利义务需要法院的裁决，比如破产债权、破产撤销权、抵销权、待履行合同的解除权等。我们一般不在破产程序之外另设程序专门处理这些实体纠纷，而是将其融入破产程序由管辖破产案件的法院一并处理。其次，关于主体之间的争讼关系，在整个破产程序中，无论是实体问题还是程序问题抑或重大破产方案的决议问题，各个程序主体之间随时都有可能发生争议或出现对抗，我们不能因他们尤其是破产债权人之间的利益平行关系而否认他们之间发生这些争议的可能。

基于以上分析，破产程序的"特殊程序"性质说显然更有其合理性，但其"特殊"也仅在于将诉讼程序与非讼程序在不同的阶段进行排列组合，就不同的问题适用不同的程序加以处理。学界与实务界也普遍赞同破产事件本质上是一项司法程序，在我国以及主要发达国家的破产立法中，也明确对破产程序的司法属性进行了规定，设置不同于以诉讼为范例构建的一般司法程序的特殊规则，这是必要的。"鉴于债务人的全面违约的确会造成一般商法规则无力应对的特殊社会与经济情势变化，为了实现最佳立法目的，也的确应当设计不同于常态的特殊规则以应对破产这一特殊事件。"可以说，诉讼法理与非讼法理交错适用的理论为设计破产程序提供了一个较好的思路。

《民事诉讼法》的修改赋予了检察权介入破产领域进行监督的正当性基础。2012年《民事诉讼法》的修订全面贯彻了检察监督原则，实现了民商事案件检察监督的四个变化：一是监督对象：将检察机关对民商事案件的监督从审判活动扩展到执行程序，并将调解书纳入监督对象；二是监督形式：在单一的提起抗诉之外，赋予了检察机关提出检察建议这一相对温和的监督方式；三是监督过程：通过从对生效裁判抗诉的事后监督，扩展成对审判和执行活动全部过程的事中监督；四是监督手段：赋予了检察机关民商事案件的调查权，保证其监督效果的实现。2017年《民事诉讼法》第14条明确规定人民检察院有权对民事诉讼实行法律监督，并将过去的"审判活动"改为"民事诉讼"，将监督范围扩大到民事诉讼执行活动。第208条至第213条就人民检察院对民事诉讼具体法律监督事项、方式进行确定，并初步明确审查程序和人民检察院派员出庭制度。其中第208条第3款规定："各级人民检察院对审判监督程序以外的其他审判程序中审判人员的违法行为，有权向同级人民法院提出检察建议。"《人民检察院民事诉讼监督规则》第98条更是明确规定，《民事诉讼法》第208条第3款规定的审判程序包括破产程序。在法律层面，检察监督原则的确立，将破产程序纳入监督范畴，并丰富了检察权监督手段，促进检察权运行维护法律正确实施、维系社会公共利益和保障监督权威性的多重效果实现。

四、公益诉讼是检察机关发挥监督职能的实现途径

宪法虽赋予检察机关法律监督职能，破产司法实践也亟须检察权力的介入以应对现有的问题，但职能的充分行使必须依靠完整且成熟的制度体系。如前所述，《企业破产法》中关于检察权的配置有所缺失，那么检察权将以何种形式介入破产程序以维护公共利益？检察民事公益诉讼将会是一个有效路径。检察机关提起公益诉讼制度的来源就是法律监督权。法律监督权的样态是多样化的，有诉讼监督、提起诉讼、检察建议等，每个监督样态下监督方式都不一样。

（一）检察民事公益诉讼的法律基础

我国公益诉讼制度的法律基础可以追溯到2012年的《民事诉讼法》，该法第55条授权法律规定的机关和有关组织可以就侵害社会公共利益的行为向法院提起诉讼，但尚未明确检察机关是否有资格提起公益诉讼。2014年《中共中央关于全面推进依法治国若干重大问题的决定》提出探索建立检察机关提起公益诉讼制度。2015年《全国人民代表大会常务委员会关于授权最高人民检察院在部分地区开展公益诉讼试点工作的决定》明确进行为期两年的试点工作。2017年6月27日，《全国人民代表大会常务委员会关于修改〈中华人民共和国民事诉讼法〉和〈中华人民共和国行政诉讼法〉的决定》在两大诉讼基本法中增加了检察公益诉讼的规定，检察机关提起公益诉讼制度在我国正式确立。2018年3月2日起施行的《最高人民法院、最高人民检察院关于检察公益诉讼案件适用法律若干问题的解释》为检察机关提供公益诉讼提供了更加明确的法律指引。于2020年通过并于2021年7月1日起正式施行的《人民检察院公益诉讼办案规则》进一步细化了检察公益诉讼的适用范围、程序规则等，以确保公益诉讼制度的规范实施。检察公益诉讼包括民事公益诉讼和行政公益诉讼，相较而言，行政公益诉讼更加侧重诉前程序以督促行政机关履职，民事公益诉讼则往往需要通过诉讼程序达到监督效果。

立法机关将可以提起公益诉讼案件的范围区分为"等"内案件和"等"外案件，这是一种符合实际的、慎重的选择，采用这样的立法技术一方面可以把当下对公共利益损害最为严重、公众最关心、最需要迫切解决的问题挑

选出来作为"等"内案件加以规定,另一方面也为今后拓宽公益诉讼案件范围留有余地和空间。

党的十九届四中全会明确提出拓展公益诉讼案件范围,这对公益诉讼检察在更多领域发挥特殊作用提出了明确要求。检察机关在具体实践中,依然应当坚持以人民为中心,遵循合理必要、沟通协商、注重实效的原则,保证办案的综合效果。从各国公益诉讼的发展史来看,公益诉讼都是立法或司法界在对本国社会发展中最突出矛盾、社会大众最关心的热点问题进行分析归纳的基础上而产生发展起来的,立足于解决实际问题,引导社会的良性发展。我国的公益诉讼制度的构建也应当立足国情,反映我国经济社会发展的实际情况并着力于解决现实突出问题。西方国家经过长期的经济发展而迈入工业化、资本化、法治化阶段,反垄断、违宪审查等纠纷类型是各国现时期经济公益诉讼的主要形态。我国在市场化过程中所引发的消费者保护、中小投资者权益、环境污染、国有资产保护等问题应当成为公益诉讼重点关注的对象。

(二)检察民事公益诉讼的核心功能

检察民事公益诉讼制度的核心功能是保护公益,是履行法律监督职能的方式。民事公益诉讼以维护公共利益为目的,检察民事公益诉讼是一种特殊的民事公益诉讼,这种特殊性体现在诉权主体的差异上。检察民事公益诉讼是法律赋予检察机关作为诉权主体而提起的旨在保护社会公共利益的诉讼制度,这一制度以检察机关的法律监督职能为源泉,以检察机关的公共利益代表身份为基础,主要功能在于维护社会公共利益和客观法秩序,是典型的客观诉讼,补足了检察机关提起民事公益诉讼的缺位,建立了在部分社会公共利益案件领域诉前、诉中及诉后的线性监督或者全方位监督模式,已成为检察机关履行法律监督的重要途径。

2018年7月中央全面深化改革委员会第三次会议批准最高人民检察院设立公益诉讼检察厅,强调要以"强化法律监督为导向"。公益诉讼是检察机关法律监督职能内涵和外延的拓展,对以刑事检察和诉讼监督为主的传统检察职能在监督对象范围、监督途径方式两个方面都有所拓展。从监督公权力到维护公法秩序、公共利益,反映了公益诉讼与法律监督既一脉相承,又丰富和发展的特性,体现了时代发展对检察职能的新期待、新要求。

(三)检察破产公益诉讼的理论基础

首先,从法理发展维度来看,"公共利益"范畴的不断扩大、私法公法化趋势为检察机关介入破产程序提供了理论支撑。"公共利益"是检察民事公益诉讼制度的逻辑起点,也是检察民事公益诉讼制度的根本目的所在。破产领域因与营商环境、国计民生紧密关切而成为兼具私法与公法特色的"中间领域",起到了对健康、良性发展的市场秩序和公平、有序的竞争环境的营造和维护作用。传统的破产法以维护私人利益为本位,解决的是债务人无力清偿多数债权人债务的情况下有限财产的分配矛盾问题。但是随着经济的发展和生产社会化程度的日益提高,市场竞争的日趋激烈,存在大量地承担无限责任的债务人,作为市场经济优胜劣汰规则的副产品的企业破产案件有增无减,使得经营失败和无力清偿问题成为市场经济发展过程中的一种常态现象,破产也就成为一个普遍的社会问题。一个市场主体的倒闭破产的影响早已超出了债权债务主体双方的范围,在破产债务人因破产退出市场竞争的同时,往往还伴随着诸如资源损失、失业增加、连锁破产、税收减少、社区经济衰退等问题的出现,这不仅会对社会经济的发展产生影响,而且还会影响到整个社会秩序的稳定。此时,有必要通过检察机关的介入以解决现有公权力对破产程序的规制不足问题。

其次,从法律政策规范维度来看,现行法律的规定为检察机关提起破产公益诉讼提供了法律支持。《民事诉讼法》第58条规定,对污染环境、侵害众多消费者合法权益等损害社会公共利益的行为,法律规定的机关和有关组织可以向人民法院提起诉讼。我国检察机关参与公益诉讼已进行了较多有益探索。例如,2015年全国人大常委会授权检察机关开展公益诉讼试点工作,并指出"为加强对国家利益和社会公共利益的保护",可在生态环境和资源保护、国有资产保护、食品药品安全等领域提起公益诉讼。《人民检察院提起公益诉讼试点工作实施办法》第1条明确规定,针对污染环境、食品药品等领域损害社会公共利益的行为,在没有适格主体或者适格主体不提起诉讼的情况下,可以向人民法院提起民事公益诉讼,并明确人民检察院职责包括"审查起诉、控告检察"等。破产程序从性质上界定,依旧属于民事司法程序,尊重当事人意思自治故属当然,但因为其关涉社会公共利益和第三人利益,在适格主体不提起申请的情况下,为维护市场秩序和公共利益,人民检察院应担负起启动破产程序的责任。

最后,从社会治理维度来看,社会治理的新机制新模式对检察机关提起破产公益诉讼提出了实践需求。党的十九届四中全会提出社会治理共同体的新论断,首次明确要求"坚持和完善共建共治共享的社会治理制度""建设人人有责、人人尽责、人人享有的社会治理共同体",这意味着多元主体之间需要通过共治来发挥各自职能,推动协同治理,发挥检察机关的监督与司法审判机关、行政执法机关的联动作用,各方主体协同共治,共建符合现代化社会发展需要的新型治理体系,保障公共利益,维护社会实质正义的良好实践。公益诉讼是一项重要的参与性活动,对于处于社会边缘地位的弱势群体来说,公益诉讼提供了在某一特定时间唯一或最便利的进入政治生活的机会,成为参与政治过程的有效方式。维护弱势群体的利益有助于尽量减少未来暴力冲突的可能性,有助于建立更牢固的法治社会,可以说公益诉讼也是一种维护和平的工具。而检察公益诉讼可以有效保障社会资源与机会的合理保存与利用、保障社会弱势群体的利益。社会公共利益的维护是一个复杂的问题,需要采取多方面的措施和手段,检察机关的介入是维护社会公共利益综合体系的一环,可以为社会公共利益的维护增加一个渠道,社会公共利益维护的综合体系才会变得更加完整。

五、企业破产检察公益诉讼制度具有多元功能

(一)强化法治建设深化司法改革

检察机关提起公益诉讼制度是由党中央决策部署和推动的,地方各级党委、人大、政府高度重视。党的十九大以来,以习近平同志为核心的党中央反复强调"深化改革""建设法治体系"以及"推进国家治理体系和治理能力现代化"三个关键点。检察公益诉讼的创设既是我国司法改革的有机组成,也是法治建设的重要部署,更担负着提升国家治理能力的制度功能,有利于维护社会公平正义,补强行政执法的不足,推进依法行政,实现国家治理体系和治理能力法治化,体现了新时代以人民为中心的思想的要求。检察公益诉讼制度是促进国家治理体系和治理能力现代化的重要制度安排,检察公益诉讼本身的制度发展与完善,对正在推进的司法改革及国家治理能力现代化,都具有深远意义。

有关检察机关提起民事公益诉讼的法律条文主要规定在《民事诉讼法》第58条第2款,在检察机关提起公益诉讼的案件范围上采用了"枚举法+等"的开放式表述。事实上,包括企业破产清算在内,涉及公共利益案件的领域还有很多,如侵害劳动者权益、行业不正当竞争等。因此,对于公益诉讼类型和范围的理解需要我们对法律条文中的"等"字做出恰当解读。公益诉讼办案围绕党和国家中心工作、主动服务大局开展,通过办案参与国家治理和

социальное управление, рассматривая одно дело, решать целый ряд проблем — эффект таких дел имеет широкий охват и высокую системность。当前，在生态环境与资源保护以及食品药品安全领域开展的检察机关公益诉讼工作已经初见成效。但在全面开展公益诉讼之后，应当正视检察权和行政权的新生态，依法推进检察公益诉讼是当前和今后一段时间内检察机关面临的一个重要任务，在于法有据的前提下适当探索检察公益诉讼案件的种类或范围，为检察机关顺利开展公益诉讼提供立法和司法保障。

（二）优化营商环境维护公共利益

我国公益诉讼中的公共利益不同于西方国家只包括个人利益加重形成的公共利益，我国的公共利益不仅包括制度公益、国家利益，还包括无法还原为个体利益的大多数人的利益等。这是由我国的国家性质决定的，体现了公共利益与人民利益的一致性。社会各界和广大人民群众共同参与，人大代表、政协委员提出建议、提案，人民群众在线索提供、参与和监督案件办理、推动问题整改等各个实践环节发挥了积极作用，凸显了我国检察公益诉讼的人民性特点，为了人民、代表人民，而且依靠人民实现更好的制度效果。

审理破产案件不仅是法规政策性极强的工作，还涉及社会安定和经济发展、企业改革等特定和不特定的多数人的利益，具有强烈的社会公共利益色彩。由此决定了破产程序需要公共利益的代表参与，而我国的司法体制和检察机关的法律地位也决定了检察机关可以介入破产程序，对破产司法进行优化以提供救助机制。这将在一定程度上降低企业运营的失败率，保持整体创业水平，维持并增加就业岗位，促进无生存能力公司的有效退出和清算，在整个国民经济中有效地重新分配资源，实现市场对资源的决定性配置。

（三）促进检察机关发挥监督职能

我国检察机关是国家的法律监督机关，负有监督国家法律统一正确实施的宪法职责。检察公益诉讼制度以诉讼作为发挥法律监督作用的路径和方式，强化了法律监督职能的刚性，有利于完善国家法治保障体系，促进国家法治现代化。对破产程序的监督仍属于民事检察工作中的一个薄弱领域，破产程序较一般民事程序更为复杂且法院具有很大的裁量权，例如《企业破产法》规定了重整制度，将金融企业列入了破产法适用的范围等，这些都增强了破产程序的复杂性；而破产管理人制度的创新，又赋予了法院选定破产管理人的裁量权。法院在审理过程中出现偏差的可能性增加了，且破产程序一旦终结即难以通过再审等程序纠正错误。因此，破产程序中需要建立及时、有效的纠错机制，而非仅仅是事后的补救措施。为此，检察机关介入破产程序就显得尤为必要。在我国现行国家体制下，检察机关依法独立行使检察权，具有专业队伍，较强的诉讼能力，检察机关由于具有相对的独立性、较强的取证能力、专业化队伍，尤其是其法律监督机关的属性和职能定位，比其他适格主体可以发挥更大的作用，成为公益保护的"最后防线"，因此，赋予检察机关民事公益诉讼的补充诉权既体现了公益司法保护的层次性，有利于合理配置公共资源，也可以充分发挥和拓展现有国家机关的职能。

第三节 构建企业破产检察公益诉讼制度的相关建议

破产案件具有特殊属性，体现在破产清算程序中包含非诉因素，很多破产事务与实体权利义务并没有直接关系；同时，破产清算程序中的主体在处理破产事务的过程中也并不存在对立的争讼关系，各主体具有基本一致的利益与目标，通常可以相对中立、公平地处理破产事务。但同时，破产清算程序中也包含诉讼因素，例如，有许多破产实体权利义务需要法院的裁决，我们也一般不在破产程序之外另设程序专门处理这些实体纠纷，而是直接融入破产程序由管辖破产案件的法院一并处理。基于上述分析，破产清算程序的特殊之处就在于诉讼程序与非讼程序在不同的阶段进行排列组合，就不同的问题适用不同的程序加以处理。因此，在将检察公益诉讼制度引入破产案件的过程中，不能仅将检察机关的作用限制在诉讼过程中，对于其他非讼破产事务的处理也应引起重视，并构建相应的制度规范。针对破产案件的检察公益诉讼制度的构建需要对具体制度设计进行进一步完善，以保证检察公益诉讼职能在破产案件中的顺利推进。

检察机关在收到破产案件线索后，根据不同的线索来源、所涉问题性质等因素进行分类，根据情况与债权人、破产管理人以及相关部门机构及时沟通交流。对破产利害关系人以及破产过程中存在的不合理拖延以及违法行为的案件，及时发出检察建议督促落实。同时，人民检察院应当与人民法院以及具有行政执法权的机关认真协调，构建平台，共享资源，统一工作流程，规范办案标准，使破产案件的检察公益诉讼成为一个配置科学、运行顺畅的职能体系，从而推进破产案件的处理，更大程度上改善我国的营商环境。

一、明确检察机关在破产案件中的处分权

我国《民事诉讼法》第 13 条明确规定"当事人有权在法律规定的范围内处分自己的民事权利和诉讼权利",这一规定在学理上被称为处分原则。检察机关在参与破产公益诉讼时,应具有等同于一般主体的真正的处分权。但是,由于破产案件同时具有诉讼和非讼因素这一特殊性质,检察机关的相关处分权应该具有特定的使用范围。根据处分权原则的要求,笔者试从以下两个方面来分析构建检察机关在破产案件中所具有的处分权:

(一)检察机关在破产案件程序上的处分权

破产清算程序原本就是破产法律规范体系的基本内容之一,具体涉及破产程序的启动和终结等,这类事务并不涉及实体权利的争执,我们不妨称之为破产程序性事项。破产清算程序每进入一个关键阶段都会涉及一系列事实的认定和判断,围绕破产清算程序性事项发生的争议就是破产程序性纠纷。破产案件当事人享有程序上的处分权。由于程序上的处分权并不会因为案件本身的差异而有不同的表现,它是每一起诉讼案件当事人都具有的权利。同样地,当检察机关参与到破产案件中时,理应在程序上与其他当事人拥有无差别的处分权。上文提到的程序性处分权属于基本的诉权,赋予检察机关该项权利,符合公平正义的要求。

应当立法赋予检察机关依职权启动破产清算程序的权利。检察机关通过一系列的程序对企业的破产条件进行认定,对于符合破产条件的企业,有权提出破产申请。从《企业破产法》的立法目的来看,破产制度的产生来源于债权公正保护的终极理念,给债权人利益以平等的和最大限度的保护乃破产法得以产生的首要目的,同时肩负着对债务人的必要挽救与救济的责任。长久来看,由检察机关启动破产程序可以提升破产案件的效率,有助于构建健康的社会财务危机处理机制和有序的市场主体退出机制,从而更好地实现检察公益诉讼对于公共利益的维护的目的,促进良好营商环境的建设。

但需要注意的是,检察机关在启动破产清算程序时应当制定独特的标准,例如,在无人对已达到破产条件的企业申请破产时,可以由检察机关提出破产申请;对于达到启动破产程序标准的案件,检察机关应当尽快投身到准备活动当中;对于暂时未达标的案件,检察机关可以根据案件的具体情况,对案件进行初步分析,在此之后再作决定。同时,检察机关在特定情况下也可行使与破产管理人相同的对破产财产的管理与处分权,尤其在涉及国

有企业破产清算过程中,由检察机关进行有关破产财产管理的部分工作具有相当的必要性。

(二)检察机关在破产案件实体上的处分权

破产案件中的实体纠纷除了常见的债权债务关系之外,还包括所有权、股权、知识产权等实体上的纠纷,只不过进入清算之后,所有的权利纠纷最终都纳入统一的清算程序。结合新企业破产法的相关内容,笔者认为,对于检察机关参与公益诉讼过程中的实体权利纠纷本身仍应采用通行的民事诉讼模式。这既是由此类实体权利争议自身的性质决定的,也是由其在破产程序中的独立性决定的。因为实体纠纷一般并非破产程序所固有,即使不启动破产程序,争议仍是潜在的。因此,这些实体纠纷应享有与一般实体争议相同的程序待遇,检察机关实际上也应该享有相同的处分权。

需要明确的是,实体权利纠纷应该包括破产法上规定的具有破产属性的实体权利导致的纠纷。这类实体权利如撤销权、待履行合同解除权、破产抵销权等。这类实体权利与一般的民事实体权利没有根本性区别,由此引发的争议当事人完全有权利提起诉讼,相应地,对于此类权利,检察机关在破产公益诉讼中也应当有相应的处分权。例如,检察机关可以通过破产撤销权制度,追回可撤销的破产财产。假如在检察机关看来,债务人企业已经确无可用于清偿的责任财产,但其责任财产有可能被债务人不法或者不当地实施了处分,或者说债务人已经实施了逃避全部或者部分债务的财务谋划。于此情形,检察机关可以通过企业破产法上的撤销权对这些处分行为实施撤销,以追回被移转的财产。

但是,针对这些实体权利的公益诉讼一定要注意:第一,检察机关提出的所有诉讼请求被满足后,能否全面实现检察机关保护破产公共利益的目的。第二,检察机关拥有撤销、解除的权利,是否会导致权利滥用,滋生钱权交易。基于上述疑问,也应当对检察机关的权利加以限制,限定行使此类权利的标准,不仅仅是所提出的诉讼请求得以实现,还应以促进破产过程顺利推进,或者能够维护债权人合法权利为限定条件。最后,对于破产案件来说,检察机关具有的权利是受到一定程度限制的、不完整的权利。如果不对检察机关的此项权利加以限制,同样可能会出现权利滥用的现象发生。检察机关参与破产案件,对于实体权利本身的纠纷解决,代表的并非整个检察机关或者检察机关内部某个主体的权利,它代表的是债权人利益,并且肩负着改善营商环境的重任,其与普通民事诉讼中的当事人代表的利益有所区别。

因此，笔者认为检察机关对于上述实体上的处分权只享有一部分，处分权受到一定限制，并不能与其他当事人一样享有所有的权利。

二、细化企业破产公益诉讼检察建议的相关规定

上文提出构建破产公益诉讼要明确检察机关的法律监督地位，检察建议则是检察机关行使监督权的具体表现。当破产清算效率过低时，检察机关可以通过查明问题、发出检察建议，促使利害关系人及时提出破产申请。检察机关发出检察建议作为一项前置程序有一定的优势：首先，可以督促破产清算程序的推进，使破产效率大大提升。其次，检察建议可以尽可能地发挥破产利害关系人在诉讼中的主观能动性。最后，检察建议可以节约司法成本。在破产公益诉讼中，检察机关可以针对不同情况发出检察建议。

首先，可以通过检察建议帮助债务人选择破产战略。破产法的立法目的之一在于挽救企业，并不是所有的企业都一定要走到破产清算这一步。对于达到破产条件，但是仍有挽救可能性的企业，检察机关可以不必非通过检察公益诉讼对其进行破产清算。具体说来，其一，当债务人所欠的到期债务是无担保债务，并且需要无担保债权人让步时，则可通过检察建议督促选择适用破产和解程序。其二，当所欠的债务除了无担保债务之外尚有财产担保债务乃至其他债务，从而需要担保债权，甚至税收债务等在债务的清偿期限等方面做出让步时，可通过检察建议督促选择适用破产重整程序，这样可以一揽子解决"内忧外患"问题。需要指出的是，无论破产和解还是破产重整，都以债务人企业尚有存续价值为前提，如果债务人企业本身没有存续和继续营运的价值，目前除了部分上市公司（证监会要求创业板上市公司在破产重整恢复上市时不得改变其主营业务，因而不包括创业板的上市公司），其"壳"资源可以作为重整的资本外，当无使用破产和解或者破产重整的意义。

其次，通过检察建议制约行政机关的不当干预。基于我国国情，特别是为了防止国有资产的流失，对破产清算强调一定的行政参与是必要的。但在破产清算实践中却出现了行政权力过度膨胀的不当干预，这与我国司法改革及建立现代企业制度的目标追求是相悖的。检察机关可以通过检察建议，监督和制约行政机关，给企业更多的自主权，为破产法的运作创造前提条件。

最后，通过检察建议纠正法院的不当行为。法院是否有违法行为，检察机关的监督作用必须发挥。对法院违反破产清算程序的行为应当予以纠正，尤其是当审判人员为了维护地方部门利益或个人私利而枉法裁判应当追究法

律责任，维护审判的公正性。在破产申请中，对那些不能清偿到期债务而又因故不准申请破产的企业，应由人民检察院依职权向人民法院申请破产，切实维护债权人的利益。在清算中，为保证清算的公正性和权威性，防止出现如虚拟隐瞒破产财产、中介机构出示虚假验资报告等违法行为，检察监督介入清算十分必要。

针对检察机关发出的检察建议，要为相对人设置配套的、科学的、合理的期限，使其了解案件事实，调查和收集相关证据。以往不论案件难易程度，均在2个月内回复检察机关的期限要求不太灵活。对案情相对简单，调查取证难度不大的案件，可以简化流程，设置小于2个月的期限程序。但是对于重大复杂的破产案件，往往难以在规定期限内完成所有工作，此时，检察机关发出检察建议进行督促便不具有现实意义。因此，根据不同案件的实际情况，案情简单，案件关系清楚的，仍然适用2个月的回复期限；案件较为复杂的，应当及时与检察机关沟通，向检察机关申请延长回复期限。延长期限的最终范围由检察机关审查决定。在延期申请被准许后，相对人也应该定期与检察机关进行交流沟通，通报工作进展。

三、优化检察机关提起破产公益诉讼的社会大环境

检察机关提起公益诉讼不是在孤岛中进行的，它需要方方面面的配合与支持，尤其要取得广大人民群众的理解和协助，同时，由于破产案件的庞杂性，检察公益诉讼必须协调好债权人、债务人以及破产管理人之间的关系，优化检察机关提起破产公益诉讼的环境，提升破产案件效率，营造高效、运行良好的营商环境。具体包括以下内容：

一是要取得地方各级党委与地方各级政府的支持与配合。尤其针对涉及国有资产或者地方保护企业的破产时，检察机关提起破产公益诉讼会涉及地方经济利益的权衡，涉及的政策性问题较强，此时检察机关提起破产公益诉讼首要争取地方党委与地方政府的理解和支持，要在检察机关与地方党委之间形成常态的沟通机制。当然，对于地方行政的监督的前提是检察机关的独立性，检察机关提起公益诉讼也要保持相应的独立性和自主性。加之检察机关作为法律监督机关的属性和职能定位，检察机关比其他适格主体可以发挥更大的作用，成为公益保护的"最后防线"。

二是要取得法院的配合与支持。破产案件的程序目前仍以法院审理为主导，这需要在公益诉讼中做到检法密切配合。检法配合的关键在于形成检察

机关提起破产案件公益诉讼的性质共识。这可能会有一个过程，但这个过程不宜过长，否则会造成前述制度构建中的偏颇，以及不当延长破产案件程序，会抹杀检察机关提起破产公益诉讼制度特性。

三是要调动破产案件相关利害关系人在公益诉讼中的积极性和能动性，探索外部线索移送。除检察机关自己发现的案件以外，检察机关可以构建信息互通平台，当符合破产条件时，利害关系人除了自己启动破产程序之外，还同时可以上传线索。检察机关定期收集总结平台上的案件，着手进行调查。这样一来，破产公益诉讼案件线索就会广开渠道，对于相关利害关系人而言也多了一个解决问题的途径，多管齐下，助力破产效率的提高。同时，通过检察机关信息互通，可以有效地减少破产费用，降低破产清算成本，从而提升破产案件整体水平与效率。

四、完善企业破产检察公益诉讼相关配套制度

完善检察机关提起破产公益诉讼制度不仅要从法律框架上将其提升到合适的高度，而且要补充完善相关配套制度，两者之间协调配合，才能保障法律制度的顺利运行。

首先，要加强检察官队伍建设。我国检察机关在日常工作中具有诸多职责，不仅包括追究刑事责任，还有提起公诉和实施法律监督的职能。应在检察机关内部建立专门的破产公益诉讼队伍，使其专心应对日益增长的破产公益诉讼问题。破产问题复杂多变，不设立具有专业素养的专业化队伍，很难适应破产公益诉讼的现实需要。当前，检察机关内部也开始探索设立专门的队伍，负责破产公益诉讼工作，来适应日益增长的社会需求。通过考试或遴选，为专门的破产公益诉讼队伍招录一批理论水平高、办案能力强的专业人才，使人员配置符合业务增长的需要。例如，从事破产公益诉讼的检察人员应当具有民商经济硕士研究生以上的教育背景，年满40周岁或从事司法工作十年以上，并适当吸纳有经验的破产职业律师。同时，对新组成的公益诉讼队伍进行系统培训，开展疑难案件研讨会，指导案例分析会等专项活动，提升队伍的专业化素养，提高其专业技能水平。

其次，探索建立起智慧系统推动破产案件信息化。智慧系统以信息化为基础，以大数据、互联网等为依托，支持相关业务网上办理与流程公开。推进检察机关智慧系统的建设，将破产案件进行电子化、信息化改革，可以大幅度提升我国破产案件的处理效率。一方面，方便检察机关或破产案件当事

人阅览案件卷宗材料，电子化的卷宗材料可以满足多个主体同时阅览，其编辑、整理复制也更加便利；另一方面，智慧系统的建设可以缩短破产案件送达时间和意见征集时间，减少纸质化重整计划或破产分配方案的提交，从而降低经济成本和时间成本。此外，通过智慧系统的信息可视化操作，可以提高破产程序的透明性，使债权人或其他利害关系人随时可以查阅相关信息，保障其知情权，从而提升我国在世界银行评价体系中的破产框架指数强度得分。值得一提的是，智慧系统的建设也会带来破产案件信息的保护问题。破产案件信息中可能会涉及企业的业务活动乃至商业秘密，因此，系统仅对破产案件的当事人或利害关系人开放，与破产案件无关者不能查阅。同时，检察机关应该采取必要的防火墙等措施防止黑客攻击系统造成信息泄露。

　　综上所述，从检察公益诉讼的性质和特点出发，将这一诉讼机制延伸运用到企业破产案件中是完全可行的，对于影响面广、涉及对象众多、社会影响较大的企业破产案件，可以由检察机关主导或介入，提起公益诉讼，为保护债权人利益、提升企业破产案件办理质效发挥一定的机制保障作用。

结　语

在市场准入机制日趋完善的今天，同步推进市场退出机制的构建成为不得不思考的一种趋势。党的二十大报告再次强调了要"优化营商环境"，同时又要求"加强检察机关法律监督工作。完善公益诉讼制度"，这成为本书得以成稿最初的思绪花火。

选取企业破产作为探索检察公益诉讼制度的一个切入点，主要是基于笔者在工作实践中对企业破产案件的直接观察。在应然层面上，企业破产是符合企业发展规律的过程性产物。从保护创业者的角度出发，企业破产制度实际上是为创业者提供了受挫后再次进入市场的机会，正所谓"置之死地而后生"；而从完善市场优胜劣汰机制的角度来看，破产制度是市场在资源配置中起决定性作用的具体体现。因此，构建好企业破产制度是一项利国利民的工作。而在实然层面，我国的破产制度仍然存在诸多掣肘，这在世界银行营商环境之破产指标的考评方面有着较为明显的体现，而这些掣肘中涉及的不足，也唯有不断探索完善加以解决。正是基于上述思考，本书提出了构建企业破产检察公益诉讼的设想。

在对我国营商环境进行现实分析，以及对世行营商环境报告的破产指标进行解读的基础上，得出了一个总体性的结论，即我国的企业破产制度存在进一步优化的空间，同时明确了具体指向。本书在系统回顾我国破产法发展沿革、进一步梳理汇总上海地区破产案件的相关数据和案例的基础上，分析得到构建企业破产检察公益诉讼的探索方向，并尝试性地给予回应。当然，罗马不是一天建成的。虽然笔者对本书的设想做了一定程度的理论探索和实证分析，但总体仍处于浅显的阶段，也希望能够抛砖引玉，收获更多专家学者在此问题上的真知灼见。

以上，寥寥数笔，为全书总结。

附件一

优化营商环境十大破产典型案例 *

　　党的十九大提出建设现代化经济体系，加快完善社会主义市场经济体制。最高人民法院坚决贯彻党中央的决策部署，立足司法审判职能，采取切实有效措施推动破产案件依法公平高效审理，助力市场主体救治和出清，服务经济高质量发展，构建市场化、法治化、国际化营商环境。

　　人民法院积极实践破产法律制度，优化破产制度运行，注重企业救治和债权人利益保护，审理形成了一大批具有良好法律效果、社会效果的典型破产案例。现遴选 10 件具有代表性的案例公开发布。这些案例体现了我国破产制度在以下四个方面的效能：

　　一是促进实现资源优化配置，注重维持企业持续经营能力。在重庆市华源天然气有限责任公司破产重整案、杰克沃克（上海）服饰有限公司破产清算案中，通过企业营运资产的整体出售，债务人具有经营价值的营业在新设企业中得以存续并继续发展，最大限度维护了企业的营运价值。在重庆海虹服饰有限公司破产清算转重整案中，法院在综合分析企业价值的基础上，及时裁定由破产清算转入重整，实现了相关主体的利益共赢。

　　二是充分保障债权人在重大财产处分中的决策权，提升债权人的程序参与度。在中航世新燃气轮机股份有限公司等两公司实质合并重整案中，管理人制定了包括资产处置内容的重整计划草案。草案经债权人会议表决通过后，管理人进一步细化处置规则，并在处分前依法向法院报告，最后顺利完成财产处置。在上海祥发危险品船务储运有限公司重整案中，法院保障债权人参与权，发挥和激励债权人参与重整的能力，实现了良好的重整效果。

　　三是充分尊重债权人意见，保障债权人对管理人的推荐权和更换权。在北京联绿技术集团有限公司等两公司重整案、广州凯路仕自行车运动时尚产业股份有限公司重整案、上海兆隆置业有限公司破产清算案中，法院坚持债

---

* 案件信息来源于上海市第三中级人民法院上海破产法庭。

权人意思自治和需求导向，赋予债权人在预重整阶段对管理人的推荐权；探索管理人跨区域执业，结合案件具体情况，指定大部分债权人一致推荐的机构担任管理人；在债权人会议尚不具备履职条件的情况下，承认单个债权人有权就管理人履职能力发表意见，并行使申请更换管理人的权利。

四是适用重整计划草案表决新机制，权益未受调整或影响的债权人不参与表决。在北京中电华通信息科技有限公司破产重整案中，权益未受影响的职工债权人和税款债权人不参与重整计划草案表决，在保障债权人合法权益的基础上有效提升程序效率。在杭州萧山朝阳彩印包装有限公司重整案中，创新实践操作模式，此前已投票赞成的债权人在二次表决重整计划草案时，不再参与表决，缩短表决时间，降低重整成本。

一、营运资产整体出售，最大限度实现营业继续——重庆市华源天然气有限责任公司破产重整案

【案情简介】

重庆市华源天然气有限责任公司（以下简称华源公司）注册资本2010万元，拥有职工163人，为重庆市大足区的重要天然气供应企业。华源公司因严重资不抵债，依法向重庆市大足区人民法院申请重整。2016年11月28日，法院裁定受理华源公司重整案。

本次重整采用出售式重整。根据重整计划草案，华源公司以其与天然气业务相关的全部营运资产及其他优质资产设立新公司，剩余资产仍归华源公司所有。重整投资人山东胜利股份有限公司（以下简称胜利公司）出资收购该新公司全部股权，并全盘接收现有职工及天然气业务。胜利公司分期支付股权转让款6.638亿元，专项用于清偿华源公司破产债权。

2017年9月27日，华源公司第二次债权人会议召开，各表决组均通过重整计划草案。2017年11月20日，法院裁定批准重整计划。重整计划执行中，新设公司重庆胜邦燃气有限公司经营持续向好，已累计实现利润约1.8亿元。

【裁判要旨及典型意义】

本案是利用出售式重整方式维护企业整体营运价值，拯救危困企业，保障各方当事人合法权益的典型案例。

重整的实质是拯救债务人的经济和社会价值，实现资源优化配置。出售式重整将债务人具有活力的营运资产一并转让给他人，使营运资产在新的企

业中存续并发展，而以转让所得清偿债权人，属于重整的重要形式。此种情况下，债务人企业具有价值的营运资产将通过整体出售的方式予以保留，避免了被不当分割出售。

本案中，投资人愿意承接华源公司优质资产，但其考虑到对外应收债权的不确定性，不愿接受该类债权。据此，法院积极实践出售式重整，剥离具有整体营运价值的资产设立新公司。战略投资人支付股权转让款后取得新公司股权，该股权转让款用于清偿债务人债务。这既确保了债务人资产营运价值最大化，又有效维护了债权人合法权益。

二、企业资产组合出售，提高资产整体价值——杰克沃克（上海）服饰有限公司破产清算案

【案情简介】

2020年1月14日，经杰克沃克（上海）服饰有限公司（以下简称杰克沃克公司）申请，上海市第三中级人民法院以其不能清偿到期债务且明显缺乏清偿能力为由，裁定受理该公司破产清算案。

杰克沃克公司的资产主要为库存商品、商标及网络店铺经营权。其中，库存商品多为滞销服装，若不及时变现，将面临霉变损坏风险，价值贬损严重，而且还会持续增加仓储费。清算中，管理人发现意向购买方的关注点不在服装本身而在于杰克沃克公司旗下的商标、网络店铺经营权等无形资产。经过管理人与购买方多次沟通、分析和协商，购买方发现了上述无形资产与服装组合后的潜在价值。购买方同意将无形资产与服装组合购买。据此，管理人专门制订资产组合打包变价方案。债权人会议表决通过该方案后，管理人按照上述变价方案出售了债务人现存资产，有效提升了企业资产的价值和未来营运能力。

【裁判要旨及典型意义】

本案是恰当地组合出售企业资产，释放企业资产潜在价值的典型案例。

破产财产是供破产债权人分配的财产，决定着各债权人的实际利益。在破产财产处置中应当注重破产财产价值最大化，同时兼顾处置效率。法院要积极探索灵活多样、更为有效的破产财产处置方式和渠道，对于能够通过整体或组合处置方式提高企业资产整体价值的，应优先采用该处置方式，最大程度提升债务人财产的变价率。

本案中，债务人企业名下的服装如果与商标、网络店铺经营权脱离后分

散出售，价值将急剧贬损，而且还会产生额外成本。人民法院和管理人采取的资产组合出售变价方案展现了三方面优势：一是使独立出售时会滞销的服装类资产与具有价值的商标、网络店铺经营权等资产同步出售，提升了资产整体价值和债权人受偿率；二是维系了品牌原始受众，将原业主的经营成果凝结在出售的财产中，降低了新经营主体创立品牌的成本，减少了破产清算可能带来的财产损耗；三是实现了品牌的市场存续，保存了商标、网络店铺经营权的营运价值，企业的经营事务得以延续。

三、破产清算转重整，充分运用重整维系有经营前景企业生存——重庆海虹服饰有限公司破产清算转重整案

【案情简介】

重庆海虹服饰有限公司（以下简称海虹服饰公司）是一家成立于2004年11月的民营企业，注册资本6000万元，主要从事工作服的加工与销售。受经济下行压力影响以及新冠疫情冲击，企业经营出现困难。经债权人申请，2020年5月28日，重庆市第五中级人民法院裁定受理海虹服饰公司破产清算案。

管理人接管企业时发现，企业处于正常经营状态，在职职工50人，有完整的生产线和成熟的销售网络，且有10份购销合同未履行完毕。为维持企业营运价值，稳定职工就业，经管理人申请，法院许可海虹服饰公司继续营业。2020年11月27日，法院在充分考虑债权人利益的情况下，经债务人申请依法裁定海虹服饰公司由破产清算程序转为重整程序。2020年12月16日，海虹服饰公司第二次债权人会议召开，重整计划草案获参加表决的债权组全票通过。2021年1月6日，法院裁定批准重整计划。该案虽经历破产清算到重整的程序转换，但从裁定受理到裁定批准重整计划历时仅224天。

【裁判要旨及典型意义】

本案是积极运用破产程序的转换，充分促进企业重整的典型案例。

我国《企业破产法》通过规定破产清算与重整之间的转换，为进入破产清算但仍具有市场前景的企业提供了重生的机会。利用破产程序转换拯救具有市场价值的危困企业，促进更多企业重生，对于做好"六保"工作具有积极意义。人民法院应按照法律规定针对不同企业的情况精准识别和研判，依法灵活运用恰当的破产方式，积极促进有拯救价值的企业重整。

本案中，法院在综合分析企业生产、销售能力和市场前景的基础上，及

时依法裁定由破产清算转入重整，高效完成整个破产程序，实现了相关利益主体共赢。企业摆脱困境继续发展，职工就业得以保障，同时也大幅提高了债权清偿率，最大限度维护了债权人合法权益。

四、重大资产处置经债权人同意，有效保障债权人权利——中航世新燃气轮机股份有限公司、中航世新安装工程（北京）有限公司实质合并重整案

【案情简介】

中航世新燃气轮机股份有限公司与中航世新安装工程（北京）有限公司（以下简称中航世新两公司）系母子公司，主要经营燃气轮机的生产、研发等业务。2019年11月，中航世新两公司先后向北京市第一中级人民法院申请重整。经管理人申请，法院裁定对两公司进行实质合并重整。两公司资产包括股权、厂房土地、车辆、机器设备、存货原材料、应收账款等。

在征求债权人意见基础上，管理人制定了包括资产处置内容的重整计划草案，明确除相应股权通过北京产权交易所交易外，其他资产需通过拍卖等方式处置。在第一次债权人会议上，债权人听取了管理人关于财产处置范围、拍卖价拟订、流拍问题等内容的汇报，就相关事项向管理人进行了询问，并表决通过重整计划草案。

法院裁定批准重整计划后，管理人按照重整计划中的资产处置内容，继续细化处置方式，制作详细的拍卖方案。管理人于实施处分行为前十余日向法院报告相关情况，因财产处置方式符合债权人会议表决通过的重整计划，法院对管理人的处置方式予以认可。最终，除报废的两辆汽车外，其他资产均全部成功处置，其中资产最短处置用时15天，最终资产处置总价5600万余元，单体资产最高溢价率为257%。

【裁判要旨及典型意义】

本案是由债权人会议决定重大财产处分，有效保障债权人权益的典型案例。

债权人会议行使重大财产处分决定权是债权人意思自治原则的重要体现，是保障债权人清偿利益、提升债权人参与度和获得感的重要途径，是监督管理人勤勉尽责、实现程序公正高效的有力措施。债务人重大财产处分涉及全体债权人清偿利益的实现方式及实现程度，影响破产程序进程，理应由债权人参与和决定，并由管理人执行债权人会议决议。

本案中，首先，管理人制作包含财产变价内容的重整计划草案并提交债权人会议表决。其次，管理人依照债权人会议决议通过的重整计划进一步细化处置规则。最后，为避免出现管理人的处分行为缺乏监督的情况，法院要求管理人在实施处分前应向其报告，法院认真审查管理人的实际处分行为是否符合债权人会议决议。通过以上程序，债权人在债务人财产处分上的决定权得以充分保障，企业资产处置取得最佳效果。

五、充分保障债权人重整程序性权利，维护债权人重整积极性和重整利益——上海祥发危险品船务储运有限公司重整案

【案情简介】

2019 年，上海祥发危险品船务储运有限公司（以下简称祥发公司）以其过度担保导致公司严重资不抵债但其具有重整价值为由，向上海市第三中级人民法院申请重整。2019 年 11 月 9 日，法院裁定受理祥发公司重整案。

在法院指导下，管理人充分保障债权人在重整中的程序性权利：进入破产程序后，保障单个债权人对债务人资产负债状况、经营信息及财务信息等的知情权；在确定重整期间的经营管理方案时，充分听取采纳债权人的建议；在招募投资人时，积极引导债权人推荐投资人并参与磋商。

重整中，前期外部招募投资人工作并不顺利。但是，得益于债权人知情权、参与权的充分保障，部分债权人在外部招募失败后提出了债转股的意向。法院指导管理人充分尊重债权人对现金清偿方案和债转股方案的选择权，并根据债权人意愿不断调整方案细节。在重整方案表决前，法院召集管理人和债权人举行预备会议，就重整方案条款和表决机制等作专题说明并答疑解惑。2020 年 11 月 30 日，祥发公司债权人会议表决通过重整计划草案，现重整计划已经执行完毕。

【裁判要旨及典型意义】

本案是依法充分保障债权人重整程序性权利，维护和激发债权人重整积极性进而促进重整成功的典型案例。

保护债权人利益是破产程序的重中之重。法院应当通过提升案件审理透明度、提高债权人参与度等方式，切实保障债权人的知情权、参与权、异议权以及重大资产处置决定权等权利，使债权人在对债务人经营信息和重整信息知悉的基础上合理判断重整前景，做出符合自身利益的决策。

本案中，疫情原因导致投资人招募工作进展困难。但是，由于公开透明

的信息发布机制和债权人的深度参与，债转股方案得以顺利通过，实现企业重生。一是在重整受理之初即采纳债权人对祥发公司经营管理的意见，积极引导债权人参与重整工作，拓展债权人对重整程序各个环节的参与度。二是保障实现债权人对债务人资产负债及经营信息等方面的知情权，为外部招募投资人失败后债权人理性作出债转股决定奠定基础。三是确定债转股重整方案后，积极回应债权人债转股和现金清偿的不同诉求，最终促使各方债权人表决通过了重整方案。

六、更换未尽职管理人，支持债权人行使管理人更换权——上海兆隆置业有限公司破产清算案

【案情简介】

2019年11月11日，上海市第三中级人民法院裁定受理上海兆隆置业有限公司（以下简称兆隆公司）破产清算案，并指定某会计师事务所担任管理人。

为依法快速推进案件的审理，法院分别于2019年11月20日、2020年3月18日、2020年4月24日、2020年6月19日召集管理人就兆隆公司破产清算案所涉财产接管、债权审查等工作进行讨论，确定工作方向，明确时间节点。截至债权人会议召开前，管理人仍未完成财产接管，导致债务人名下不动产被他人占用。同时，管理人也未能依法有效进行债权审查，导致债务人破产费用增加，拖延案件审理进程。

2020年7月28日，因未能有效召开债权人会议，某单个债权人提交书面申请，以管理人不能勤勉专业地履行管理人职务为由请求更换管理人。法院认为管理人未能勤勉履职的情形属实，债权人的申请理由成立，于2020年9月17日作出决定，解除该会计师事务所的管理人职务，另行指定了管理人。

【裁判要旨及典型意义】

本案是依法支持债权人行使管理人更换权，确保管理人依法履职，保障破产程序有序推进的典型案例。

管理人是破产程序的主要推动者和破产事务的执行者，其能力和素质不仅影响破产审判工作的质量，还关系到破产企业的命运和未来发展，更关乎债权人利益的实现。在管理人未能勤勉尽责，忠实执行职务时，债权人有权对管理人予以监督，有权就管理人履职能力提出异议，有权向法院申请更换管理人。

本案具有以下两方面的典型意义：一是保障债权人对管理人履职行为的监督权。当管理人怠于履行职责或者不能勤勉履职时，债权人有权提出异议。二是支持债权人行使管理人更换权。在债权人会议尚不具备履职条件的情况下，法院认可单个债权人有权就管理人履职能力发表意见，并行使请求更换管理人的权利。法院依法对相关事项进行审查，认为债权人申请更换管理人的意见成立的，应及时更换管理人。

七、预重整及时指定管理人，保障债权人的推荐权——北京联绿技术集团有限公司、北京新奥混凝土集团有限公司合并重整案

【案情简介】

因陷入经营困境和债务危机，北京联绿技术集团有限公司（以下简称联绿集团）和北京新奥混凝土集团有限公司（以下简称新奥集团）共同向北京市昌平区人民法院申请实质合并重整。在审查重整申请过程中，法院充分考虑债权人和债务人希望通过协商方式实现利益最大化的诉求，在认真评估和识别两公司重整价值、重整可能性的基础上，决定对两公司适用预重整程序。

预重整中，债权人从管理人名册中选定了某律师事务所并向法院推荐其作为临时管理人。法院经审查后迅速指定该律师事务所为临时管理人。临时管理人自2019年10月9日入场，至2019年12月31日完成预重整，其间，完成了债务人财产状况调查、监督债务人经营管理及财产处置、通知债权人并接受债权申报及审查、制定保障职工权益的劳动管理制度、提交预重整工作报告等工作。

临时管理人履职得到了债权人认可，预重整债权人会议通过了"确定临时管理人为联绿集团、新奥集团转入重整程序后的管理人"的事宜安排。2020年2月3日，法院裁定受理联绿集团、新奥集团合并重整案，并直接指定临时管理人为重整管理人。由于前期预重整工作打下了良好基础，该案审理时长仅3个月。目前，重整计划已执行完毕，联绿集团和新奥集团的产能逐步恢复。

【裁判要旨及典型意义】

本案是人民法院尊重债权人意见指定临时管理人，保障债权人对预重整管理人推荐权的典型案例。

在预重整程序中，法院尊重债权人意志和需求，赋予债权人对选任管理

人的推荐权，能够有效简化指定管理人的程序环节，增强债权人对临时管理人的履职监督。由债权人推荐临时管理人，还有利于提升债权人对重整程序的参与度，降低重整成本，提升重整成功率。进入重整程序后，法院根据预重整债权人会议结果，直接指定临时管理人为重整管理人，实现了预重整和重整程序的良好衔接。

本案中，法院根据债权人意见迅速指定临时管理人，快速完成管理人从临时向正式的转化，同时全程监督管理人依法行权、规范履职。这是充分尊重债权人意愿，给予各方主体商业决策空间，有力保障各方权益的有益探索。

八、充分尊重债权人合理意见，指定债权人推荐的机构担任重整管理人——广州凯路仕自行车运动时尚产业股份有限公司重整案

【案情简介】

广州凯路仕自行车运动时尚产业股份有限公司（以下简称凯路仕公司）于2014年5月在新三板挂牌上市，主营业务为中高端运动休闲自行车的品牌运营、设计、研发、制造与销售，名下"凯路仕"商标为广东省著名商标。自2017年起，公司开始发生巨额亏损，审计机构无法向中小股东出具财务报告审计意见。2017年11月股票被暂停交易时有股东477人。2019年2月19日，债权人向广州市中级人民法院申请对凯路仕公司重整。

经债权人协商，其中债权金额占比74%的债权人共同申请指定某律师事务所作为该案的管理人。2019年3月8日，法院召开听证会，凯路仕公司、破产申请人、某律师事务所和部分债权人参加听证会。2019年3月18日，法院指定该律师事务所为管理人。

案件审理过程中，管理人发挥重整经验丰富的优势，为公司量身定做重整方案。2020年1月16日，凯路仕公司第二次债权人会议召开，职工债权组、税款债权组、普通债权组、出资人组等各表决组均一次性表决通过重整计划草案。2020年4月8日，法院裁定批准凯路仕公司重整计划。

【裁判要旨及典型意义】

本案是人民法院充分尊重债权人意见，指定债权人推荐的中介机构担任管理人的典型案例。

法院将债权人推荐的机构指定为管理人具有以下积极作用：一是债权人基于对管理人能力的信任和认可作出选择和推荐，不仅为管理人履职过程中

与债权人沟通协调奠定良好基础，还能使管理人的业务能力、特点与个案具体情形相互匹配，保障破产程序高效推进。二是该模式充分考虑债权人在选择管理人时的自主权，有利于完善债权人对管理人的监督机制，确保债权人监督权在管理人选任环节的落地。三是由债权人推荐管理人，可以打破管理人执业的地域限制，形成管理人跨区域的执业竞争，促进管理人队伍管理水平和质效的总体提升。

本案中，破产企业的资产对投资人吸引力不强，重整成功难度较大。法院通过召开听证的形式，充分听取并考虑债权人对选任管理人的意见，经过对管理人履行能力的考察，最终同意指定债权人推荐的专业机构担任管理人，破产程序得以顺利高效推进，企业最终重整成功。

九、适用重整计划草案表决新机制，权益未受调整或影响的债权人不参与表决——北京中电华通信息科技有限公司破产重整案

【案情简介】

北京中电华通信息科技有限公司（以下简称中电华通公司）因经营不善资金链断裂，债权人向北京市第一中级人民法院申请对该公司进行重整。为充分识别中电华通公司是否具有重整原因、重整价值及重整可能，法院对中电华通公司启动预重整程序。经过预重整程序后，法院于2020年8月3日裁定受理中电华通公司重整案。

重整期间，根据预重整方案，管理人制定重整计划草案。草案规定，职工债权及税款债权将获得一次性全额现金清偿，有财产担保债权通过债转股的方式获得全额清偿，普通债权人可选择按照25%的比例进行现金清偿或者通过债转股的方式进行全额清偿。同时，重整计划草案对出资人权益作全额调整，该公司100%股权全部让渡用于引入战略投资人。

在第一次债权人会议上，因重整计划草案对职工债权及税款债权全额现金清偿，故前述债权人不参与重整计划草案表决，有财产担保债权组、普通债权组等对重整计划草案进行表决并获得通过。2020年12月28日，法院裁定批准重整计划。

【裁判要旨及典型意义】

本案是适用重整计划草案表决新机制，权益未受调整或影响的债权人不参与表决的典型案例。

重整中，权益未受调整或影响的债权人不参加表决，将有利于在制定重

整计划草案时管理人和债务人明确谈判对象和谈判重点,同时也防止权益未受调整或影响的债权人滥用表决权、阻碍重整计划制订和通过,进而提升重整成功率。

本案中,法院根据《最高人民法院关于适用〈中华人民共和国企业破产法〉若干问题的规定(三)》第 11 条第 2 款的规定,对重整计划草案表决机制进行了调整,将权益未受影响的职工债权人和税款债权人不纳入重整计划草案表决,仅将权益因受重整计划草案调整或影响的利害关系人纳入表决程序,从而促进表决程序的高效性与结果的合理性,在保障债权人合法权益的基础上有效提升程序效率。

十、妥善处理权益未受影响和受到影响的利害关系人表决问题,兼顾重整的效率与公平——杭州萧山朝阳彩印包装有限公司重整案

【案情简介】

2019 年 2 月 1 日,杭州市萧山区人民法院根据债权人的申请,受理杭州萧山朝阳彩印包装有限公司(以下简称朝阳公司)破产清算案。因企业具有重整可能及重整价值,经债务人申请,法院依法裁定朝阳公司由破产清算程序转为重整程序。

2020 年 1 月 21 日,朝阳公司债权人会议召开,对重整计划草案进行表决,部分债权人因对重整程序和重整计划草案了解不够,未投赞成票或未及时投票,导致担保债权组及普通债权组未表决通过。经管理人、重整投资者与未通过重整计划草案的表决组再次协商,在充分保障其权益的基础上,获得了上述债权人的认可。

2020 年 6 月 28 日,朝阳公司债权人会议再次召开,对重整计划草案进行二次表决。在本次重整计划草案分组表决中,因重整计划草案未作实质性调整,担保债权组及普通债权组第一次表决中同意的债权人不再参加本次表决。重整计划草案最终在二次表决中获得各表决组通过。2020 年 8 月 3 日,法院裁定批准朝阳公司重整计划。

【裁判要旨及典型意义】

本案是重整计划草案未作实质性调整时,先前已表决同意该重整计划草案的债权人不再参与表决的典型案例。

重整中的利害关系人是指重整计划草案对其权益产生影响的债权人或股东等。一般而言,权益未受到重整程序影响的债权人或股东,属无利害关系

人，重整计划草案当然无须由其进行表决。而对于第一次表决中已投票赞成的债权人，虽属利害关系人，但因其已经主动同意重整计划草案对其权益的影响，在管理人未对重整计划草案进行实质修改的前提下，也无须参加二次表决。

本案中，因再次协商未对重整计划草案进行实质性调整，表决组中此前已同意的债权人无须参加二次表决，仅由未投票及未投赞成票的债权人进行二次表决。如此的表决规则设计，在保障债权人知情权与表决权的同时，还大大缩短了表决时间，降低了重整成本，体现了重整制度快速拯救企业的价值和功能。

附件二

上海破产法庭2019—2023年度典型案例[*]

一、上海破产法庭2019年度典型案例

案例一：某医疗公司破产清算期间复工生产案

（一）案件概况

某医疗公司成立于1999年4月，是一家主营医疗用品的企业。2018年起，因公司资金链断裂陷入大量诉讼，无力清偿到期债务，债权人向法院申请该公司破产清算。

经管理人核查资产，该公司拥有医疗物资生产资质，且库存35万只口罩。2020年1月正值新冠肺炎疫情暴发，市场紧缺口罩等防疫物资。在债务人公司尚未被宣告破产阶段，管理人在法院要求和指导下，按照最高人民法院"破产法司法解释（三）"有关重大财产处分规定，制定紧急处置方案，并根据第一次债权人会议通过的非现场表决方式规则，迅速将该紧急处置方案通过电子方式送达各债权人表决通过。管理人遂采取多渠道信息化途径发布紧急变卖信息。至春节前最后一个工作日，全部口罩紧急处置完毕，变卖价格也在合理市场价幅度内。

之后，根据"防疫"形势需要，法院继续加强指导，要求管理人积极寻找合作方，想方设法充分利用债务人公司医疗物资生产资质和设备恢复生产，提供市场急需的口罩；同时也有利于提高债务人财产价值和债权清偿比例。经多方联系努力，管理人与某意向合作公司成功洽谈合作方案。政府相关职能部门也为复工生产所需办理的审批手续开设绿色通道。恢复生产方案经债权人会议非现场方式表决通过后，法院立即批准。债务人医疗公司随即恢复口罩生产线，向市场提供急需的防疫物资。

---

[*] 案件信息来源于上海市第三中级人民法院上海破产法庭。

（二）典型意义

本案在审理中正值全国防控新冠疫情，法院以高度的大局意识和社会责任感，急防疫之所需，利用医疗公司原有生产资质和设备条件，在管理人高效、有力的工作配合下，依法及时处置了库存口罩，并引入合作方恢复生产。为防疫大局贡献了一份力量，又有利于提高债权人受偿利益。

该案在具体处理中，严格按照"破产法司法解释（三）"有关重大资产处置的规定要求，注意保护债权人权利，灵活运用第一次债权人会议表决通过的"非现场会议表决规则"，快速提交债权人表决，提高了效率并降低了会议表决成本。同时，该案积极发挥"府院联动"优势，在政府职能部门的大力支持下，经各方共同努力，在48小时内完成库存口罩的紧急处置、10天内完成引进第三方合作并恢复口罩生产线。较好实现了服务疫情防控大局和各方利益共赢的良好效果。

案例二：某建材公司破产清算转破产和解案

（一）案件概况

某建材公司成立于2012年12月，注册资本人民币3000万元。主要从事建筑材料、工艺品、家具的批发零售和建筑装饰建设工程设计施工。2019年初，该公司陆续出现无法按期清偿到期债务的情况。同年8月，债权人申请对该公司破产清算。

经调查，该公司负债百余万元，但前期投标的一些重大项目部分已中标，前景预期较好，经营状况有望改善；且公司还存在大量未到期的应收款，小部分到期应收款没有收回系受新冠疫情影响。故合议庭认为该公司困境具有暂时性，通过给予缓冲期延长清偿期限，存在和解解决债务问题以挽救企业的可能性。在法院监督指导下，管理人制定了债务人继续营业方案，并开展了向执行法院申请删除债务人失信信息，助其满足参与投标的资格条件，及时与招标方沟通获得理解信任，巩固和解基础；又克服新冠疫情影响，组织债权人与债务人多次协商偿债方案，积极促成各方达成和解共识。债务人在此基础上提出了和解申请并提交和解协议草案。法院审查后依法裁定建材公司进入破产和解程序。和解协议草案在第一次债权人会议上获全票通过，法院于同日及时裁定认可和解协议，终止和解程序。

（二）典型意义

本案债务人虽陷入财务困境，但其债务规模较小，项目具有较好前景，可予以纾困挽救。故采取了管理人监督下继续营业、分期清偿债务的破产和解方案。管理人积极发挥作用,及时沟通执行法院、招标方和债权人,帮助债务人修复信用、重塑商业形象和经营环境;同时区分不同债权人情况,在和解方案中安排了小额债权人于破产和解程序终止后一次性全额清偿、其他债权分期全额偿付的计划,满足了不同债权人的利益需求。该案审理用时130天,取得了多方共赢的良好效果。

案例三:某珠宝公司破产清算转破产和解案

(一)案件概况

该珠宝公司系一家成立于2014年6月的民营企业,主营业务为珠宝饰品等的销售。后该公司以资产不足以清偿债务为由申请破产清算。经审理,该公司对外债权债务关系简单,核查确认的申报债权金额为一百余万元;且债权人和债务人均有和解意愿。为避免该公司破产清算后彻底退出市场,法院多次召开管理人会议,分析解决该企业经营危机的多种途径方案。在法院指导下,管理人引导债务人在破产宣告前申请转入破产和解程序,并组织债权人与债务人多次协商偿债方案,积极促成了各方达成和解共识。合议庭经对和解协议草案的合法性、可行性审查,依法裁定案件转入破产和解程序。最终,和解协议经全部债权人同意通过。法院依法裁定认可和解协议,终止和解程序。

(二)典型意义

本案债务人为民营企业,虽然申请破产清算符合法定条件,但其仍具市场价值,对于债权人、投资人以及债务人企业而言,破产清算并非共赢方案。基于企业纾困以及更好地保护债权人利益,本着从债务人实际情况出发,充分尊重企业商业判断和各方权利处分,灵活运用破产清算与破产和解的程序转换,发挥了和解制度的破产预防功能,助力中小民营企业化解债务危机,实现再建重生,既保护了债权人的合法利益,也为一时陷入困境中的中小企业赢得了一线生机。

案例四:某实业公司破产清算转破产和解案

(一)案件概况

债务人公司是一家于2009年7月注册成立的民营企业。2014年,依据生效判决,债务人被申请强制执行。因无财产可供执行,执行法院于2014年12月裁定终结本次执行程序。约五年后,债权人某科技公司以债务人不能清偿到期债务且明显缺乏清偿能力为由,提出破产清算申请。

经审查,本案债务人的债权债务关系简单,申报债权较少,且债务人大股东表达了希望公司免于宣告破产的愿望。法院遂释明引导其通过破产和解程序自救。经过多次磋商，债务人实业公司提出和解申请并提交了和解协议草案。法院对和解协议的合法性、可行性进行审查后，裁定本案由破产清算程序转入破产和解程序。2019 年 11 月，和解协议草案经债权人会议表决通过。依据和解协议，债务人通过引入第三方资金分期偿还债权人全部欠债，且第一期偿付款在和解协议通过当日即履行完毕。法院依法裁定认可和解协议，终止和解程序。

（二）典型意义

本案通过发挥和解制度的破产预防功能，既助力中小民营企业化解债务危机，留存再生机会，又助力化解执行"终本"积案。

破产和解制度具有程序简便和成本较低的特点。本案债权人债权长达五年未能获得清偿，通过破产程序寻求债权实现。合议庭在了解到债务人实业公司不希望被破产清算的意愿后，及时释明引导债务人通过破产和解制度解决生存危机。在充分尊重当事人意志前提下，破产清算程序转换为和解程序，管理人指导债务人完成了和解协议制定并获债权人同意。破产和解制度在本案中的成功运用，使得债务人实业公司主体资格得以保留，有了再生机会；同时也彻底清除了执行案件，发挥了破产化解"执行难"的功能作用。

案例五：某网络公司执行转破产清算案

（一）案件概况

某网络公司于 2012 年 10 月注册设立，注册资本人民币 100 万元，因运行困境而陷入数十起纠纷，被判决承担偿债责任且进入强制执行的案件多达 26 件。因被执行人无财产可供执行，而被执行法院裁定终结本次执行程序。2019 年 10 月，经法院释明后债权人申请将案件移送上海破产法庭。

合议庭审理中注重将破产程序与执行程序有机衔接，执行阶段已形成的"点对点""总对总"财产调查信息、公司工商登记调查信息、法定代表人调查信息等执行资料全部移交破产程序，做好执、破两端衔接。合议庭和管理人在执行基础上开展工作：已调查过的工作无须重复；适用简化审程序；在企业破产重整信息网发布公告；在法定期限内缩减债权申报期；召开网络债权人会议；在保障债权人权利前提下简化会议议程；合并宣告破产和终结破产程序等，用时 43 天即审结了该案。

（二）典型意义

本案系执行转破产清算案件。中央全面依法治国委员会《关于加强综合治理从源头切实解决执行难问题的意见》中，明确要求畅通执行案件进入司法破产程序的渠道。"执转破"工作已纳入强化执行难源头治理的制度建设中。该案债务人企业涉及多家法院二十余起执行积案，通过转入破产程序集中清算，通盘清理了债权债务。对化解执行积案和清理僵尸企业具有借鉴意义。

实践中，符合执转破条件的执行案件为数不少，但执转破机制存在衔接不畅的问题。该案在已有文件规定基础上，进一步细化执、破两端的衔接机制。通过个案实际操作，在前期审查阶段，与执行部门就案件识别、会商沟通、移送材料标准等衔接方面，及时发现问题并改进工作机制，为后续破产原因的准确认定打下扎实基础，节约破产程序启动后财产调查等程序成本；正式受理后，通过适用简化审理程序、注重审理节点控制、依托网络刊登公告和召开视频债权人会议、合并宣告破产和终结程序等，快速高效审结案件，极大地降低了时间成本。

案例六：某贸易公司破产清算案

（一）案件概况

债务人贸易公司与债权人电气公司发生合同纠纷，经法院判决确认贸易公司债务金额近千万元，经法院强制执行仍未能清偿。债权人电气公司遂提出破产清算申请。

合议庭经根据案情按照上海高院《关于简化程序加快推进破产案件审理的办案指引》规定适用简化审理程序进行审理，制定详细的程序推进计划表，要求管理人严格落实各节点工作，快速推进审理程序，整个程序历时36天完成。与此同时，根据债务人公司主要管理人员下落不明，执行阶段无财产可供执行，以及管理人未能接管到财务账册和财产的情况，为切实保护债权人利益，法院向管理人发出履职要求告知书，监督指导管理人全面开展尽调工作，着重要求管理人对债务人的银行存款、车辆、房地产、有价证券、知识产权、工商信息和职工社保等开展详尽的全面调查。管理人重点围绕财产线索调查，勤勉高效地开展了一系列工作。其间，管理人就查找到的债务人所持有的一项注册商标，尊重债权人会议决议不予处理。根据管理人清理结果和相关规定，合议庭审查后裁定宣告债务人破产并提前终结破产程序。

（二）典型意义

本案债务人公司存在"三无"情形，法院适用简化审理程序高效审理，加快市场出清，降低了程序成本。同时，注重要求管理人勤勉尽职开展全面调查工作，尽最大努力保护债权人利益。为简化审理高效、规范审理提供了参考示例。

按照《全国法院破产审判工作会议纪要》提升破产审判效率的目标，合议庭有效贯彻"简案快审"原则，每道程序紧密衔接，督促指导管理人勤勉履职，并就可能出现的问题做好预案，确保了债权人会议等各项工作按计划顺利完成。同时，虽然程序简化，但对管理人履职要求并未降低，向管理人发送《履职要求告知书》，着重要求管理人开展全面调查，尤其注重督促管理人全过程工作必须"全程留痕"，尽力保护债权人利益。

案例七：某仓储服务公司破产清算案

（一）案件概况

2019年4月，三中院以"破申"字号立案受理某仓储公司申请破产清算案。次月，债权人某科技公司依据最高人民法院"破产法司法解释（三）"第十条规定，以核查债务人仓储公司是否存在破产逃债为由，申请查阅该公司财务账册资料、职工安置方案、担保信息等情况。法院审查其主体资格、查阅范围和目的后，准许查阅并告知保密要求。在法院依法裁定受理债务人仓储公司破产清算后，债权人某科技公司再次以需核查债务人仓储公司大额应收款形成原因、是否具有个别清偿行为等为由，提出查阅账册资料的请求。在法院指导下，管理人对其请求予以准许，同时考虑到查账工作的专业性、复杂性，为便于更有针对性地查阅，引导债权人科技公司列出问题清单，委托审计机构对照查找，专项逐一答复，取得该债权人认可，保护了债权人的知情权。

（二）典型意义

单个债权人知情权是债权人行使决策、表决权的基础，也是确保破产程序公开透明的必要保障。本案在破产审查和审理阶段，均注意保障债权人的知情权、调查权及参与权，以有效解决实践中破产程序信息不对称、债权人参与不足监督不够的问题。特别是对债权人在破产审查阶段提出的查阅请求，在查明债权人资格的前提下，也保护了其知情权的行使，为保障后续程序顺利进行打下基础。

根据"破产法司法解释（三）"第十条的规定，单个债权人有权查阅其参与破产程序所必须的债务人财务和经营信息资料。本案债权人在申请审查及后续审理阶段分别提出行使知情权要求。合议庭对于申请审查阶段的债权人查阅请求，认为需满足以下条件：其一，查阅主体应具有债权人适格身份的证据;其二,查阅内容应限于参与破产程序内的债务人财务和经营信息资料,涉及商业秘密的,债权人应负有保密义务;其三,查阅目的应属正当。债权人科技公司申请审查阶段的查阅请求均符合上述条件,故法院予以准许,同时作了保密告知。对于破产清算阶段的债权人查阅请求,为新的查阅内容,查阅目的正当,合议庭予以准许,有利于监督破产程序公开透明地进行。

案例八:某咨询中心申请某娱乐公司强制清算案

(一)案件概况

该娱乐公司由股东某服务公司和某香港公司在1993年出资设立,服务公司持股10%。2013年娱乐公司被吊销营业执照,但未在法定期限内成立清算组进行清算。服务公司曾向香港公司发函,要求组成清算组对公司进行清算,但函件以"查无此人"被退回。2019年3月,服务公司的唯一股东某咨询中心在办理服务公司注销手续时,出具债权债务关系保结承诺,承诺服务公司注销后如有债权债务未了事宜,概由其负责。同年9月,服务公司完成工商注销手续,但并未对其持有的娱乐公司股权进行清理。咨询中心遂向法院申请对娱乐公司进行强制清算。

合议庭审查后认为,基于咨询中心与被清理公司的投资关系以及保结承诺,可认定咨询中心与娱乐公司存在利害关系。根据《民法总则》第七十条的规定,利害关系人可以申请人民法院指定有关人员组成清算组进行清算,遂认定咨询中心申请主体资格,裁定受理咨询中心对娱乐公司的强制清算申请。

(二)典型意义

根据《公司法》和最高人民法院《关于审理公司强制清算案件工作座谈会纪要》的相关规定和精神,强制清算程序的申请主体为股东和债权人。本案申请人咨询中心既非被申请人娱乐公司的股东,也非债权人,不属上述规定的申请主体。新颁布的《民法总则》第七十条就强制清算救济规定了"利害关系人"可以申请人民法院指定成立清算组进行清算。虽然《公司法》于《民法总则》而言系特别法,但对于如本案娱乐公司已被吊销营业执照又无清算义务人申请的特定情形,《公司法》并未予以明确规定。依法律适用的基本原则,应适用新法《民法总则》规定,确定有投资关系和保结承诺的咨询中心为利害关系人,有权向人民法院提出强制清算申请。

本案对《民法总则》规定的"利害关系人"的司法适用,能避免因拖延清算给债权人利益保护以及相关利害关系人的不良影响，有利于促进已经出现解散事由的公司依法退出市场，发挥强制清算制度对市场出清、优化法治化营商环境的作用。

二、上海破产法庭 2020 年度典型案例

案例一：天海融合防务装备技术股份有限公司重整案

【关键词】上市民企、自行管理、继续营业

【案件概要】

天海融合防务装备技术股份有限公司（以下简称天海防务）是一家成立于 2001 年 10 月的民营企业，2009 年在深圳证券交易所上市，是第一批创业板上市公司。公司注册资本人民币 96000 万元，拥有船舶和海洋工程研发设计、总装制造和工程监理完整的生产链，在国内船舶和海洋工程设计领域拥有较高的知名度。自 2018 年以来，天海防务经营陷入巨额亏损和资金链面临断裂困境，虽然公司账面资产值 14.83 余万元，也曾尝试自行庭外重组等自救措施，但由于大量负债不断涉诉、涉执，债权人到期债权共计 101527.92 万元（其中担保债权 34190 万元），投资人望而却步，自救失败。依债权人申请，2020 年 2 月 14 日上海市第三中级人民法院（以下简称上海三中院）裁定受理天海防务重整申请，并随机指定上海市方达律师事务所担任管理人。时值疫情防控紧张阶段，审理期间，合议庭积极依托网络技术，实行线上债权申报和召开网络债权人会议，高效推进重整进程、降低程序成本；依法成立债权人委员会，保障债权人权益；明确二级市场信息披露义务主体及职责，加强信息披露的准确性和及时性，维护中小投资者的合法权益。

2020 年 2 月 18 日，天海防务提出继续营业以及自行管理财产和营业事务的申请。管理人决定同意继续营业，又在法院指导下制定自行管理的《监督办法》和疫情防控措施。合议庭综合考量债务人内部治理结构能够正常运转、主营业务专业性较强等六个方面因素，于 3 月 2 日作出准许自行管理决定。重整期间，及时对接沟通执行法院中止或暂缓相关执行程序、解除查封措施，天海防务整体营运价值得以维持；继续履行合同 66 份并连续获得大额订单，盈利能力迅速恢复，上半年即实现净利润 4000 多万元。

天海防务进入重整时并无潜在投资人，管理人和天海防务通过线上线下双渠道，公开、公正、公平地面向市场招募投资者，进行了三十多场谈判，市场化比选意向投资人的重整方案，最终确定两家公司为共同投资人。

8月14日，天海防务重整计划草案提交法院。9月4日，经网络债权人会议及出资人组会议分组表决，各表决组均高票通过了重整计划草案。根据重整计划，保留天海防务全部有效经营性资产；重整投资人提供12亿余元资金，用于支付破产费用、清偿债务、补充公司流动资金；财产担保债权、职工债权、社保债权全额以现金清偿；普通债权在人民币5000万元及以下部分将全额以现金清偿，超过人民币5000万元部分则按85%比例以现金清偿；劣后债权不予清偿。9月9日，上海三中院裁定批准天海防务重整计划并终止重整程序。12月31日，天海防务重整计划执行完毕。

案例二：上海明虹投资有限公司重整案

【关键词】购物广场、委托营业、府院联动

【案件概要】

上海明虹投资有限公司（以下简称明虹公司）成立于2003年8月，注册资本人民币10000万元，经营范围包括实业投资、自有设备租赁、物业管理、房屋租赁和销售日用百货等。主要资产"亚新生活广场"坐落于中心城区普陀区长寿路核心地段，是由六幢楼宇组成的3.68万平方米综合型购物中心。明虹公司（持有78%）与13位小业主、上海昆仑商城有限公司（以下简称上海昆仑）共同拥有该广场100%产权。150余家商户租用广场商铺对外经营。因合作方拖欠款项、大额借款、违规担保、售后回租等纠纷，明虹公司对外负债21亿余元，涉及诉讼、执行70余起。公司资产估值10.7亿余元，已严重资不抵债。上海三中院依明虹公司重整申请，依法于2019年2月11日裁定受理，并随机指定立信会计师事务所（特殊普通合伙）担任管理人。

合议庭指导管理人接管明虹公司的同时，继续委托原负责广场运营的上海昆仑管理，续聘必要现场工作人员，为广场楼宇安全投保火灾综合险，做好日常安保、物业维护及疫情防控等工作。继续履行与小业主的售后回租合同，将维系广场运营的应付租金等认定为共益债务。审理期间，企业实现营收4000余万元。

投资人招募期间，由于存在各产权方对重整方案和经营模式严重分歧等因素，投资人持观望心态，案件曾面临重整转破产清算的关口。对此，合议庭及时指导管理人沟通各方意见，最终确定了重整投资人，但重整计划草案首次债权人会议表决未获通过。之后，合议庭指导管理人继续以多种方式推动磋商，弥合分歧。重整计划将包括土地、房屋、商誉、地理位置等资源要素整体打包，投资人投入资金8亿元用于债务清偿及资产盘活。2020年5月

8日，修改后的重整计划草案再次提交表决。根据《最高人民法院关于适用〈中华人民共和国企业破产法〉若干问题的规定（三）》（以下简称《破产法司法解释三》）第十一条规定，权益未受调整的税收债权组及社保债权组未参与该次表决。最终分组表决结果以出资人组一致同意，担保债权组和小业主债权组均为100%，普通债权组同意人数占比85.7%、债权占比95.2%的高比例，表决通过了重整计划草案。2020年5月11日，上海三中院依法裁定批准重整计划草案并终止重整程序。重整计划执行有序进行，已完成大部分执行事项。

案例三：中电电气（上海）太阳能科技有限公司重整案

【关键词】高新能源科技企业、清算转重整、重整计划评审

【案件概要】

中电电气（上海）太阳能科技有限公司（以下简称中电电气）成立于2007年6月4日，注册资本人民币25000万元。公司主营业务为研发、设计、生产、加工太阳能电池组件；太阳能光伏发电系统及其配套系统的研发、经营，销售公司自产产品；以及上述产品的进出口业务。因陷入经营困难，无法清偿到期债务，中电电气提出破产清算申请。上海三中院于2019年9月25日裁定受理。

中电电气资产总计人民币5.51亿余元，负债总计人民币6.35亿余元，资产负债率为-115%，欠付职工薪酬合计232.98万余元。另有涉诉涉仲裁案件70起，陷入严重经营困境。但中电电气具备先进的清洁能源研发、生产条件，名下有266件专利申请，曾获得上海市"高新技术企业资质"以及"上海市专利试点企业"称号。公司名下工业用地及厂房位于国家级开发区，属G60松江科创走廊西部片区的核心位置，产业线地理位置在长三角区域一体化中十分优越。同年10月24日，中电电气以本公司具有重整价值和重整可能性为由，申请转为重整程序，法院于10月28日裁定受理重整。

重整招募投资人期间，受新冠疫情影响，仅有一名投资人参与重整，其制定的重整计划草案未获债权人会议表决通过。对此，法院根据最高人民法院《关于依法妥善审理涉新冠肺炎疫情民事案件若干问题的指导意见（二）》（以下简称《指导意见（二）》）第20条的规定，受影响的六个月不计入重整期间。管理人开展第二次投资招募。对两名意向投资人提交的重整计划草案，合议庭指导管理人邀请债权人代表、政府职能部门、破产法专家等组成专业评选委员会，经评审产生重整投资人和重整计划草案。2020年11月19

日，法院以网络方式召开债权人会议进行表决。职工债权组、税收及社保债权组因权益未受重整计划影响与调整而不参与表决。经表决，有财产担保债权组100%同意；普通债权组同意人数占83.33%、债权占比71.11%；出资人组100%同意，表决通过。根据重整计划，三条生产线恢复后，预计至少提供400个新增就业岗位。11月23日，上海三中院裁定批准重整计划并终止重整程序。计划执行平稳进行，第一期投资款已支付到位。

案例四：上海祥发危险品船务储运有限公司重整案

【关键词】内河运输企业、稀缺资质、债转股、自行管理

【案件概要】

上海祥发危险品船务储运有限公司（以下简称祥发公司）成立于1982年4月30日，注册资本人民币6666万元，主要经营范围包括长江中下游干线及支流内河运输，在港区内从事货物装卸、仓储经营业务，拥有内河水路运输许可、危化品经营许可等稀缺资质。因祥发公司过度担保陷入严重债务危机，祥发公司向法院申请重整，上海三中院于2019年11月9日裁定受理祥发公司重整，并随机指定上海市汇业律师事务所担任管理人。

祥发公司负债4.5亿余元。如以重整为评估条件，公司资产评估值为11175.74万元；如以清算为评估条件，公司资产评估值仅为4595.30万元。投资人招募期间，受疫情影响，招募进展缓慢。后又因债务人及其法定代表人涉嫌刑事犯罪，原意向投资人纷纷退出，投资招募陷入僵局。考虑到祥发公司拥有内河运输及危险品经营的稀缺资质，合议庭和管理人均认为公司仍然具有较大重整价值，并共同深入实地走访研判。合议庭指导管理人转换重整模式和工作思路，由外部招募转向内部盘活，穷尽各种方式挖掘重整可能性。同时，在确保落实安全生产责任的前提下，实行管理人监督下的债务人自行管理经营模式，维持企业价值。同时，根据《指导意见（二）》第20条规定，扣除受疫情影响的六个月，争取重整机会。

经与债权人多轮磋商，管理人确定了债转股模式：一是充分利用续期融资金融手段，对重整必需的担保物油罐的担保债权跟抵押银行协商续期融资；对非重整必须的担保物办公楼进行剥离拍卖处置，降低负债规模，减轻现金出资压力，奠定了债转股方案的实施基础。二是充分尊重愿意债转股的债权人迫切希望取得经营权的意思自治，由其自主选择商定组成新的经营班底；针对其他非转股债权人的清偿问题，确定重整期间经营所得用于清偿非转股债权人，同时转股债权人就非转股债权人现金清偿缺口承担补足责任。债转

股方案还就股权限制措施的涤除、或有负债风险、税收筹划等作出约定，保障新、老祥发公司顺利过渡。

2020年11月30日，重整计划草案提交债权人会议表决，以担保债权组、职工债权组、出资人组均为100%，以及普通债权组出席表决人数占比100%、债权占比80%的高比例表决通过。12月3日，法院裁定批准重整计划并终止重整程序。重整计划执行中，债转股债权人承诺履行的出资款已全部到位。

案例五：和兴玻璃铝业（上海）有限公司破产清算转和解案

【关键词】外商投资企业、清算转和解、自行管理、信用修复

【案件概要】

和兴玻璃铝业（上海）有限公司（以下简称和兴玻璃）系新加坡和兴玻璃集团于1992年在中国投资成立的全资子公司，从事各类幕墙的设计、加工制作、安装及施工管理，具有幕墙工程承包一级资质、装修装饰工程承包二级资质等建筑行业资质，承建工程项目曾多次获得"鲁班奖"及"白玉兰"奖，具有一定行业声誉。后因内部经营管理不善陷入债务危机。债权人某铝业股份有限公司向上海三中院申请和兴玻璃破产清算，上海三中院于2020年3月9日裁定受理，并随机指定上海金茂凯德律师事务所担任管理人。

和兴玻璃涉债权人46名，确认债权总额3937万元，涉执行案件二十余件。管理人又了解到，和兴玻璃具有多种优质资质，其子公司、分支机构在全国各地仍有众多在建工程施工或质保中。若破产清算，会导致优质资质丧失、在建工程停工、售后质保脱保等问题，并可能产生工程款拖欠所涉近百名农民工以及公司员工矛盾等不稳定风险，预测债权人清偿率低于18%。

在合议庭指导下，管理人积极开展法律释明和沟通工作，确定了债务人自行经营管理以及破产清算转和解的工作思路。2020年9月初，债务人申请转为和解程序，并提交了和解协议方案。合议庭审查后依法裁定清算程序转为和解程序。其间，债务人自筹资金维持了50余名职工的工资发放及社保缴纳。与此同时，管理人通过积极接管归集财产、追回个别清偿款120余万元等工作，维护债权人利益最大化。经债权人会议表决程序，和解协议获得表决通过。9月17日，法院裁定认可和解协议并终止和解程序。和解协议执行中，管理人已将归集资金1267万余元向全体债权人进行了第一次分配，职工债权得到100%清偿，普通债权清偿率达到42.63%。第二次分配将在个别清偿资金追收等工作完毕后进行，预计普通债权清偿率将再提升2—3个百分

点。至12月底，和兴玻璃原有的失信被执行人信息和限高措施已全部删除，工商、税收、社保信用已恢复正常状态。

案例六：上海延华高科技有限公司破产清算转和解案

【关键词】新材料技术企业、清算转和解、优质资产价值维持

【案件概要】

上海延华高科技有限公司（以下简称延华公司）系1997年12月8日成立的民营企业，注册资本人民币500万元，主要营业范围：新材料专业领域内的技术开发、技术转让、技术咨询、技术服务、实业投资、投资管理和咨询等。2018年起，延华公司为关联公司担保导致资金链断裂而无法清偿债务。依债权人申请，上海三中院于2019年7月8日依法裁定受理延华公司破产清算，并随机指定北京炜衡（上海）律师事务所担任延华公司管理人。

审理中，经债权人会议核查，确认4位债权人2.9亿余元债权。合议庭认为本案所涉债权金额虽高，但债权人仅4户。债务人虽陷入偿债困境，然公司本身主营业务前景良好，且债务人持有对外投资估值4200万元的28%股权优良资产，如清算拍卖，仅能清偿债权额的10%—20%，无法体现优质资产价值。但若促成债务人继续经营、保留股权，其产生的效益可能远远超过被清算拍卖的价值，债权清偿比例也将大幅提高。在合议庭指导下，管理人与各债权人多次沟通协调和谈判，债权人最终均同意和解，就股权拍卖以及后续经营等问题达成共识。2020年6月16日，延华公司向法院申请和解并提交了和解协议草案。合议庭审查后依法裁定延华公司清算转入和解程序。8月13日，债权人会议表决通过了和解协议。依据和解协议，延华公司继续经营，未来延华公司转让所持股权后，将所获得的股权转让款按协商比例清偿各债权人。9月14日，法院裁定认可和解协议，终止和解程序。

案例七：上海辛葵科技股份有限公司破产清算转和解案

【关键词】环保企业、清算转和解、股东出资责任

【案件概要】

债务人上海辛葵科技股份有限公司（以下简称辛葵公司）于2007年4月26日设立，注册资本人民币783万元，主要从事节能环保、化工、机电、新材料科技领域的技术开发、技术咨询等工作，拥有环评审批许可证书及注册商标，具有较高的市场经济价值。辛葵公司以其无法清偿到期债务并且资不抵债为由申请破产清算，上海三中院于2020年1月3日依法裁定受理，并随机指定上海捷华律师事务所担任管理人。

管理人审查了解到，债务人存在股东出资未到位的情况；如破产清算，商标拍卖价值有限，许可证也会丧失清偿价值，债权清偿率为零；已审查确认的一户债权人和一户待定债权人均表达了和解意愿。考虑到这些因素以及债务人具有一定的市场经济价值，合议庭和管理人开展释明、沟通工作，积极促成和解。拟由债务人的大股东垫付款项清偿破产费用、残疾人就业中心欠款，其余债权人延期清偿的方式进行和解。之后，债务人递交了和解申请，法院于12月25日依法裁定转入和解程序。全体债权人会议经表决，一致同意认可和解协议。法院于2020年12月31日依法裁定认可和解协议并终止和解程序。

案例八：上海威吾德信息科技有限公司破产清算转和解案

【关键词】物流企业、清算转和解、化解执行难

【案件概要】

上海威吾德信息科技有限公司（以下简称威吾德公司）成立于2012年7月，注册资本人民币1.5亿余元，主营业务为依托智能软件进行物流仓储与运输。依债权人提起的破产清算申请，上海三中院于2019年11月11日依法裁定受理，并随机指定众华会计师事务所（特殊普通合伙）担任管理人。

管理人经查，本案涉及82户债权人，债权额共计2亿余元；债务人的主要资产是一套价值2亿元的货物智能分拣系统，以及用于系统维保的配套软件。但该系统设备系定制，仅适配于特定场地，不仅拆除难度大，而且拆除后价值将大幅贬损；债务人涉及近百起执行案件，涉执行标的额逾亿元，执行阶段主要以出租场地获得收益，分期分批清偿少量债务。对此，考虑到系统设备的特定性以及处置价值问题，并结合物流行业发展迅猛，货物分拣仓储系统设备及维保人员均有市场需求，债务人尚具有一定的投资潜力和营运价值等因素，合议庭指导管理人积极释明和解制度的相关规定，充分调动股东和实际控制人的积极性，通过比较清算状态下的模拟清偿率与破产和解的预计清偿率，推动和解，保留债务人主体资格，维护资产价值。债务人表达了希望以重整或和解方式使公司存续，并积极开展沟通。2020年8月17日，债务人向法院申请和解并提交了和解协议草案。法院于8月19日依法裁定转入和解程序。同年9月15日，第二次债权人会议表决通过了和解协议。依据和解协议，有财产担保的债权、职工债权、社保、税收债权均全额清偿，普通破产债权清偿率为55%，执行期为六个月。同年9月22日，法院裁定认可和解协议并终止和解程序。和解协议执行完毕后，公司主体资格将得以延

续，相关众多执行案件也将一并化解。

案例九：上海一成国际物流有限公司破产清算转和解案

【关键词】物流运输企业、股东出资加速到期

【案件概要】

上海一成国际物流有限公司（以下简称一成公司）于 2015 年 6 月 15 日成立，注册资本人民币 500 万元，主营业务为道路货物运输。债权人湖北赤湾东方物流有限公司因一成公司拖欠运输款，持有民事调解书确认的债权 18.04 万元。经法院强制执行未能清偿全部款项，债权人遂申请破产清算。上海三中院依法于 2020 年 8 月 27 日裁定受理一成公司破产清算，并随机指定上海市君悦律师事务所担任管理人。

审理期间，法院确认上述一户债权人普通债权 17.3207 万元。债权人与债务人均有和解意向，但债务人名下没有任何财产可供清偿，且债务人提出的清偿方案未能得到债权人认可。经合议庭及管理人充分释明沟通后，股东因债务人破产出资加速到期而愿意与债权人和解。2020 年 12 月 14 日，债务人向法院申请和解并提交和解协议草案，上海三中院于 2020 年 12 月 16 日裁定清算转和解。同日，债权人会议通过书面表决的方式 100% 通过和解协议草案。12 月 28 日，上海三中院裁定认可和解协议并终止和解程序。2020 年 12 月 30 日，债务人即按和解计划约定向债权人全额清偿了普通债权。2021 年 1 月 7 日，管理人将接管的印章证照等返还给债务人。

案例十：上海振兴铝业有限公司等三家关联公司实质合并破产清算申请复议案

【关键词】实质合并、复议

【案件概要】

2019 年 5 月 6 日，原审法院根据债权人的申请分别裁定受理上海振兴铝业有限公司等三家关联公司破产清算案，并指定上海汇同清算事务所有限公司担任三公司联合管理人。同年 8 月 9 日，第一次债权人会议中，管理人将三公司适用实质合并破产作为一项会议议案，提交会议审议表决。债权人某银行提出异议，认为债权人会议吸纳实质合并听证程序不当，且不应对实质合并破产议案进行表决。会后又提出书面异议，请求撤销该合并破产清算的决议。原审法院组织听证后作出民事裁定：撤销上述债权人会议关于《合并破产清算提案》的决议；对三公司适用实质合并破产清算程序审理。某债权银行对实质合并裁定不服，向上海三中院申请复议。三中院听证后认为，关

联企业是否实质合并清算并非债权人自治范围，应属司法裁判范畴，原审通过债权人会议对实质合并以议案方式进行表决，混淆了法院司法裁判权与债权人会议自治权。针对复议人提出实质合并后单个债权人清偿利益降低损害债权人利益的问题，又引导当事人模拟测算实质合并后的清偿率，明确了实质合并有利于提升整体债权人清偿利益。鉴于涉案三关联企业符合实质合并破产清算程序的适用要件，遂于2020年3月10日作出裁定，驳回复议申请。

案例十一：凯瑞富海实业投资有限公司破产清算案

【关键词】担保优先受偿权、股份变价

【案件概要】

凯瑞富海实业投资有限公司成立于2015年，从事实业投资、管理等业务。自2018年起，公司因向关联企业提供担保，资产被多家法院冻结，经营难以为继。2019年6月，法院根据债权人申请，裁定受理该公司破产清算，并随机指定上海邦信阳中建中汇律师事务所担任管理人。经债权人会议核查，确认债权总额为34.41亿余元，其中1户债权人有担保债权5.7亿余元，担保财产为债务人持有的某公司股份12475万股。合议庭指导管理人多方征询后将担保财产拆分为36个标的同时拍卖，并通过调整变价方案、多渠道线上宣传等方式吸引更多投资人参与竞拍，实现变现价值最大化，成交总额达20亿余元。之后，合议庭及时裁定认可担保债权优先分配方案，保障了担保债权人权益的及时优先受偿。

案例十二：上海卓枥教育科技有限公司破产清算案

【关键词】欠薪保障、府院联动、劳动者权益保护

【案件概要】

上海卓枥教育科技有限公司成立于2016年12月，是一家从事亲子教育的企业。2019年9月，因市场整体环境以及企业内部管理不规范，导致公司资金链断裂。在新冠疫情影响下，经营扭亏无望，无法清偿到期债务。经债权人申请，2020年3月26日，上海三中院依法裁定受理其破产清算申请，并随机指定上海市金石律师事务所为管理人。

管理人有序开展企业接管、债权申报与审查等工作。经债权人会议核查，卓枥公司涉及欠薪员工16人，欠薪总额为16.4043万元。三名股东应于2016年12月20日前出资的合计20万元，均未出资到位。在合议庭指导下，管理人积极提起追缴股东出资诉讼，同时又按照上海市高级人民法院与市人社局签订的《关于企业破产欠薪保障金垫付和追偿的会商纪要》（以下简称

《欠薪保障会商纪要》），与松江区人力资源和社会保障局联系，争取通过府院联动机制先由欠薪保障基金垫付职工欠薪。人社局经审核同意欠薪垫付申请，绝大部分符合申报要求的劳动者已先行获得欠薪垫付款。人社局取得追偿权，依法在破产程序中进行债权申报。

案例十三：优立昂（上海）汽车零部件有限公司破产清算案

【关键词】接管、限期移交债务人资料

【案件概要】

优立昂（上海）汽车零部件有限公司成立于 2006 年 3 月 20 日，注册资本 319.7 万美元，因无法清偿到期债务，经债权人申请，上海三中院于 2019 年 11 月 13 日裁定受理该公司破产清算一案，并随机指定众华会计师事务所（特殊普通合伙）担任管理人。

管理人接受指定后依法开展工作，但债务人拒不配合移交资产、账簿、债权债务清册、财务会计报告等公司资料，严重影响破产程序有序推进。管理人多次约谈债务人法定代表人要求移交资料，但始终拖延不予移交。为加快推进案件进程，充分保障债权人合法权益，合议庭依据《最高人民法院关于推进破产案件依法高效审理的意见》第八条的规定，作出裁定，要求债务人限期移交公司财务报表、会计账簿、存货等资料。裁定当日，该法定代表人被传唤到庭，合议庭当庭宣读裁定书，并对其拒不配合移交行为进行批评教育、告知不履行裁定书义务将承担强制移交、罚款等法律责任。该法定代表人当庭承认错误并向管理人移交现存财务电脑主机及电子账。庭审后又在规定期限内完成了其他现存资料的移交工作。

案例十四：上海史建房地产有限公司破产清算案

【关键词】严查虚假破产、防范破产逃债

【案件概要】

上海史建房地产有限公司成立于 2016 年，为房地产经营性公司。其法定代表人以经营不善、持续亏损为由，向法院提起破产清算申请。为此，申请人向法院提交了企业相关审计报告、资产负债表等材料。

审查过程中，合议庭注意到该公司注册资本未实缴，法定代表人对外负有多笔到期小额消费贷款。其提交的某会计师事务所出具的审计报告、资产负债表，在形式和内容上均存在重大疑点。合议庭经查证，该会计师事务所从未出具过案涉审计报告；案涉相关审计报告、资产负债表乃是法定代表人网上花钱雇人伪造。鉴于申请人在破产申请中提交虚假报告的行为，法院作出不予受理裁定,并将涉嫌逃债线索移送公安机关依法处理。

案例十五:上海华信申请香港法院承认内地破产程序及管理人资格案

【关键词】内地与香港破产合作、香港法院承认内地破产程序和管理人资格

【案件概要】

2019年11月15日,上海三中院裁定受理上海华信国际集团有限公司(以下简称上海华信)破产清算,并以邀请竞争方式指定北京市金杜律师事务所上海分所、上海市方达律师事务所、上海市锦天城律师事务所担任联合管理人。因个别债权人对上海华信享有债权2900万欧元,而上海华信对其香港子公司享有债权72亿港元,该个别债权人在香港高等法院提起了针对上海华信的绝对债权扣押令(Garnishee Order Absolute)程序。如获得支持,则该个别债权人将取代上海华信,直接向香港子公司获得债权清偿。上海华信联合管理人遂向香港特别行政区高等法院(以下简称香港高等法院)提出申请,请求承认内地破产程序及管理人资格,以阻止个别债权人通过绝对扣押令程序获得个别清偿。

上海三中院按照香港法院的协助惯例,于2019年12月10日向香港高等法院发出相应的《请求函》(Letter of Request),载明上海华信在内地已进入破产清算程序并指定管理人,以及该管理人获得《中华人民共和国企业破产法》及司法解释下的相应权利。

2019年12月18日,香港高等法院夏利士法官(Justice Harris)签署命令(Order),批准了上海华信联合管理人提交的申请,承认该案内地破产清算程序和管理人资格,并予以提供普通法下的司法协助,终止了个别债权人在香港提起的针对上海华信的法律程序。2020年1月13日,香港高等法院发布与上述命令相关的决定(Decision),其中载明本案为香港特别行政区法院首次认可内地破产程序及破产管理人资格。

三、上海破产法庭2021年度典型案例

案例一:上海易果电子商务有限公司、上海安鲜达物流有限公司、上海云象供应链有限公司实质合并破产重整案

【关键词】

电商平台、实质合并重整、共益债务、自行经营管理

（一）案件概要

上海易果电子商务有限公司（以下简称易果电子）成立于2007年，被誉为"中国首家生鲜电商"，旗下"易果生鲜APP"为国内较早从事生鲜食材供应的电商平台。易果电子与其子公司上海安鲜达物流科技有限公司（以下简称安鲜达物流）、上海云象供应链管理有限公司（以下简称云象供应链）等核心企业共同组成集供应链、冷链物流和生鲜电商于一体的企业集团，境内外关联企业70余家，曾连续三年跻身全国冷链物流行业百强榜前十位。自2019年起，易果电子、安鲜达物流、云象供应链业务转型受挫，自救措施未果，账面负债达32亿余元，涉及诉讼、执行60余件，银行账户及子公司股权均被查封冻结，深陷经营困境。2020年7月，数名债权人向上海三中院申请对三公司进行破产重整，法院依法裁定受理并指定上海市君悦律师事务所、上海市邦信阳中建中汇律师事务所担任联合管理人。

进入重整程序后，为维护债务人营运价值，法院依据管理人申请准许债务人自行经营管理；引入共益债解决供应商货款、员工工资等必要经营开支，维持重整企业正常经营；制订薪资发放和员工保留计划，稳定核心经营团队。同时，经审查，三公司构成严重人格混同，实质合并重整有利于公平维护全体债权人利益。法院于同年11月裁定对三公司进行实质合并重整。经公开招募成功引入重整投资人。重整计划草案第一次分组表决，因担保债权人组不同意而表决未获通过。之后，合议庭以多种方式积极推动磋商，最终第二次表决通过了重整计划草案。2021年2月，法院依法裁定批准重整计划草案并终止重整程序。

（二）典型意义

本案是疫情背景下促进知名生鲜电商企业重生和行业发展的典型案例。一是重整期间依法准许债务人自行经营管理，以共益债解决必要开支，确保重整期间企业平稳运营，维持了企业重整价值；二是依法推进核心公司实质合并重整，发挥司法作用，集中化解易果集团债务危机，公平维护全体债权人利益，促成重整计划草案表决通过。

案例二：海南华信石油基地有限公司破产重整案

【关键词】

企业集团、实质合并破产清算、配套单体重整、保安全生产

（一）案件概要

在上海三中院审理的上海华信国际集团有限公司（以下简称上海华信）

破产清算一案中，因上海华信与海南华信国际控股有限公司（以下简称海南华信）等关联企业之间存在法人人格高度混同情况，法院将海南华信等关联企业纳入实质合并破产程序。海南华信石油基地有限公司（以下简称石油基地）系海南华信的全资子公司，注册资本15亿元，拥有港口经营许可证、危险化学品经营许可证等稀缺资质，主营原油仓储，是海南洋浦开发区港口最大油库。截至2020年3月，该公司账面资产22亿元、负债15亿元，另有上百亿元担保债务等。因受关联担保及母公司破产程序影响，生产经营业绩不佳，近百名员工不稳定，安全生产压力持续加大，经营前景堪忧。

经查，石油基地与海南华信等华信集团关联企业存在严重混同，2020年9月，法院应债权人申请，裁定受理石油基地重整，同时认定本案"并非通常情况下单个企业的破产重整程序，需在华信集团关联企业实质合并破产清算程序的框架下协调推进"。本案指定上海市汇业律师事务所担任石油基地管理人。管理人以"假马竞价"方式经公开遴选、托底报价、网络竞价三个阶段，招募到最高投资价格的投资人。按照重整计划偿债方案，石油基地破产费用、共益债务、确定的担保债权及生产经营性债权得到全额清偿，剩余资金提存，视情分配或归入实质合并破产清算程序。担保债权人组和普通债权人组首次表决100%通过重整计划，但出资人组即代表母公司海南华信行使股东权利的实质合并破产清算案债权人会议未获通过。合议庭经释法析理和充分沟通，最终出资人组二次表决通过。法院于2021年4月裁定批准重整计划。重整期间，合议庭指导管理人以临时托管、驻厂监督、批准债务人自行管理、发放安全生产临时补贴等综合措施，确保石油基地正常运行，营业收入稳步增加。重整计划执行期间，管理人监督各方完成了债务清偿、减资及股权转让变更登记等事务，77名员工全部留用。2021年6月，法院裁定确认重整计划执行完毕。

（二）典型意义

该案是在关联企业实质合并破产清算程序框架下，配套重整方式处置股权资产的创新案例。一是在企业集团整体实质合并破产清算的大框架下，嵌套长期投资的单个企业重整程序，实现企业集团资产处置价值最大化，同时平衡了实质合并"大程序"和重整"小程序"之间债权人利益。二是以"假马竞价"方式招募投资人，充分实现市场价格发现功能，打消利益主体对估值疑虑。三是采取有效措施力保企业安全生产，未发生安全生产事故，石油基地因安全生产工作成绩突出获得监管职能部门多项嘉奖、表彰。重整成功使石油基地彻底摆脱债务困境，步入经营正轨。

案例三：中科建设开发总公司预重整、重整案

【关键词】

本市首例预重整、大型企业集团、市场化引入信托计划

（一）案件概要

中科建设开发总公司（以下简称债务人）成立于 1991 年 8 月 27 日，是中国科学院行政管理局下属企业，主营业务为工程施工，注册资本人民币 11,003.15 万元。债务人下辖分公司 39 家，分布在全国 26 个省份的各级子公司逾 400 家，形成体量庞大的企业集团。自 2018 年以来，债务人因沉重的对外担保负担及资金链断裂等原因陷入经营困境。审计报告和债权审核反映，债务人资产总额约 133 亿元，负债近 800 亿元、涉及债权人逾 3000 户，涉诉、涉执行案件达 460 余件。债务人作为集团的控股母公司，资产、负债与集团内各层级公司交织，债务散在全国各地，社会影响面大，受到多方面广泛关注。债务人曾试图重组自救未果。

2019 年债权人向上海三中院提出预重整申请。法院审查认为，债务人负债巨大、类型复杂，且集团内部关联交易和债权债务关系错综，为有效评估重整价值及重整可行性，贯彻最高人民法院破产审判工作会议、"九民会"指导意见，以及最高人民法院和国家发改委等十三部委《加快完善市场主体退出制度改革方案》中有关预重整制度的意见精神，于 2019 年 11 月受理了预重整申请。又依债权人及债务人上级单位一致推荐意见，法院确认上海市方达律师事务所为预重整期间的临时管理人。

预重整期间，工作开展主要由临时管理人负责，合议庭适度介入，遵循当事人意思自治原则，以市场化方式推进预重整，并监督指导管理人工作。预重整启动后不久，新冠疫情暴发，给预重整工作开展带来极大困难。工作方式调整为以线上为主、落实防疫措施前提下的线下为辅，尽力保障工作有序推进。其间，完成各级关联子公司调查、八成债权申报审核等工作，深入了解了集团状况和重整价值。

在预重整基础上，债务人于 2020 年 10 月提出重整申请，法院依法裁定债务人进入正式重整程序，并指定临时管理人担任管理人。重整阶段，充分衔接利用了预重整期间已有的工作成果，有效节省了程序成本、提升了效率。同时审慎核查关联企业是否具备实质合并或程序合并条件后，对该大型企业集团拯救逐步调整重整思路，确定了不轻易否定公司独立人格以稳定整

个集团运营秩序、尽量降低司法程序成本的原则，尝试母公司及其重点子公司"单体联动式"推进重整的路径，核心企业母公司率先恢复经营和治理能力后，再自主解决其他企业问题；对于大体量债务难以引入外部巨额投资的情况下，着眼内部盘活沉淀资产能力，创新引入信托计划和信托受益权自愿兑换平台，并以市场化方式公开招募遴选信托公司。同时，合议庭督导管理人通过线上线下多渠道充分披露信息和沟通。依托网络技术召开的两次债权人会议，债权人出席率分别达86.4%和99%；债会后要求管理人持续与债权人保持沟通，仅电话联系就近万次。合议庭则向债权人提供监督联系电话，切实保障债权人行使知情权和监督权；召开管理人例会25次、管理人提供履职例行报告60余份，及时掌握办理进展。

鉴于疫情给重整工作带来的阻碍，合议庭依据最高人民法院《关于依法妥善审理涉新冠肺炎疫情民事案件若干问题的指导意见（二）》规定，延长重整计划草案提交期限。2021年10月，债务人提交了重整计划草案，一方面设立信托计划纳入债务人资产，另一方面修复债务人工程主业、恢复造血能力，以达到债权人受偿权益最大化。经债权人会议审议，出资人组、担保债权组、税收债权组、职工债权组、普通债权组均一次性表决通过了重整计划草案。2021年12月1日法院裁定批准债务人重整计划并终止重整程序。

（二）典型意义

本案是上海首例预重整案件，对负债体量巨大的大型企业集团，探索母公司率先重整带动重点子公司"单体联动"盘活，并创新市场化方式引入信托模式重整成功。一是积极贯彻营商环境建设国家战略，按照相关政策导向探索预重整机制，以充分评估企业重整价值和可行性，提高重整成功率，避免重整可能性不明朗企业直接进入重整程序失败而破产清算的不可逆后果，达到挽救困境企业的效果。通过预重整，法院不仅充分了解了企业状况，也有效降低了后续重整程序成本、提升了程序效率，更有利于稳定企业，提振重整信心。二是尝试对债务体量巨大的企业，探索核心企业"单体联动"并创新以市场化方式引入信托计划重整模式。根据债务人资产和债务规模、复杂程度情况，采取母公司联动重点子公司重整，带动化解整个集团债务和资产盘活的方式，减少关联企业一体化进入破产程序对整个集团运行秩序的影响，也降低司法程序成本；以市场化方式公开招募引入信托计划，发挥信托制度风险隔离优势，扩大信托计划下资产盘活空间，并配套引入信托受益权兑换平台，为债权人处置信托受益权提供更多选择，致力达到债权人受偿利益最大化,也有利于帮助债务人恢复正常生产经营能力。三是审理注重以公开、透明的市场化方式推进程序。预重整期间依照破产法和公司法原理,以充分遵循当事人意思自治理念,司法适度介入,同时监督临时管理人主导的工作开展;重整期间通过公开、透明的市场化方式引入信托计划,依法保障债权人程序权利,平稳有序推进重整程序。

案例四:上海泾文金属制品有限公司破产清算转重整案

【关键词】

中小企业、环保资质、清算转重整、绿色低碳经济

(一)案件概要

上海泾文金属制品有限公司(以下简称泾文金属)成立于1992年10月,经营范围包括有色金属、电线电缆、机电、塑料、橡胶、电子信息产品及其元器件废旧物的资源再生及综合利用。因无法清偿到期债务,债权人提出破产清算申请,上海三中院依法裁定受理并指定上海市光大律师事务所担任管理人。

经管理人调查,该公司原为一家客户稳定、口碑良好的中小型合资企业,因一场意外火灾烧毁了公司几乎全部营业设备及财务资料,从此经营陷入停顿。该公司名下的环评及排污许可证资质具有一定稀缺性及市场价值,但无法通过破产拍卖方式处置,如若清算,债权人和债务人损失均较大。管理人在合议庭指导下,引导将本案由破产清算转入重整程序,法院依法裁定进行重整。经充分沟通听取各方意见,成功引入重整投资人。重整计划草案经债权人会议表决,各个表决组均予通过。2021年5月,法院裁定批准了重整计划并终止重整程序。实现社保债权100%清偿,普通债权人清偿率从破产清算状态下的19.9%大幅提升为46.38%。债务人企业引进全新环保设备,积极落实绿色能源清洁生产,并为社会提供十余个就业岗位。

(二)典型意义

本案是法院服务保障绿色低碳经济,促成环保企业重整再生的典型案例。一是深入分析企业破产原因,充分挖掘重整价值,及时释明引导由破产清算转为重整程序,恢复利用公司优质市场资源及经营资质,并升级迭代生产设备,减少再生循环生产的环境污染和碳排放,达到环境保护及促进循环经济发展的良好审理效果;二是通过破产重整全面解决企业债务危机,帮助中小企业"起死回生",为社会提供更多就业岗位,充分体现破产制度在保就业、保民生、保市场主体中的重要作用。

案例五：上海畅茸餐饮管理有限公司破产清算转重整案

【关键词】

中小企业餐饮、清算转重整、保民生促就业

（一）案件概要

上海畅茸餐饮管理有限公司（以下简称畅茸公司）成立于 2017 年 11 月，注册资本 500 万元，是一家主要从事餐饮服务的中小企业。2019 年 5 月，该公司发生一起严重交通事故，造成 3 人死亡 4 人受伤，偿付员工赔偿金及医疗费用，致资金周转困难而停止经营。因无力清偿到期债务，债权人向法院申请该公司破产清算。上海三中院依法裁定受理畅茸公司破产清算，并指定上海汇同清算事务有限公司担任管理人。

经调查，该公司财产主要为 14.57 万元货币资金以及价值约 10 万元的厨房设备、车辆。确认债权 408 余万元，仅职工债权金额就高达 243 余万元，其中包含车祸事故的 3 名死者死亡赔偿金以及 4 名受伤员工的伤残赔偿金、医疗费等。管理人经实地走访，发现畅茸公司经营证照以及餐饮生产场所和设备仍有运营价值。为避免该公司破产清算后彻底退出市场，合议庭协同管理人多次研判重整可行性。对于意向投资人提出的先行进场开展经营的要求，积极推进沟通磋商，管理人及时制定处置方案，并克服疫情影响运用非现场会议规则快速提交债权人会议审议，最终确定了重整工作目标，并引导该公司申请转重整。2020 年 6 月，法院裁定该公司由清算转入重整程序。

重整期间，合议庭会同管理人组织债权人多次沟通偿债方案，同时引入重整投资人。2021 年 7 月 2 日，重整计划草案提交债权人会议表决，获职工债权组、普通债权组、出资人组高比例表决通过。7 月 15 日，法院裁定批准重整计划并终止重整程序。重整计划执行中，投资人钱款全部到位，职工债权清偿率从模拟清算条件下的 23% 提高至 46.37%。重整投资人进场经营后，迅速恢复了餐饮业务，为周边复工企业配送餐食，营业稳定，同时提供了 30 个就业岗位。

（二）典型意义

本案系法院充分运用破产保护功能，精准服务"六稳六保"，使中小餐饮企业在疫情期间重获新生的典型案例。合议庭积极挖掘企业在服务保障疫情防控和民生需求的能力，努力维护具有拯救可能的营运价值，整体化解企业债务危机；指导管理人及时为投资人提供恢复经营的便利条件、打消投资顾虑，最终促成重整成功，维护了债权人权利，为疫情防控和维系中小企业经营提供了司法服务保障。

案例六：上海汇琴实业有限公司破产清算转重整案

【关键词】

清算转重整、组合式清偿

（一）案件概要

上海汇琴实业有限公司（以下简称汇琴公司）成立于1996年11月，公司主要经营范围木制品、纸箱制造加工，建筑材料销售等。因债务人不能清偿到期债务，经债权人申请，上海三中院裁定受理汇琴公司破产清算，并随机指定立信会计师事务所（特殊普通合伙）担任管理人。审理中，法院确认债权金额合计17.29亿元，其中担保债权7户、普通债权33户。汇琴公司的主要资产是73幢工业厂房以及2幢住宅，评估价为8.43亿元，另有应收账款1.7亿元。但该73幢工业房产因工业用地属性只能整体处置，如清算拍卖，仅抵押债权人偿债缺口就逾2亿元，普通债权人清偿率为零。然该不动产位于浦东机场附近，占地面积大，仍具重整价值。管理人释明引导债务人申请确定了破产清算转重整。2020年11月，上海三中院裁定清算转重整程序。经公开招募，最大债权人成为重整投资人。管理人制定了"债转股+引入重整资金+组合清偿"的重整计划草案：投资人（最大债权人）债转股同时另投入重整资金以清偿其他债权人；制定删除债务人失信信息、解除查封等信用修复计划。2021年5月，重整计划草案提交债权人会议表决，出资人组、担保债权人组及税收债权人组全部表决通过，但普通债权人组未表决通过。经持续沟通协商，最终普通债权人组二次表决高比例通过。法院遂裁定批准重整计划并终结重整程序。

（二）典型意义

本案是通过债转股结合重整资金引入等组合方式，盘活工业房产，挽救企业成功的典型案例。一是充分挖掘企业重整价值，精心设计重整方案，促成企业重整成功。二是多层次组合方式清偿债权，针对债权属性和规模，量身定制清偿方案，不同类型债权人的清偿率都得到提升，实现了债权人利益最大化。三是积极通过信用修复维持企业营运，帮助企业经营步入正常轨道。

案例七：银京医疗科技（上海）股份有限公司破产清算转和解案

【关键词】

清算转和解、疫情期间复工复产、民营企业纾困

（一）案件概要

银京医疗科技（上海）股份有限公司（以下简称银京公司），是一家主营医疗用品的民营企业，产品具备多项国际认证，具有良好的市场口碑。后因管理不善，无法清偿到期债务，经债权人申请，上海三中院依法裁定受理银京公司破产清算，并依法指定上海市金石律师事务所为管理人。

案件受理后，恰逢新冠疫情暴发，合议庭及时处置市场急需的库存口罩，并积极开展府院联动，批准债务人复工复产继续经营，与第三方合作恢复口罩生产。清算期间，管理人在法院督导下，完成了债权审核、资产清理等工作；同时发现债务人仍具有较大潜在经营价值，释明引导债务人引进第三方投资，多元方式化解企业负债。经债务人申请，上海三中院依法裁定转和解程序。和解期间，合议庭指导管理人开展释法和政策解读等工作，鼓励、提升债务人挽救信心；通过审计、实地调查和诉讼等方式，查清并积极追收债务人资产；针对起初多数债权人反对和解的情况，深入了解沟通各债权人意见并有的放矢调整和解方案，促进债务人和投资人制定包括现金清偿、债转股、留债与现金择一清偿等多元和解方案。最终，和解协议草案经债权人会议表决以93.4%的高比例通过。法院依据《企业破产法》第98条之规定，裁定认可和解协议，并终止债务人和解程序。

（二）典型意义

本案系疫情期间实现复工复产，尽力促成民营企业破产清算转和解成功的典型案例。本案审理充分尊重债权人意思自治，积极促进债权人与债务人、出资人之间的充分沟通，达到债权人从一开始多数反对到最后高比率支持和解的良好效果。和解计划确定的债权清偿方式灵活多元，大幅提高了债务清偿率，将普通债权人的清偿率从清算状态下不足8%提升至25%，维护了债权人利益最大化。同时，府院联动促成债务人复工复产继续经营，为防疫作出贡献；更运用破产保护机制维持了企业经营价值，最终实现民营企业纾困。

案例八：上海霆海体育发展有限公司破产清算转和解案

【关键词】

清算转和解、未成年人保护

（一）案件概要

上海霆海体育发展有限公司成立于2017年12月，注册资本人民币100万元，主要经营位于宝山区的乐跳蹦床主题乐园。依债权人提起的破产清算申请，上海三中院于2020年7月6日依法裁定受理，并依法指定上海求是会计师事务所有限公司担任管理人。

管理人经查，本案共涉及两户债权人，债权均因债务人在经营蹦床乐园时未尽安全保障义务，致发生人身伤残事故赔偿所致，其中一位债权人尚不满八岁，事故造成其十级伤残。两位债权人诉讼后申请强制执行，法院调查后认为债务人去向不明且无可供执行财产，故终结该次执行，后债权人提起破产清算申请。破产程序中，管理人多方调查找到了债务人股东和法定代表人，并接管了公司财务资料。经查证，债务人股东并未实缴出资，在多次催告仍未补缴的情况下，管理人提起追缴出资诉讼并获判决支持。嗣后，债务人向管理人提出和解意向，法院审查后依法裁定转为和解程序。2021年7月，债务人股东与债权人签订了《破产和解协议》，如全部履行完毕，普通债权清偿率可达100%，届时债权人将配合解除债务人法定代表人的限高措施。法院依据《企业破产法》第97条、第98条之规定，裁定认可《破产和解协议》并终止破产程序。目前和解协议正有序履行中。

（二）典型意义

本案系注重发挥破产和解制度灵活且成本低的优势，维护债权人利益及化解执行难的典型案例。一是积极运用破产程序，调查接管公司资料，查找"跑路股东"下落，根据出资不实股东需补缴出资的规定提起追缴出资诉讼，有效解决执行难并打击股东逃废债行为。二是促成债务人股东与债权人达成和解，帮助伤残儿童家庭追回赔偿款，保护了未成年人权益。

案例九：上海艾德输送设备有限公司破产清算转和解案

【关键词】

小微企业、自行和解

（一）案件概要

上海艾德输送设备有限公司（以下简称艾德公司）系一小微企业，从业人员共十人，专注于生产加工机械设备、机电设备等业务。艾德公司的主要资产为六百万余元应收款，但因市场环境变化，回收率预计不足10%。因疫情影响，资金链紧张，艾德公司于2018年起陷入经营困境。2020年8月，上海三中院依债权人申请，裁定受理艾德公司破产清算案，依法指定普华永道中天会计师事务所（特殊普通合伙）担任管理人。经管理人审核确认，艾德公司负债约300万元。

2020年9月，艾德公司提出和解申请，认为通过催收应收账款及后续经营，有信心挽回经营困局拯救企业。经债务人申请，本案依法转和解程序。

但因各债权人要求不一，和解协议一直未能达成。在合议庭和管理人加强指导和促进各方充分沟通的努力下，最后债务人及其股东与全体债权人分别签订了和解协议，股东按协议约定进行清偿，化解负债近 400 万元。2021 年 3 月 26 日，上海三中院依据《企业破产法》第 105 条之规定，裁定认可债务人与全体债权人分别签署的和解协议，并终结破产程序。管理人向债务人移交财产和营业事务。

（二）典型意义

本案是债务人与全体债权人自行和解的典型案例。合议庭和管理人对于进入清算程序但仍有挽救可能的小企业，积极贯彻落实《中小企业促进法》，对中小企业特别是其中的小微企业实行积极扶持、加强引导、完善服务、依法规范、保障权益的方针，致力为小企业恢复经营提供保障。通过充分释明相关法律规定以及积极推动沟通，最终促成债务人与各债权人自行达成和解协议，成功挽救了濒危企业，实现了各方共赢。

案例十：上海上蔬永辉生鲜食品有限公司等十五家公司实质合并破产清算案

【关键词】

大型连锁商超菜场、实质合并破产清算、资产分类处置、化解社会稳定风险

（一）案件概要

上海上蔬永辉生鲜食品有限公司（以下简称上蔬永辉）于 2013 年 12 月设立，注册资本人民币 4.2 亿元，其通过下属十四家子公司在全市开设三十二家商超菜场，经营面积近十万平方米，以经营蔬菜水果、肉蛋禽等生鲜农产品、食品为主。因陷入严重债务危机，形成巨额负债，引发 200 余件诉讼、执行及仲裁案件，账面负债 8 亿余元，涉及供应商、职工、出租方、承租方、施工方等债权人 2000 余户，银行账户及公司股权被查封冻结，并出现哄抢货物、集体讨债等严重影响属地治安稳定等情形。2020 年 12 月，经债权人申请，上海三中院依法裁定受理上蔬永辉破产清算，并依法指定上海市汇业律师事务所为管理人。

经调查，债务人名下 32 家门店尚处于营业状态的共 24 家，普遍大量拖欠租金水电费，商品严重缺货，随时面临闭店风险。如不尽快集中通盘分类处置，店内资产及附着的租赁经营权等无形资产将进一步丧失殆尽，还将引发租赁小摊贩、职工、农民工等群体维稳风险，并严重损害债权人利益。而

上蔬永辉作为核心控制企业，与各家子公司在经营、财务、人员、管理等方面出现高度混同。为维护全体债权人公平清偿利益，提高资产处置效益，合议庭依法裁定上蔬永辉等十五家公司实质合并破产清算。审理中，合议庭指导管理人维持保供商超菜场经营，累计销售收入1000余万元；以租赁经营权整体出售为核心分类处置门店；制定职工安置方案，妥善安排500余名职工再就业；通过公开拍卖、线下促销、打包出售等多种方式灵活处置数十万件商品；共集中清理2000余户债权人的5.7亿余元债务。经依法审理以及相关职能部门联动配合，2021年12月，《破产财产分配方案》获债权人会议表决通过，法院在主要财产分配完毕后依法裁定终结本案。

（二）典型意义

本案是法院发挥破产清算程序集中清理债务功能，确保连锁生鲜企业平稳有序退出市场的典型案例。一是依法进行实质合并破产清算，母子公司财产作统一处置，维护了全体债权人公平受偿利益。二是最大化维护破产清算价值。一方面分类灵活处置资产，将包括店面选址、装修设备、客户资源等在内的租赁经营权整体打包出售，以多种方式变现库存商品，提高资产处置效益；另一方面维持债务人名下尚在运营的涉民生商超菜场保供稳价，实现市场退出有序过渡，也提高了全体债权人清偿利益。三是在府院联动下有效化解了社会稳定风险。妥善安置职工，促成500余名职工"无缝衔接"再就业，维护了职工权益；采用整体平移方式，确保数百个小商贩摊位稳定运营，稳妥化解维稳风险。

案例十一：上海源涞实业有限公司破产清算案

【关键词】

长租公寓、集中清理、化解群体性矛盾

（一）案件概要

上海源涞实业有限公司（以下简称源涞公司）成立于2013年11月，主营业务为长租公寓租赁运营及物业管理等服务，曾是国内中高端公寓服务的领先者。自2018年开始，因盲目扩张及经营管理不善致资金链断裂，拖欠60余名职工和数百名房东、租客的2亿余元债务未偿，涉诉讼、执行及仲裁案件200余起。债权人以源涞公司不能清偿到期债务且明显缺乏清偿能力为由，向上海三中院提起破产清算申请。上海三中院依法裁定受理并指定安永华明会计师事务所（特殊普通合伙）上海分所担任管理人。

管理人接管后发现，源涞公司进入破产程序前处于经营停滞、人员失联状态，公寓无人管理而失序，众多难以收回租金的房东与因遭受损失不肯搬离的部分租客之间，多次发生激烈冲突而产生不良社会影响。法院指导管理人依据《企业破产法》第18条规定切实行使职权，并通过多种方式释明告知各利益相关方理性维权，避免了双方矛盾冲突升级，稳定了局面。管理人按照债权人会议表决程序通过《财产管理方案》《财产变价方案》，通过账户解封、变卖资产以及清理对外投资等途径归集资金400余万元用于清偿。60余名职工债权、社保和税收债权共计250余万元全额获偿，普通债权人清偿率得到提高。2021年6月，法院基于债务人主要财产分配完毕，裁定终结破产程序。

（二）典型意义

本案系充分运用破产清算程序集中清理债务功能，平稳有序化解长租公寓"爆雷"引发群体性矛盾的典型案例。此类企业往往依赖"长租短付"、"租金错配"模式形成资金池，一旦资金链断裂，即会触发房东、租客等上下游多重纠纷，群体性矛盾突出，社会风险传导性强。本案通过破产程序一并化解了200余起诉讼、执行、仲裁案件，依法保障了房东、租客、职工等各类债权人的合法权益，有效化解了社会稳定风险。

案例十二：上海凯普狄诺实业有限公司破产重整转清算案

【关键词】

资产整体出售、农民工权益、管理人履职督导

（一）案件概要

上海凯普狄诺实业有限公司（下称凯普狄诺公司）于2006年成立，两名股东各持50%股权，经营范围为生产服装、自有房屋租赁等，因资金链和经营管理等因素致资不抵债。2020年3月，债权人申请对凯普狄诺公司进行重整，上海三中院审查后依法裁定受理，同时依法指定北京盈科（上海）律师事务所担任管理人。经核查，凯普狄诺公司有债权人80位，债权金额近4.4亿元；企业资产评估为2.28亿元，包括价值1.53亿元的工业厂房和办公设备，以及7500万元应收账款。因受疫情影响，重整计划草案提交期限根据最高人民法院《关于依法妥善审理涉新冠疫情民事案件若干问题的指导意见（二）》以及《企业破产法》第79条规定予以延长。重整期间，因股东之间矛盾、债权异议多以及管理人履职经验等因素，第一轮引入投资人失败。法院为推动重整成功，充实管理人力量，增加一位管理人北京市中伦（上海）律师事务所组成联合管理人，并开展第二轮投资人招募。由于股东矛盾难以

化解、股东利益与债权人利益交织,加之最优的投资人计划方案对普通债权清偿率仅为27%,达不到债权人期望值,致出资人组、普通债权人组两次表决重整计划草案均未通过。法院遂裁定终止重整程序并宣告凯普狄诺公司破产。

为实现破产财产处置价值最大化,法院督导管理人将凯普狄诺公司厂房和维持大楼运营的办公设备以及应收账款,采取整体出售模式,经网络公开拍卖,以2.28亿元价格成交。经财产分配,普通债权清偿率达到46%。财产分配期间,合议庭得知利害关系人16位农民工约80万元欠薪尚未支付,又正值春节前夕,合议庭指导管理人迅速开展核实信息并沟通相关债权人配合等工作,及时将款项直接发至16位农民工账户。2021年12月,法院裁定终结破产程序。

(二)典型意义

本案系重整转清算案件,在企业无法挽救时处置破产财产价值最大化的典型案例。一是整体出售方式实现破产财产处置价值最大化,并使债务人企业有价值资产经市场化重新配置而得到延续利用。本案债务人核心资产工业厂房保持完好且配套的办公设备运转正常,又有区域地理位置和价格优势,将厂房和办公设备整体出售有利于该物业使用价值最大化。而另一项重大资产应收账款存在清收周期长、成本高的困难,单独变现较难达到价值最优。采取将应收账款与厂房及其配套办公设备进行组合打包出售,网拍所得变价款使普通债权清偿率提升到46%,还节省了线下交易费用,债权人受偿利益达到最大化。二是及时保护农民工权益体现司法为民,合议庭切实贯彻最高人民法院《关于充分发挥司法职能作用 助力中小微企业发展的指导意见》精神,对于利害关系人农民工欠薪诉求,为让农民工安心过年,积极采取有效措施为群众办实事,受到农民工称赞和感谢。三是强化法院对管理人履职督导。本案债权众多,股东和债权人利益交错,债权债务关系复杂,且股东间矛盾重重,使得两轮投资招募均未成功而转为清算程序。针对管理人履职中团队力量、成员配合以及专业经验不足等影响办案效率和效果的问题,合议庭强化管理人履职督导措施,及时指导要求管理人调整团队成员分工;增加一名管理人组成联合管理人,以充实管理人力量;要求管理人提交履职定期例行报告74份以及专项报告27份,以及时了解掌握管理人工作进展情况;及时召开管理人工作例会32次,面对面指导解决办理中的问题。通过系列督导措施,有效推动了案件办理质效提升。

案例十三：上海兴铭房地产经纪发展有限公司重整中担保物权恢复行使案

【关键词】

破产重整、担保物权恢复行使

（一）案件概要

上海兴铭房地产经纪发展有限公司（以下简称兴铭公司）于2003年11月成立，主要从事房地产经纪等业务。因严重缺乏清偿能力及具备一定重整价值，该公司向上海三中院申请破产重整，法院于2021年4月裁定受理，并依法指定北京市中伦（上海）律师事务所、上海邦信阳中建中汇律师事务所担任联合管理人。

重整中，某担保债权人提出，其已对债务人提供质押担保的某上市公司股票申请强制执行，又作为竞买人支付了股票交易尾款，因债务人进入重整程序而执行中止，尚未办理股票过户并分配成交款，涉案股票存在价值明显减少可能，足以危害担保权人的权利，故申请准许恢复行使担保权，完成股票过户程序并分配成交款。联合管理人同意该担保债权人申请。但债务人提出异议，认为担保债权人所涉执行程序应当中止，执行股票为公司优质资产，具有重整成功的核心价值，能最大程度提高公司重整可行性，故债权人担保物权应受制于重整程序而暂停行使。

上海三中院组织相关各方进行了听证，经管理人对兴铭公司财产的接管、调查，兴铭公司主要资产为对外股权投资、某上市公司ST股票以及大额应收账款等。但截至重整招募期结束，无投资人青睐上述股票等资产而报名参与重整，故涉案股票并非兴铭公司重整所必需，并不构成公司重整价值的主要因素。此外，该股票价格呈现整体走低趋势至今，面临退市风险，因此担保物价值存在明显减少及进一步减少可能，危及担保债权人的合法权益。法院遂依据《企业破产法》第4条、第25条第6项、第75条、第112条第1款等规定，裁定对某债权人恢复行使担保物权的申请予以准许，后各方均未提出复议。因本案中某信托公司具有担保权人和担保物买受人的双重身份，在恢复行使担保物权的方式上，法院裁定管理人在担保物拍卖所得价款扣除必要费用后优先清偿担保债权人，担保债权人有权依据裁定办理股票过户登记手续。

（二）典型意义

本案是重整中保障担保物权及时有效行使的典型案例。基于保全破产财产整体性及实现重整价值的宗旨,《企业破产法》第 75 条规定重整期间担保物权暂停行使的同时,也兼顾担保债权人利益规定了担保权受限的例外情形。合议庭就本案担保物权恢复行使与重整价值所必要两者之间进行审查判断,厘清担保物权恢复行使条件:一是若担保财产非企业重整所必需,则建立在该财产上的担保权行使不受限制,二是担保物有损坏或者价值明显减少可能、足以危害担保物权人权利的,担保物权人可以请求恢复行使。

案例十四:上海亚泽新型屋面材料有限公司诉国电微网能源物联网股份有限公司等追收未缴出资纠纷案

【关键词】

认缴制、出资加速到期、瑕疵出资责任

(一)案件概要

上海亚泽新型屋面材料有限公司(以下简称亚泽公司)2015 年 8 月成立时注册资本为 500 万元,均由国电微网能源物联网股份有限公司(以下简称微网公司)认缴,出资期限至 2045 年 8 月。微网公司于 2017 年 7 月实缴出资 60 万元,尚有 440 万元未出资。2018 年 11 月,微网公司将其持有的亚泽公司 99% 股权以 1 元价格转让给安徽泽安建筑劳务有限公司(以下简称泽安公司);将 1% 的股权以 1 元价格转让给扬州苏工建筑工程有限公司(以下简称苏工公司),并在股权转让协议中披露了亚泽公司账面已资不抵债。此外,在股权转让之前,已有数位债权人起诉亚泽公司还款并获胜诉判决,部分案件已进入执行程序。亚泽公司因未履行生效判决而被申请强制执行,因亚泽公司无可供执行财产,执行法院已于 2018 年裁定终结了该次执行程序。上海三中院裁定受理亚泽公司破产清算案后,确认亚泽公司无争议债权金额 562 万元。管理人代表亚泽公司提起衍生诉讼,要求微网公司履行 440 万元的出资义务,泽安公司、苏工公司承担连带责任。

法院经审理认为,在亚泽公司已资不抵债而具备破产原因的情况下,微网公司作为唯一股东未积极缴纳出资充实资本,以清偿亚泽公司对外负债,反而通过转让股权逃避出资义务,有损债权人权益,依据《企业破产法》第 35 条、《公司法司法解释三》第 18 条之规定,微网公司在股权转让之时存在出资瑕疵,应加速出资到期。法院判令微网公司应承担瑕疵出资责任,泽安公司、苏工公司作为受让股东承担连带责任。微网公司不服判决,提起上诉,二审法院维持原判。

（二）典型意义

该案是认定未届出资期限的认缴股东转让已具有破产原因的公司股权后应负有出资义务的典型案例。2013年修订后的公司法设立注册资本认缴制，增强了公司经营灵活性和活力。本案股东设定较长期限的出资认缴期限，实缴金额又低，致公司长期"空壳"经营。在公司出现破产原因时，未及时向公司履行出资义务，而是出让股权来逃避缴足出资义务，损害了债权人利益。本案通过认定股东出让股权时公司已具备破产原因而出资应加速到期，进而认定出让股东存在瑕疵出资，判决其承担瑕疵出资责任及受让股东承担连带责任，以规制股东变相"逃废债"行为。

案例十五：管理人普华永道中天会计师事务所诉上海浦晨钢结构有限公司、上海锅炉厂有限公司请求撤销个别清偿行为案

【关键词】

商业承兑汇票、背书转让、个别清偿撤销

（一）案件概要

上海天新热能工程有限公司（以下简称天新公司）与上海浦晨钢结构有限公司（以下简称浦晨公司）签订两份《加工合同》，约定由天新公司委托浦晨公司加工制作相应产品，后天新公司拖欠款项未付。2019年12月4日，上海锅炉厂有限公司（以下简称上锅厂）向天新公司出具商业承兑汇票。同日，天新公司将该汇票背书转让给浦晨公司。2019年12月11日，上海三中院裁定受理天新公司破产清算案并依法指定普华永道会计师事务所担任管理人。2020年5月7日，浦晨公司承兑汇票遭银行退票而要求上锅厂付款，并于6月10日获得上锅厂支付的汇票票面金额款项。浦晨公司在与天新公司之间的债权中扣除上锅厂付款之后的余额申报债权。管理人以天新公司在破产受理前六个月内对债权人浦晨公司的汇票背书转让行为构成个别清偿为由，起诉请求法院予以撤销，要求浦晨公司返还该汇票款项。

法院经审理认为，浦晨公司取得涉案款项是基于天新公司转让的票据权利，包括付款请求权和追索权，浦晨公司在退票后要求上锅厂付款，行使的是票据追索权，上锅厂向浦晨公司付款是履行票据责任，故涉案款项是债务人向浦晨公司进行的清偿行为，使得不具有法定优先权的浦晨公司提前获偿，客观上也导致了债务人可供清偿的资产减少，损害了其他债权人的合法权益，不符合破产法全体债权人公平受偿的宗旨，故依法应予撤销。法院依据《企业破产法》第32条、第34条之规定，判决撤销天新公司2019年12

月 4 日对浦晨公司的清偿行为，浦晨公司应返还汇票票面金额的款项，归入破产程序后统一清偿给全体债权人。浦晨公司不服判决，提起上诉，二审维持原判。

（二）典型意义

本案系适用破产法个别清偿撤销制度追回债务人偏颇清偿款项，维护全体债权人公平清偿的典型案例。本案债务人在具备破产原因时，仍向个别债权人以背书转让汇票方式清偿。债权人虽遭退票，但通过向出票人行使票据追索权实现了票据权利，法院据此认定汇票背书转让行为使个别债权人获得优先清偿地位，减损了其他债权人的利益，应当予以撤销。

四、上海破产法庭 2022 年度典型案例

案例一：依法适用重整强裁，保障内河航运企业绿色转型——上海三岔港实业有限公司破产清算转重整案

【关键词】

航运码头　环保升级　重整计划强制批准

（一）案件概要

上海三岔港实业有限公司（以下简称三岔港公司）于 1993 年 9 月 24 日经核准设立，注册资本 4500 万元，主营业务为码头租赁及仓储、装卸服务等。由于为关联企业提供多笔担保，该公司引发数十起诉讼、执行案件，债务逾 10 亿元。依债权人申请，上海三中院依法裁定受理三岔港公司破产清算案，并指定上海汇同清算事务有限公司担任管理人。

经管理人调查发现，码头承租方经营管理混乱、设施设备陈旧老化，存在重大环境污染隐患。但码头所处位置毗邻长江口，东与外高桥港区、保税区相接，西临黄浦江，地理位置优越。三岔港公司名下拥有岸线使用许可证、港口经营许可证等无形资产。为保住三岔港公司营运价值，维护全体债权人利益，三中院依申请裁定将破产清算程序转入重整程序。审理期间，环保、交管部门联合下达整改通知，要求对码头污水及扬尘处理设施进行期限整改，否则三岔港公司名下营运许可资质将被吊销。三中院指导管理人迅速委托第三方进行施工整改，对污水沉砂池、水沟、地坪等设施设备进行施工扩建，确保地面雨污水等统一汇集并经沉降处理后循环用于港内喷洒，大幅提高码头用水回用率，有效避免污水直排入江。另外加装围墙、增加砂石料围挡遮盖及装车喷水装置，有效管控码头扬尘，防止周边区域大气污染物超

标。在接管财产不足以支付相关施工、审价费用情况下，管理人协调第三方先行垫付施工费用近60万元，按共益债务予以清偿，并在债权人会议中以专项议案方式充分披露环境问题及处理方式。同时，管理人决定继续履行未履行完毕的码头租赁合同，收回租金1200余万元。

经两轮市场化公开招募，本案成功引入投资人，并着重将码头后续环保经营方案纳入重整计划草案。经债权人会议表决，除出资人组因失联而逾期未表决外，担保债权组、税务债权组及普通债权组均表决通过了重整计划草案。管理人请求三中院裁定批准重整计划草案。三中院审查后认为，除出资人组外，其余各组均表决通过了重整计划草案；普通债权组清偿率提升至5%，较模拟清算下零清偿有了显著提高；三岔港公司已严重资不抵债，重整计划草案对出资人组权益调整为零的方案公平合理，且经营方案具有可行性，能有效延续三岔港公司的经营价值，有助于恢复公司经营能力。三中院遂依据《企业破产法》第87条第2款第3项、第4项规定，裁定批准重整计划草案并终止重整程序。现重整计划中有关环保经营事项已执行完毕。

（二）典型意义

本案系充分运用重整制度功能，保留企业运营资质及优势资源，促进内河航运码头污染治理实现绿色环保升级的典型案例。一是充分发挥破产审判职能，依法运用重整计划强制批准权，整体盘活了企业优势资源，使之恢复营运以创造更高价值，解决了企业绿色转型发展的障碍。二是切实体现绿色发展理念，通过司法重整，助力内河航运企业环保升级，采用共益债有效实现减污降碳源头治理及协同增效。码头改善后的优质服务以及地理优势，极大地有利于企业后续对外拓展业务，提升了经营效益，更好地为外高桥保税区、港区提供配套服务，达到了企业重生和生态保护的双赢效果。

案例二：市场化预重整，高效挽救危困企业重生——鼎立置业（上海）有限公司预重整转重整案

【关键词】

房地产企业　预重整　探索程序衔接

（一）案件概要

鼎立置业（上海）有限公司（以下简称鼎立置业）经营房地产开发、销售及市政工程等业务，主要资产为可售商品房楼盘。因房产销售困难致鼎立置业资金链断裂，对外负债约7.84亿元。鼎立置业曾尝试自行重组，但因相关各方存在分歧而自救未果，急需司法介入进一步推动沟通磋商，以明确重整可行性，进而提高重整成功率。然而鼎立置业又顾虑一旦进入正式重整程序，将会有重整失败而转入破产清算的不可逆后果。2022年6月，鼎立置业依《上海破产法庭预重整案件办理规程（试行）》，向上海三中院提交《预重整申请书》。三中院受理后，依债务人及主要债权人推荐提名，确定上海市方达律师事务所为预重整期间的临时管理人。临时管理人在三中院指导、监督下开展各项预重整工作：接受债权申报；引导和辅助债务人自行管理财产和营业事务；引导和辅助债务人与相关各利益主体进行协商，并就重整计划草案达成共识；组织预重整期间债权人会议等各项工作。

鼎立置业在预重整对重整价值及其可行性充分评估的基础上，形成《预重整程序重整计划草案》，并以公司已符合重整受理条件，具备可行性及必要性为由，向三中院申请破产重整。同时提名临时管理人担任重整期间的管理人，鼎立置业债权人会议也表决同意临时管理人担任重整期间管理人。三中院于9月28日裁定鼎立置业预重整转入重整程序，并指定临时管理人担任管理人。重整期间，充分衔接利用预重整中开展的债权申报审核、审计评估等工作成果，高效完成债权审核等各项重整程序工作。重整计划草案提交债权人会议审议，获得各表决组一致表决通过。11月17日，三中院经审查，依据《企业破产法》第86条规定，裁定批准鼎立置业重整计划并终止重整程序。重整成功使得普通债权清偿率从不足0.2%提升至近5%，担保债权则将得到足额清偿，实现了债权人利益最大化。

（二）典型意义

本案系上海三中院出台《上海破产法庭预重整案件办理规程（试行）》后首例预重整转重整案件，对探索预重整规则应用具有示范意义。一是预重整通过市场化法治化方式进行，充分发挥市场主导作用与司法指引功能，遵循当事人意思自治原则，临时管理人依债务人及主要债权人推荐确定，债务人在临时管理人辅助下与投资人自主进行商业谈判，三中院则给予相应指导、监督和必要司法协调，促使重整可行性和成功率有了大幅提高，且避免了企业直接进入重整程序可能面临的重整失败被清算的风险结果。司法提早介入企业挽救，提高了企业重生概率。二是重整程序衔接预重整降低了重整成本，提高了重整程序质效。转入正式重整程序后，预重整期间取得的工作成果得以与后续重整程序有效衔接，预重整中开展的债权审核、审计评估，以及已同意的表决意见等重要工作成果，均在重整程序中得到沿用，极大提高了重整效率。本案重整程序仅用时 51 天，极大降低了程序成本。

案例三：保留医药电商资质和营运价值，满足居民用药需求——上海健一网大药房连锁经营有限公司破产清算转重整案

【关键词】

小微企业　网络零售药店　民生保障

（一）案件概要

上海健一网大药房连锁经营有限公司（以下简称健一网公司）曾为国内医药线上商城销量排名前三品牌，旗下包括医药电子商务平台及多家线下零售药店。因近年来企业转型等原因，陷入严重资不抵债困境，对外负债逾 5 亿元。2022 年 2 月，健一网公司向上海三中院申请破产清算，三中院依法裁定受理，指定上海市海华永泰律师事务所担任管理人。

健一网公司名下有六家拥有医疗器械经营许可证、药品经营许可证及互联网药品信息服务资质的零售药店，具备较高重整价值，但相关门店医保资质将在 2022 年 7 月底到期。时逢疫情防控期间，为缓解防疫抗疫周边居民配药难题，尽早推动药店复工复业，三中院克服疫情影响，在线迅速指导管理人与相关医保、药监部门远程沟通协调，将相关医保资质期限延续至同年 9 月底。同时指导管理人与股东、债权人沟通谈判，及时申请健一网公司转入重整程序。2022 年 7 月 11 日，三中院依申请裁定本案由破产清算程序转入重整程序。重整期间，通过公开招募及市场谈判，成功引入医药行业投资人，并以快速恢复营业为原则制定重整计划草案。8 月 26 日，债权人会议对重整计划草案进行了表决，以职工债权人组、出资人组全票同意，普通债权人组同意人数占比 88.37%，债权金额占比 99.72% 的高比例，表决通过了重整计划草案。2022 年 9 月 2 日，三中院依据《企业破产法》第 86 条第 1 款规定，裁定批准重整计划并终止重整程序。重整计划执行阶段，通过府院联动，在企业经营资质到期前迅速完成人员招聘、工商手续变更等工作，重建互联网线上药品通道，恢复了经营，保障了居民购药需求。

（二）典型意义

本案积极发挥重整制度功能，推动濒临破产清算的涉民生医药企业重生，帮助医保药店恢复营业，保障群众用药基本民生需求。一是疫情期间依托信息技术积极开展府院联动，及时解决药店医药资质延续问题，保留了企业核心价值。药店复工复市后，保障了居民用药需求，并得以发挥疫情防控"哨点"功能。二是通过市场化重整引入同为医药行业的投资人，制定以营业恢复为原则的重整方案,优化企业股权结构和经营管理模式,有助于"互联网+医药"新业态和线上购药新消费模式的发展。

案例四:"执转破"化解执行积案,重整盘活工业厂房——上海敦富坊实业有限公司破产清算转重整案

【关键词】

执转破　盘活工业厂房　化解执行积案

(一)案件概要

上海敦富坊实业有限公司(以下简称敦富坊公司)成立于2007年,注册资本300万元,主要运营事项为开发建设13幢厂房并进行出租、物业管理。敦富坊公司因拖欠建设工程款等,共涉执行终本案件十余起,执行总标的额约2.5亿元。执行法院将执行案件移送上海三中院进行破产清算审查。在受理审查过程中,敦富坊公司以其具有持续经营价值为由申请重整,三中院依法裁定予以受理,并指定上海市华诚律师事务所担任管理人。

敦富坊公司名下13幢厂房位于上海市松江区某厂区,评估总价1.72亿元。厂房用于分割出租,而租户经营业态各异,还存在违章搭建现象。经审核确认26户债权人总额达4.22亿元债权,模拟清算下普通债权人清偿率仅为2.52%。而且,13幢厂房中有10幢存在未竣工验收无法办理产权证的历史遗留问题。重整中,经公开招募产生重整投资人。重整计划草案规划将厂区进行功能转型,打造成为军工电子信息特色产业园。依重整计划清偿方案,优先债权人、职工债权、社保税收债权将获得全额清偿,普通债权清偿率将提升至7.91%。重整计划草案经债权人会议分组表决均获得通过。三中院遂依据《企业破产法》第86条第2款规定,裁定批准重整计划并终止重整程序。

(二)典型意义

本案是执转破盘活工业厂房、化解十余起执行积案的典型案例。一是一揽子解决全部执行积案。通过执转破机制,发挥了破产程序概括性集中清偿制度优越性,一次性化解十余起执行标的额达2.5亿元的执行终本案件,有效助力解决执行难。二是以执转破机制发挥挽救困境企业功能。在执转破审查中及时发现企业挽救价值,启动重整程序尽力挽救企业,通过盘活企业核心资产达到维系企业持续运营的效果,同时最大限度实现全体债权人的受偿利益。

案例五：依托信息技术高效和解，高新技术企业重获新生——上海臻恒光电系统有限公司破产清算转和解案

【关键词】

小微企业　知识产权　应用信息技术

（一）案件概要

上海臻恒光电系统有限公司（以下简称臻恒公司），是一家开发军用光电遥感系统的民营高新技术小微企业。因无法清偿到期债务，依债权人申请，上海三中院依法裁定受理臻恒公司破产清算案，并指定上海市光大律师事务所担任管理人。

时值新冠疫情期间，合议庭克服疫情影响，及时督导管理人通过线上方式开展接管电子账簿及无形资产、债权申报审核等各项工作。同时经调查发现，债务人从事的开发军工用遥感光电技术，拥有专利、软件著作权等多项稀缺知识产权，具备挽救价值，而债权人仅3户，183万元的债权总额也不高。三中院遂指导管理人引导债务人通过和解程序挽救企业。2022年10月，三中院依债务人申请，裁定破产清算程序转入和解程序。和解期间，管理人在三中院督导下充分保障债权人知情权，多次召开线上协调会，沟通引导债务人以多渠道多种方式解决企业负债。最终债务人与债权人达成和解协议，清偿率从不到1%提升到83%。和解协议草案经在线提交债权人会议表决获100%通过，20名职工继续就业。2022年11月，三中院依据《企业破产法》第98条规定，裁定认可和解协议，终止和解程序。

（二）典型意义

本案审理正值疫情期间，通过信息网络技术开展线上办案，促成民营高新技术企业从破产清算转和解成功。一是发现企业具备营运价值后，积极推动通过和解程序挽救企业，既保住了市场主体，解决了企业债务清偿问题，也保住了20位职工就业岗位。二是充分运用信息网络技术提高审理效率。全程通过线上接管电子账簿及无形资产、线上债权申报审核、网络债权人会议、线上协调会等方式，推进审理程序，克服了疫情影响，极大提高了效率，和解程序仅用时22天。

案例六：善用破产解除权盘活农用地，运用检察监督程序撤销虚假债权——上海种都种业科技有限公司破产清算案

【关键词】

农业企业　盘活农用地　撤销虚假债权

(一)案件概要

上海种都种业科技有限公司（以下简称种都种业公司）成立于 2007 年，主营业务为蔬菜种植和种子加工销售，拥有多个蔬菜良种新品种权，曾获得"上海市科技小巨人"称号。其主要生产资料为承租的约 200 亩集体所有农业土地，每年需向土地管理方支付使用费 40 余万元。2017 年始，因经营陷入停滞，该公司将土地进行分割对外转租，转租收取的租金用于维持日常开支。由于无力继续支付使用费，近 1/4 涉案农用地处于闲置。依债权人申请，上海三中院依法裁定受理种都种业公司破产清算案，并指定上海市汇业律师事务所担任管理人。

审理期间，针对次承租人要求继续履行合同与土地管理方主张清退之间的矛盾，管理人在合议庭指导下，依据《企业破产法》第 18 条规定行使合同解除权，解除债务人与次承租人之间的转租合同，涤清涉案农用地上的合同关系。同时，引导次承租人和土地管理方协商达成共识，允许无长期租赁意向的次承租人以支付占用费方式继续使用土地至农作物成熟完成采收；将有长租意愿的次承租人和相应土地交由土地管理方进行直接管理，一揽子解决转租合同清理和农用地退还问题，同时保障了部分次承租人的持续稳定经营。

债权审查中，管理人发现某债权人持生效判决书申报的 200 余万元债权系通过恶意诉讼方式取得，根据《最高人民法院、最高人民检察院、公安部、司法部〈关于进一步加强虚假诉讼犯罪惩治工作的意见〉》之规定，代表债务人申请当地人民检察院提起再审检察建议，最终原判决被撤销。据此，该申报人的债权不予确认，普通债权人的清偿率也相应增加了 10.9%，依法维护了债权人的合法权益。之后三中院依据《企业破产法》第 120 条规定，裁定终结破产程序。

(二)典型意义

本案发挥破产清算程序功能，"一揽子"妥善化解了涉农纠纷矛盾，并依法撤销了恶意诉讼虚假债权，维护了全体债权人公平受偿的合法利益。一是妥善运用破产制度的待履行合同解除权，通过解除转租合同，移交相应土地的方式，"一揽子"解决农用地合同纠纷，盘活闲置已久的农用地，整合了分割使用的农用地，助力产业优化和乡村振兴；二是依据"两高"、公安部、司法部《关于进一步加强虚假诉讼犯罪惩治工作的意见》，对发现的虚假诉讼情况，发挥检察监督作用，依法撤销虚假债权，最大限度保障了全体债权人公平、公正的受偿利益。

案例七：给予小微企业"喘息"空间，诚信创业者轻装上阵——上海稚汇教育科技有限公司破产清算转和解案

【关键词】

小微企业　自行和解　信用修复　创业保护

（一）案件概要

上海稚汇教育科技有限公司（以下简称稚汇公司）成立于2015年12月，为一人有限公司，法定代表人兼股东系一位"80后"海归创业者，从事儿童早教业务。因受市场环境变化影响等因素，稚汇公司于2019年起陷入经营困境。2021年11月，稚汇公司向上海三中院申请破产清算，三中院依法裁定受理，并指定上海市捷华律师事务所担任管理人。

管理人接管后发现，债务人法定代表人在创办稚汇公司过程中，除全额投入注册资本100万元外，个人向稚汇公司出借款项200余万元用于经营，现债务人已无任何资产。在稚汇公司陷入经营困境后，股东积极采取寻找同行承接学员剩余课时措施，妥善解决全部学员费用近180万元。除剩余一户债权人近60万元拖欠租金外，无其他债权人。审理期间，三中院指导管理人进行充分沟通，促成债务人与债权人自行达成和解协议，由股东按协议清偿减免后的债务，债权清偿率由零增加至12%。2022年2月，三中院依据《企业破产法》第105条规定，裁定认可债务人与债权人签署的和解协议，并终结破产程序。和解协议执行完毕后，解除了债务人法定代表人限制高消费等执行措施。

（二）典型意义

本案系小微企业创业者与债权人自行和解清偿债务，企业重获新生的典型案例。一是针对债权人数少、债权债务关系简单的破产案件，充分发挥自行和解制度成本低、效率高的优势，仅历时90余天即和解成功，帮助小微企业高效清理债务，获得重生；同时债权人的清偿率也得以提高，切实保护了债权人的合法权益。二是和解达成后，诚信创业者债务减免，获得喘息良机并摆脱创业困境；撤销债务人法定代表人限制高消费措施，其信用得以修复，帮助诚信创业者轻装上阵，提振继续创业信心。

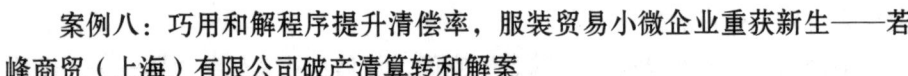

案例八：巧用和解程序提升清偿率，服装贸易小微企业重获新生——若峰商贸（上海）有限公司破产清算转和解案

【关键词】

小微企业　经销资质保留　保市场主体

（一）案件概要

若峰商贸（上海）有限公司（以下简称若峰公司）于2010年11月成立，从事服装销售。因无法清偿到期债务，依债权人申请，上海三中院于2021年9月裁定受理若峰公司破产清算，并指定上海市协力律师事务所担任管理人。

若峰公司在上海、辽宁和天津开设3家门店，具有品牌经销商的资质，公司主要资产为衣物存货470余箱，若径直破产清算处置变现，不仅处置周期较长，存货也将大幅贬值，测算普通债权清偿率仅约4%。合议庭指导管理人尽力以和解方式妥善解决债务问题。2022年1月，依债务人申请，三中院裁定若峰公司破产清算程序转入和解程序。经协商，股东自愿筹集资金128万余元用于偿还公司债务。同时合议庭督导管理人完成外地店铺资金回笼，以多种方式积极清收应收账款共计60余万元，有效扩充偿债资金；另一方面，为保证债务人品牌经销商资质存续，继续保留债务人门店经营，并通过整合门店、仓库以及关闭亏损店铺等方式压缩运营成本。最终，和解协议提交债权人会议表决通过，普通债权平均清偿率提高至20%。2022年3月10日，三中院依据《企业破产法》第98条规定，裁定认可若峰公司和解协议并终止若峰公司和解程序。和解协议已执行完毕。

（二）典型意义

本案运用和解制度挽救了服装销售小微企业，同时避免了破产清算存货大幅贬值，保障了债权人受偿利益最大化。一是引导债务人申请破产清算转和解程序，通过沟通协商股东自愿筹款还债，以及管理人积极催收应收账款回笼资金和压缩运营成本等措施，使得平均清偿率提高了16%；二是保留债务人继续营业，防止服装存货清算处置大幅贬值的不利后果，也保住了债务人品牌经销商的资质，使债务人的经销渠道得以维系和延续，为实现再生提供了机会和条件。

案例九：运用撤销权制度打击逃废债，保护债权人公平受偿利益——原告上海某清算事务有限公司诉被告赖某某、上海某物流科技股份有限公司破产撤销权纠纷案

（一）案件概要

2020年4月，上海三中院裁定受理上海卓展诺力科技有限公司（以下简称科技公司）破产清算案。管理人接管债务人账册后发现，科技公司曾于2020年1月向赖某某（系科技公司财务人员）付款30万元，账面记载为其他应收款，属于《企业破产法》第31条破产撤销权行使的"无偿转让财产"情形，应予以撤销。管理人遂向赖某某发函要求其退回，赖某某接到通知后，不但未退回，反而将系争款项转给了关联公司上海某物流科技股份有限公司（以下简称物流公司）。管理人遂起诉请求法院撤销该无偿转让财产行为，判令赖某某返还30万元并归于债务人财产。赖某某辩称30万元系物流公司的款项，属于一般往来走账，不同意返还。

三中院经审理认为，科技公司向赖某某支付30万元的行为发生在该公司破产清算受理前一年内，系无偿转让财产行为，应予撤销。依照《企业破产法》第31条之规定，依法判决赖某某应返还30万元，归入债务人财产，统一清偿给全体债权人。赖某某不服判决，提起上诉。二审法院维持原判。

（二）典型意义

本案适用破产撤销权制度追回债务人无偿转让的财产，维护了全体债权人公平清偿利益。破产撤销权，是指债务人在破产受理前的临界期内，实施有害于全体债权人利益的行为，破产案件管理人有权请求法院撤销该行为。破产制度规定撤销权的目的，在于恢复因债务人不当处分而失去的财产利益，以保护全体债权人公平受偿的机会。本案债务人在破产受理前一年内向赖某某无偿转让财产，赖某某收到管理人要求返还通知后非但不返还，还将系争款项转给了关联公司，存有逃废债的主观恶意。本案判决打击了破产企业及其有关人员逃废债行为，确保了全体债权人公平受偿利益。

案例十：依法规制债权确认之诉，防止滥用诉权损害仲裁裁决效力——原告上海捷品信息科技有限公司诉被告林某、第三人上海市某律师事务所（管理人）破产债权确认纠纷案

（一）案件概要

2019年9月，上海捷品信息科技有限公司（以下简称信息公司）进入破产清算程序。同年12月17日，林某依据深圳国际仲裁院生效裁决书向管理人申报债权。管理人认为林某债权经生效仲裁裁决确认，依法成立，遂确认债权。信息公司对此提出异议，认为仲裁案件违反法定程序，不应认可该份生效裁决书，林某申报债权依据的合同系无效合同，林某债权不应予以确认，故信息公司提起债权确认之诉。林某辩称涉案债权已经生效仲裁裁决确认，信息公司无权提起本案诉讼，应驳回信息公司的起诉。

上海三中院经审查后认为，林某债权经生效仲裁裁决确认，信息公司曾申请撤销仲裁裁决及不予执行仲裁裁决，均已被依法驳回。根据《企业破产法司法解释三》第七条第一款的规定，已经生效法律文书确定的债权，管理人应当予以确认。故林某享有的债权已由生效仲裁裁决书确认，管理人据此确认林某债权并无不当。破产债权确认之诉虽具有破产衍生诉讼的特殊性，但与普通民事诉讼程序并无二致，不能以债权确认诉讼否认约定的仲裁条款效力以及仲裁结果。三中院遂裁定驳回信息公司起诉。信息公司不服上诉，二审裁定驳回上诉，维持原裁定。

（二）典型意义

诉讼与仲裁是解决民事纠纷的两种不同方式与途径。《企业破产法司法解释三》第七条对已经生效法律文书的救济途径作出了审判监督程序或撤销仲裁裁决、不予执行仲裁裁决的规定；已经生效法律文书确定的债权，管理人应当予以确认。本案债务人认为管理人据以认定债权的生效仲裁裁决错误，不应通过破产债权确认之诉途径要求对债权人与债务人之间的实体争议进行重新审理。在债务人已穷尽《仲裁法》与《民事诉讼法》所规定的撤销仲裁裁决程序、不予执行仲裁裁决救济程序，以及仲裁程序已有明确生效裁决结果的情况下，信息公司再行提起破产债权确认之诉，有违《仲裁法》规定的"一裁终局"制度。破产债权确认之诉不能成为撤销仲裁裁决程序或者申请不予执行仲裁裁决程序的"替代"程序。

五、上海破产法庭2023年度典型案例

案例一："一揽子"平稳化解大型企业集团重大风险——中国华信能源有限公司等七十家关联企业实质合并破产清算案

【关键词】

企业集团　实质合并破产　跨境破产　示范诉讼

（一）案件概要

华信集团系以中国华信能源有限公司（以下简称中国华信）、上海华信国际集团有限公司、海南华信国际控股有限公司为核心、由近两百家关联企业组成的大型企业集团，其经营范围涉及金融、能源、钢铁、贸易、房地产等领域，华信集团还通过投资并购控股多家金融机构。2018年末华信集团账面资产约800亿元，负债高达1700余亿元，严重资不抵债。

上海三中院裁定受理上海华信破产清算后，以邀请竞争方式指定北京市

金杜律师事务所、上海市方达律师事务所、上海市锦天城律师事务所组成联合管理人。审理中,上海三中院分批裁定将法人人格高度混同、区分各企业财产成本过高、严重损害债权人公平清偿利益的70家华信集团关联企业纳入实质合并破产清算范围,同时对上述关联企业所属的96家对外投资通过股权拍卖、重整、破产清算、强制清算、自行清算等方式予以分类清理。

其间,对华信集团涉香港的财产,上海三中院向香港高等法院出具司法协助请求信,由管理人同步向香港高等法院提起认可上海三中院破产清算程序的申请。香港高等法院于2019年12月签署书面命令(ORDER),认可上海三中院受理的上海华信破产清算程序及指定的管理人身份,并确认联合管理人在香港地区行使的职权事项。

该案核查确认共计800余笔债权,金额1400余亿元。管理人通过网络公开拍卖方式完成200余项破产财产变价处置,变现款58亿余元;通过发布悬赏公告追回破产财产900余万元;对境外资产开展清理和财产归集,回收资金13亿余元;向800余家公司或自然人调查了1000余笔应收账款,清收应收账款4.52亿元。对仍需清收的同类型应收账款选取有代表性的提起示范诉讼,参照示范判决结果以非诉手段处置同类型应收账款。管理人有效归集可偿债资金共计75亿余元。

在整个审理期间,该案召开债权人会议3次,债权人委员会会议近50次,召开管理人工作例会100余次。

2023年2月,上海三中院依据《企业破产法》第120条第2款、第3款规定,裁定终结上海华信国际集团有限公司等关联企业实质合并破产清算程序。

(二)典型意义

本案充分发挥破产制度概括性清偿功能,以化解重大风险和维护社会稳定为目标,对平稳处置大型企业集团破产进行了有益实践和探索。

一是以整体处置、动态纳入、分类处理原则稳妥开展关联企业清理处置。该案以化解重大风险和维护社会稳定为目标,按照关联企业性质、控制程度、经营现状、资产负债等不同情形进行分类,分别采取实质合并破产、重整、单独破产清算、强制清算、自行清算、股权拍卖的方式进行处置,以核心关联企业、控股关联企业、外围关联企业三个维度对全部关联企业循序渐进开展调查工作,动态分批将关联企业纳入相应清理程序,最终"一揽子"平稳清理处置华信集团全部关联企业。

二是积极探索实践跨境资产清收。积极尝试启动跨境破产司法协助，获得香港高等法院认可本案破产程序及管理人身份，为归集在港破产财产打通路径，成为香港法院首次正式承认与协助的内地破产程序的案件；积极开展境外疑难资产清收，深入调查境外资产并妥善制定清收方案，在衡量合法性、商业价值的基础上实现境外资产处置价值最大化，最终取得回收资金13亿元的良好效果。

三是创新清收财产举措促进破产程序提效降成本。管理人在法院指导下，对千余笔应收账款从基础法律关系、证据完整程度、相对方身份、诉讼标的金额多个维度进行分类，挑选其中具有代表性的先行提起示范诉讼，以示范判决结果作为处置其他同类型应收账款参考标准，显著提升了应收账款清收效果，极大降低了程序成本；开创性地将悬赏方式运用到破产程序，相关财产线索悬赏议案经债权人会议表决通过后向社会公开发布悬赏公告，管理人根据征集的线索追回破产财产900余万元。

四是充分发挥债委会作用助力推进破产程序。在充分考虑债权类型、代表性、参与意愿的基础上，通过债权人会议差额选举产生债委会成员，制定债委会议事规则并建立定期例会机制，债委会与法院、管理人之间良性互动，充分保障其作为债权人会议自治性常设组织的参与权、监督权，债委会参与管理人制定重大事项处置方案讨论并提出意见建议，在债权人会议授权范围内审议表决相关议案，全程监督管理人重大财产处置工作，确保处置工作公开透明。

案例二：承认与协助日本民事再生程序——上海国际株式会社申请承认日本法院破产程序案

【关键词】

跨境破产　日本民事再生程序　承认与协助　法律互惠原则

（一）案件概要

上海国际株式会社于1993年在日本注册成立，注册资本4.9亿日元，是一家综合性贸易公司，总部位于日本东京都中央区，在上海另设办事处，共有五位国内股东。2019年7月陷入债务危机后，该社向日本东京地方法院申请启动民事再审程序。日本东京地方法院于2019年9月作出2019年（再）第44号监督命令决定，指令由近藤丸人法律事务所的近藤丸人律师对上海国际株式会社进行监督，并作出2019年（再）第44号启动民事再生程序的决定，正式启动民事再审程序。

2021年9月,上海国际株式会社向上海三中院申请称,上海国际株式会社日本民事再生程序共涉及7名我国境内债权人,该等债权在日本民事再审程序中均得到确认,并按照民事再生计划清偿。鉴于该公司在上海有房产、上市公司股票及五家国内子公司股权等大量财产,为便于日本民事再审程序顺利推进,最大程度维护内外债权人以及股东利益,申请承认日本东京地方法院就上海国际株式会社民事再审程序作出的2019年(再)第44号指定监督委员的监督命令决定和启动民事再审程序的决定。

上海三中院查明,债务人自行管理与监督委员监督构成上海国际株式会社完整的日本民事再审程序,该程序具有集体性,由主要利益中心地日本法院启动。虽然我国与日本对彼此民商事判决均有不予承认的先例,但均无不予承认跨境破产案件的先例,从查明的日本《外国破产程序承认与协助法》和日本《民事再生法》等相关规定来看,我国法院破产裁定得到日本法院承认并不存在法律障碍。日本民事再生程序中的监督委员与我国自行管理模式中的管理人身份及其职责本质上具有相似性。上海国际株式会社在上海有大量财产,承认日本监督委员身份并给予履职协助具有必要性。

上海三中院于2023年9月作出裁定,承认日本东京地方法院作出的2019年(再)第44号启动上海国际株式会社民事再生程序的决定,即承认上海国际株式会社日本民事再生程序;承认日本东京地方法院作出的2019年(再)第44号指定监督委员的决定,即承认近藤丸人律师作为上海国际株式会社监督委员的身份;允许上海国际株式会社监督委员近藤丸人律师在中国境内监督上海国际株式会社自行管理财产和营业事务,但实施对债权人利益有重大影响的中国境内财产处分行为,需经人民法院另行批准。

(二)典型意义

本案是我国法院首次承认日本破产程序并给予日本监督委员履职协助的典型案例。一是探索确立此类申请的审查标准。依照《企业破产法》第5条第2款规定,对在我国没有与请求国缔结相关条款,或者没有参加国际条约的,承认和协助外国破产程序的申请从以下方面进行审查:该外国破产程序是不是集体性程序;是否在主要利益中心地法院启动;是否符合互惠原则;是否存在不予承认和协助的事由。明确跨境破产案件中互惠关系的认定应有别于普通民商事案件。跨境破产案件的承认与协助涉及一整套单独的配套机制,与普通民商事判决的承认与执行在协助方式、程序、救济等方面存在显著差异。中日双方就民商事判决中对彼此不予承认的先例并不当然适用跨境破产案件。根据日本法律，我国法院破产裁定得到日本法院承认并不存在法律障碍，故应以法律互惠原则认定本案存在互惠关系。二是通过比较分析确认日本民事再生程序中的监督委员和我国债务人自行管理下管理人的身份和职责实质相似，由此承认日本监督委员身份并给予履职协助，但实施对债权人利益有重大影响的中国境内财产处分行为，需经人民法院另行批准。

案例三：对香港地区破产程序予以认可与协助——黎某、陈某申请认可与协助香港浩泽国际集团有限公司香港破产程序案

【关键词】

涉港跨境破产　认可与协助　香港清盘人履职范围

（一）案件概要

香港浩泽国际集团有限公司（以下简称香港浩泽公司）成立于2010年8月，其注册办事处地址位于香港，公司主营业务为净水服务、空气净化及相关供应链服务，主要资产包括应收款、对外长期股权投资等，其中包括在上海投资设立的上海浩泽净水科技发展有限公司（以下简称上海浩泽净水公司）等四家全资子公司股权。2021年3月，经债权人申请，香港法院作出清盘令，香港浩泽公司进入清盘程序，后颁布命令委任黎某及陈某为该公司清盘人。清盘人认为，香港浩泽公司在内地的直接投资具有较大价值，但由于公司管理层拒绝配合开展清算调查工作，致使无法准确了解内地子公司状况，清盘工作无法顺利推进，故依据香港高等法院的协助请求函，向上海三中院提出申请，请求认可香港浩泽公司清盘程序及清盘人身份，并为清盘人在内地履职提供协助。

上海三中院经审查认为，第一，注册在上海市的四家香港浩泽公司全资子公司的股权，系香港浩泽公司在内地的主要财产，该案符合《最高人民法院关于开展认可和协助香港特别行政区破产程序试点工作的意见》（以下简称《试点意见》）第五条"债务人在内地的主要财产位于试点地区"的情况，三中院作为试点地区集中管辖跨境破产案件的中级人民法院，对该案有管辖权；第二，香港浩泽公司强制清盘程序为《试点意见》第二条规定的"香港破产程序"，属集体清偿程序，清盘人黎某、陈某具备《试点意见》规定的"香港管理人"身份；第三，香港浩泽公司自成立后的注册地一直位于香港，其办事机构所在地、主要营业地均在香港，符合《试点意见》第四条的规定，香港为香港浩泽公司的主要利益中心；第四，本案不存在《试点意见》所规定的应当不予认可或者协助的情形；第五，申请人请求协助履职事项第一至第六项，系清盘人接管、调查、处分内地资产可能涉及的事项，有利清盘程序推进，在《企业破产法》及香港《公司（清盘及杂项条文）条例》规定的履职权限范围内，可予允许。第七项"处理其他为香港浩泽公司清盘和分配财产而可能产生的必要事务"，则需经人民法院许可。

上海三中院依据《企业破产法》及《试点意见》的相关规定，于 2023 年 3 月 30 日裁定认可了香港浩泽公司清盘程序及清盘人身份，对清盘人在内地履职给予协助，并对履职范围进行了限定。

（二）典型意义

本案系《关于内地与香港特别行政区法院相互认可和协助破产程序的会谈纪要》及《试点意见》出台后，上海三中院作为试点法院受理的首例涉港跨境破产认可与协助案件。本案依《试点意见》，参考了联合国贸易法委员会《跨境破产示范法》等文件及相关案例，综合债务人注册地、主要办事机构所在地、主要营业地等因素，以及清盘人履职范围等审查后，裁定认可了香港清盘程序及其清盘人身份，对清盘人在内地履职给予协助，并对其履职范围进行了限定。该案对于总结积累涉港跨境破产认可和协助案件审理经验，积极稳妥推动两地跨境破产试点工作，具有积极意义。

案例四：市场化重整高效化解上市公司可转换公司债券兑付风险——上海全筑控股集团股份有限公司预重整转重整案

【关键词】

上市民营企业　预重整　可转换公司债　信息披露

（一）案件概要

上海全筑控股集团股份有限公司（以下简称全筑股份）成立于 1998 年，于 2015 年在上海证券交易所（以下简称上交所）上市。2020 年全筑股份公开发行总额人民币 38400 万元的可转换公司债券（以下简称可转债）。受房地产行业大环境及恒大债务问题影响，全筑股份大量应收账款难以收回，对外债务普遍违约，公司流动性严重枯竭，陷入经营危机。但全筑股份具有良好的品牌商誉，在建筑装饰工程和设计领域拥有多项高等级专业资质，具有较好的经营发展潜力和较大重整价值。为提高重整可行性，上海三中院受理了债权人对全筑股份的预重整申请，并确定上海市方达律师事务所为全筑股份预重整期间的临时管理人。预重整期间，临时管理人按照《上海破产法庭预重整案件办理规程（试行）》履职，协助全筑股份召开债权人会议、临时股东大会和可转债持有人会议。临时股东大会表决通过向下修正可转债转股价格的议案。可转债持有人会议表决确定重整受理日后保留 15 个自然日可转债交易期及 30 个自然日转股期的议案。至转股期届满，选择市场化转股的债券持有人所持有金额达到可转债总金额的 82%。

2023 年 11 月 13 日，上海三中院依债权人申请裁定受理全筑股份重整，并指定临时管理人担任管理人。重整期间，将预重整程序中的成果延伸至重整程序，对预重整阶段已经确认的债权，管理人直接依照重整受理日期调整债权利息。预重整和重整期间，管理人和全筑股份通过上交所信息披露平台等公开途径共计发布 146 份公告（其中有关可转债风险信息披露公告 33 份），在可转债交易期间和转股期间每日发布风险提示公告。经投资人招募，引入投资人注入资金 7.1 亿元。2023 年 12 月 15 日，全筑股份召开可转债持有人会议、出资人组会议和第一次债权人会议。经表决程序，有财产担保债权组全票通过重整计划草案；普通债权组和出资人组均高票表决通过。同日上海三中院依法裁定批准全筑股份重整计划并终止重整程序。

重整计划执行中，经中国证券登记结算有限责任公司上海分公司协作配合，按重整计划债权受偿方案为约 3900 名债券持有人办理了可转债本息兑付。选择保留债权的可转债持有人中，近 99% 获得了全额现金清偿。通过重整，有效盘活了全筑股份资产，依法保障了约 2 万名投资者和债权人的合法权益。2023 年 12 月 26 日，管理人报告全筑股份重整计划执行完毕。

（二）典型意义

本案是在上交所上市的首例可转债发行人重整案，系通过预重整衔接重整，市场化妥善化解资本市场可转债兑付风险，保存民营企业上市资格的典型案例。

一是运用预重整机制最大限度提高重整成功率，助力民营企业盘活存量资产、激活偿债能力。发挥法院监督协调和临时管理人引导协助作用，推动各方利益主体自主谈判达成共识，为重整成功奠定基础。通过预重整与重整的无缝衔接，将预重整期间有关债权确认、可转债转股价格向下修正议案达成等工作成果延伸至重整程序，获得了债权人、出资人对重整计划的广泛认可。本案从受理重整到裁定批准重整计划仅用时 32 天，为债务人尽快摆脱困境和恢复市场信心提供高效有力的司法保障。

二是依法妥善处置可转债，保障广大中小投资者权益。面对发行人进入司法重整程序后，可能发生的可转债提前到期市场恐慌，经法院、监管部门、管理人等各方共同努力，依照《证券法》规定进行可转债转股价格向下修正，设置合理的可转债交易期和转股期，通过市场化公开价格机制稳定市场情绪，有力化解了债务风险，最终选择保留债权的可转债金额不足总金额的20%，大幅度降低了上市公司负债规模。同时，重整计划规定了较为合理的现金清偿额度，使约99%保留债权的可转债持有人获得全额现金清偿，极大保护了中小投资者的利益。重整计划执行中，管理人成功完成可转债兑付。本案对可转债发行人重整妥善化解债券风险进行了有益探索，实现了各方共赢。

三是在上市公司重整案件中注重信息披露，充分保障中小投资者、债权人和可转债持有人的知情权。管理人和全筑股份依照《证券法》《上市公司信息披露管理办法》《上海证券交易所上市公司自律监管指引第13号——破产重整等事项》规定，全面、及时履行上市公司信息披露义务，真实、准确、完整地披露对投资决策有重大影响的信息，充分提示风险，依法依规保护中小投资者等全体债权人的合法权益。

案例五：共益债实现"烂尾楼"复工续建——上海聚博房地产开发有限公司预重整转重整案

【关键词】

房地产企业　共益债　复工续建　保就业

（一）案件概要

上海聚博房地产开发有限公司（以下简称聚博房地产或债务人）系专门负责房地产开发建设的项目公司，其核心资产系位于上海市中心城区的蝶恋花项目土地使用权，包括逾2万平方米的住宅用地及逾1.6万平方米的商办用地。债务人债务规模逾110亿元，其中担保债权规模逾84.5亿元。因受形势影响，聚博房地产资金链断裂，继而引发一系列诉讼、仲裁及执行案件，项目地块被司法查封，难以引入资金进行项目开发和资产盘活，2022年3月底项目全面停工后，职工安置、员工工资及劳务班组农民工工资欠付等问题相继发生，产生不稳定情形。根据蝶恋花项目停工时的开发进度，债务人可处置资产仅为项目土地使用权和在建工程，变现价值有限。但若能复工续建、盘活资产，预计可售价值将达180亿元，可足额清偿全部债务。然而因房地产市场走势疲软，且投资意向人对于续建资金的后续偿还存有疑虑，聚博房地产重整可行性存在较大不确定性。聚博房地产依《上海破产法庭预重整案件办理规程（试行）》，于2023年2月向上海三中院申请预重整，以进一步明确重整可行性，进而提高重整成功率。

上海三中院受理预重整申请后，根据债务人及主要债权人的推荐，确定北京市金杜律师事务所上海分所与上海市汇业律师事务所担任预重整期间临时管理人。为妥善化解聚博房地产债务危机，最大限度盘活债务人资产并保护债权人权益，预重整期间，临时管理人在法院指导下有序推进债权审核、意向投资人招募遴选、项目总包方工程款审核、职工安置、重整计划草案磋商和表决等各项工作，引入复工续建共益债投资人提供借款7.5亿元，并引导协助债务人与担保债权人、建设工程价款优先权人协商达成一致，约定共益债投资人获得优先于建设工程价款及担保债权的债权清偿顺位。该重整计划草案经债权人会议表决同意。根据重整计划草案，首期共益债借款资金直接支付至项目总包方、分包方及供应商，用于复工续建。得到程序保障的共益债融资促使聚博房地产近百亿元资产盘活。

2023年5月，债务人申请将预重整转入正式重整程序，上海三中院裁定予以受理。立足于预重整期间取得的工作成果，在进入重整程序后在建项目即实现复工续建。同时，也妥善解决了总包方人员管理费用及农民工工资欠付问题；保留了全部员工岗位36个，职工工资经管理人审核后按月足额发放至工资专户。以上举措保证了蝶恋花项目复工续建工作稳定持续开展。预重整期间形成的重整计划草案经债权人会议分组表决高票通过。2023年8月，上海三中院依据《企业破产法》第86条规定，裁定批准重整计划并终止重整程序。根据重整计划安排，本案全部债权100%受偿，且在债权人全额受偿后，债务人股东权益仍有盈余。此外，在保留员工岗位同时，还根据项目续建需要，增加岗位编制至46人。

（二）典型意义

本案着眼保民生、稳就业的目标，通过运用共益债融资模式，实现了烂尾楼项目续建盘活。

一是积极通过共益债融资实现资产盘活，化解困境房地产企业债务危机。破产程序中融资的可用性及优先性是世界银行新一轮营商环境评估指标体系（B-Ready）中"商事破产"的重要指标项。本案通过债权人意思自治，在重整计划草案制订中协商达成共益债优先于建设工程价款及担保债权清偿顺位的合意，并经债权人会议表决通过，提升了共益债投资人的投资信心，有利于保障项目复工续建，也实现了债权人利益最大化。同时，项目复工续建过程中，农民工工资直接拨付至专用账户，保民生保就业岗位，也保障了续建工程进展稳定，还创造了新就业岗位。

二是运用预重整机制极大提高了重整可行性。通过预重整期间的沟通协商，尤其是共益债优先清偿顺序达成合意，各参与方均提振了信心，为后续重整成功奠定了基础。同时，在法院督导下，管理人积极引导主要债权人参与预重整及重整程序中重要事项，充分保障债权人程序权利，重整计划草案得到债权人支持，表决获得高票通过，最终实现了共赢，全体债权人受偿利益得到最大化。

案例六：数字赋能底层用户债权清理和信用修复——凯京融资租赁（上海）有限公司预重整转重整案

【关键词】

商用车融资租赁　科技赋能　保民生

（一）案件概要

凯京融资租赁（上海）有限公司（以下简称"凯京租赁"）于2016年成立，持有融资租赁牌照，为底层用户中小物流运力和零散司机提供商用车融资租赁服务。其经营模式为，根据底层用户需求，凯京租赁与多家金融机构资金方（以下简称"资金方"）建立合作关系，以保理、转租赁、信托、贷款等多种业务模式，由资金方通过凯京租赁向底层用户提供资金，凯京租赁为资金方提供集中代收代付服务；如底层用户不按时还款，资金方有权要求凯京租赁一次性回购全部剩余未支付款项。由于凯京租赁未严格遵循分设专户原则，而是将大多数底层用户的还款统一归集至其基本账户，并将代收款项移作公司日常经营等事项之用，导致无法按时将代收款足额转付特定资金方，引发相关诉讼，凯京租赁账户被冻结，出现不能清偿到期债务的破产原因，负债逾10亿元。由于部分底层用户仍在持续还款、部分资金方变更还款路径，以及关联公司间资金流向混同复杂等原因，应收款账目一直处于波动状态，难以准确统计，出现大量底层用户已还款、却仍被金融机构列入逾期，或发生重复扣款情况。2000多名底层用户征信出错，严重影响底层用户的合法权益。

然而，凯京租赁虽已资不抵债，但其所从事的商用车融资租赁业务有极大市场需求，企业拥有全国多个城市的汽车租赁备案，并已接入中国人民银行征信系统，如能将其资产负债结构盘整清楚，加强资金监管，维持其持续运营，则企业有望实现再生。但债务人对重整信心不足，担心重整失败后不可逆的破产清算后果，为提高重整成功的可能性，债务人依《上海破产法庭预重整案件办理规程（试行）》向上海三中院申请预重整。2023年8月，上海三中院受理凯京租赁预重整一案，并根据债务人及主要债权人的推荐，确定上海邦信阳律师事务所担任债务人预重整期间临时管理人。

预重整期间,为准确厘清凯京租赁的资金和万余名底层用户的债务状况,在法院指导下,临时管理人委托研发数字化技术工具,分析多维结构数据,对各类应收款进行统计、分析和管理,最终将凯京租赁收到的每笔底层用户还款与其对应的资金方准确匹配,为重整计划草案的协商制定打下坚实基础。临时管理人据此引导和辅助债务人与相关利益主体进行协商,推动各方就重整计划草案达成共识,确保了底层用户还款专款专用清偿能对应资金方债权。经债权人会议预表决,重整计划草案获得高票同意。经债务人申请,上海三中院将预重整转入重整程序。同年12月,法院依据《企业破产法》第86条规定,裁定批准重整计划并终止重整程序。

凯京租赁重整成功,纠正了大量底层用户的征信出错情况,保留了105个工作岗位,后续还可为社会提供更多就业机会。

(二) 典型意义

本案运用数字化技术工具,厘清账目,并通过预重整提高重整可行性、节省程序成本,底层用户民生利益得到维护。

一是运用数字技术盘点清理繁复债务。由于凯京租赁业务涉及多种融资方式,同时存在转让、质押等多种形态,业务模式复杂,厘清业务模式、区分款项性质难度极大,以传统方式进行梳理必然耗费大量人力和时间。通过数字化技术工具的开发应用,凯京租赁复杂的财产结构和应收款对应关系得到高效分析、准确认定,大大节省了本案程序成本,提高了审理效率和重整成功概率。在此基础上,2000多名货车司机的征信出错情况得到快速纠正,用户信用得到恢复,充分维护了民生利益。

二是预重整提高重整可行性,高效化解巨额债务。因凯京租赁资产及负债情况复杂,且始终处于波动状态,债务人及债权人对短期内查清公司资产负债状况信心不足,无法判断重整可行性。通过预重整机制,临时管理人对凯京租赁的资产和债权情况进行有效排摸梳理,协调沟通各方,大大提振了参与各方的重整信心。预重整与重整程序相衔接,高效化解了逾10亿元债务,取得了良好的社会效果。

案例七:小额债权分段式清偿维护民生——上海青客公共租赁住房租赁经营管理股份有限公司破产清算案

【关键词】

长租公寓　分段式清偿　大数据分析　保障生存权

（一）案件概要

上海青客公共租赁住房租赁经营管理股份有限公司（以下简称青客公司）成立于 2014 年，为国内首个登陆资本市场的长租公寓运营商。2019 年底，受市场行情影响，青客公司资金链断裂，无力支付房租，导致大规模违约。因租金拖欠，房东驱赶租客，而租客背负租金贷且无处栖身，引发大量诉讼及维稳风险。青客公司以无力清偿到期债务且明显缺乏清偿能力为由申请破产清算，上海三中院于 2022 年 1 月依法裁定受理，并指定北京市中伦（上海）律师事务所担任管理人。

经管理人测算，在清偿担保债权、职工及税款债权后，普通债权清偿率不足 1%。而本案单笔普通债权金额大多低于 5000 元，且债权人数超 2000 户。借助大数据进一步对普通债权人收入、职业、地域分布、债权金额区间与清偿率等进行结构化分析发现，普通债权人多为来沪务工的低收入租客群体，抗风险能力弱。基于优先保障生存权之理念，法院指导管理人基于债权人经济能力和清偿意愿构建分配预测模型，评估模拟分配效果，并在此基础上确定普通债权实行分段式清偿的方案，每户债权人金额在 5000 元及以下部分按 100% 清偿，5000 元以上部分按 0.3% 清偿。经法院、管理人多次组织协商，大额债权人最终同意让渡部分清偿利益，该方案以 97.46% 的高比例表决通过。分配完毕后，本案 70% 以上的普通债权人获得了全额清偿，债权人纷纷来信来电，感谢司法为民解忧。上海三中院依据《企业破产法》第 120 条第 2 款之规定裁定终结青客公司破产程序。

（二）典型意义

本案系注重保护小额债权人利益，保障低收入群体生存权益的典型案例。在破产程序中采用分段式清偿促成逾 70% 的普通债权人全额清偿。一是审理理念将人民群众获得感和满意度作为检验破产案件审理效果的标准，借鉴重整程序中的小额债权分段清偿方式，在符合破产法公平清偿、利益衡平和意思自治原则下，通过债权人会议表决，将有限清偿资源向弱势群体倾斜，切实保护了低收入群体的生存权，充分发挥破产程序在集中化解债务纠纷、服务保障民生中的功能作用。二是运用数字化技术和大数据分析，通过债权人大数据画像，为精准保护债权人生存权而实行分段式清偿的必要性、正当性提供数据支撑和决策依据，提高了程序的透明度与可预测性。

案例八：示范诉讼方式化解批量破产衍生纠纷——上海舜亭房地产开发有限公司破产清算案

【关键词】

示范诉讼　非诉解纷　降成本

（一）案件概要

上海舜亭房地产开发有限公司（以下简称舜亭公司）因经营不善以及为关联公司担保，对外负债逾7亿元，涉及数百起诉讼、执行案。因无力清偿到期债务且明显缺乏清偿能力，经债权人申请，上海三中院依法裁定受理舜亭公司破产清算案，并指定上海市经纬律师事务所担任管理人。

舜亭公司共有3户担保债权人、70余户购房债权人、50余户普通债权人。舜亭公司的主要财产是其开发已办出大产证的住宅房，因绝大部分房屋已出售或抵押，普通债权清偿率极低。管理人拟对全部购房债权人作出确认交付房屋的审查意见，但部分普通债权人对此提出异议并表示将提起债权确认诉讼。因类似情况的债权有70余户，若大量同类型的衍生诉讼提起，不仅会增加异议债权人诉讼成本、造成购房人诉累，同时也增加破产程序成本，浪费司法资源。合议庭依上海破产法庭《关于探索破产衍生纠纷诉源治理 积极引导示范诉讼的工作方案》，督促管理人转变理念，指导管理人制定示范诉讼解决方案，即由管理人选取具有典型代表性的3户债权，引导异议债权人提起3件衍生诉讼，其他相同情况的债权作暂缓处理，待示范诉讼判决生效后，管理人参照示范诉讼判决结果以非诉方式对其他同类债权进行处理。

2023年6月，示范诉讼判决生效，驳回了异议债权人的诉讼请求。依照前期制定的示范诉讼方案，管理人对同类债权及时出具交付房屋的审查结果，提交债权人会议核查程序顺利通过。本案最终以非诉方式成功化解了70余起破产衍生纠纷。

（二）典型意义

本案系运用示范诉讼机制成功化解同类型群体性破产衍生纠纷的典型案例。破产案件审理中，极易产生类型同质化的群体性衍生纠纷，如果按照惯常诉讼程序模式处理，会严重制约破产案件的审理效率，同时也增加债权人的维权成本。本案积极应用上海破产法庭《关于探索破产衍生纠纷诉源治理 积极引导示范诉讼的工作方案》，及时制定示范诉讼方案，引导当事人就同类争议提起示范诉讼，以个案判决发挥一揽子非诉解决批量衍生纠纷的作用，做实诉源治理，有效引导同类纠纷以非诉途径高效化解，降低了破产案件办理成本,又提高了破产程序的效率。实现了"诉讼一个,解决一片"的良好效果。示范诉讼机制源头减少衍生纠纷成诉量,对于高效推进破产程序具有借鉴意义。

案例九:出售式重整盘活在建工程项目——上海多鲜乐食品工业有限公司破产清算转重整案

【关键词】

出售式重整　促使债权人及时行权　缓征土地增值税

(一)案件概要

上海多鲜乐食品工业有限公司(以下简称多鲜乐公司)是一家主营业务为食品储藏、加工、销售的企业。因无法清偿到期债务且明显缺乏清偿能力,经债权人申请,上海三中院依法裁定受理多鲜乐公司破产清算案,并指定君合律师事务所上海分所担任管理人。

管理人经调查发现,本案涉及十余位债权人的20余亿元债权,但公司名下核心资产系位于某区工业园区的土地使用权及地上在建工程,因历史纠纷长期不能办理竣工验收手续及产证,且存在层层转租情况,如以破产财产拍卖处置则资产将大幅贬值,普通债权人清偿率极低。但企业资产地处某区产业园生态圈核心位置,未来将重点布局物联网及智能制造领域,具有一定重整价值。法院引导债务人申请由破产清算转入重整程序。经公开招募,成功引入投资人投入资金2.9亿余元。多鲜乐公司以核心资产设立全资子公司,投资人以重整投资款为对价受让新设子公司100%股权,债权人则从投资款获偿。本案第一次债权人会议表决通过的《非现场方式表决方案》中,对逾期未表决视为同意规则进行了加粗提醒。为促使债权人积极行使权利,重整计划草案表决规则中,再次明确"若表决权人未在投票截止时间前向管理人提交表决票,视为同意重整计划草案"。在普通债权人组中,有2户较大债权人逾期未投票,管理人依规则视为该债权人同意重整计划草案。各债权人组及出资人组表决通过率为100%。2023年8月,上海三中院依据《企业破产法》第86条之规定裁定批准重整计划草案并终止重整程序。重整计划执行期间,管理人在法院指导下,与税务局等相关部门沟通取得支持,依据财政部、国家税务总局《关于继续实施企业改制重组有关土地增值税政策的公告》"单位改制重组时以房地产作价入股进行投资暂不征土地增值税"的规定,暂缓征缴1亿余元的土地增值税等税费,使得普通债权清偿率从破产清算下的7.7%提高到约23%。现重整计划已基本执行完毕。重整后园区将引入新项目、新业态,推进技术创新升级,带动周边产业链发展。

(二)典型意义

本案系运用出售式重整盘活在建工程项目,助力优化区域经济发展的典型案例。一是依据《最高人民法院关于充分发挥司法职能作用 助力中小微企业发展的指导意见》精神,积极引导破产清算与重整程序转换,使得具有挽救价值的企业化解历史问题。适用重整计划逾期未表决默示同意规则,鼓励债权人积极行权,促使重整计划表决通过。二是加强府院联动,获得增值税等税费缓征支持,投资人承诺兜底后续税费,从而提高了债权清偿率。企业重整成功为区域产业创新升级提供了司法保障。

案例十:多元化处置合伙企业新三板投资股份——上海沃仑宝罗创业投资中心(有限合伙)强制清算案

【关键词】

合伙企业　新三板股份处置与分配

(一)案件概要

上海沃仑宝罗创业投资中心(有限合伙)(以下简称"沃仑宝罗")成立于 2015 年 4 月,注册资本人民币 5080 万元,共有 24 名合伙人,主营创业投资、实业投资、投资管理等业务,合伙期限自 2015 年 4 月至 2020 年 4 月。合伙期限届满后,合伙人并未达成继续合伙协议,亦未延长合伙期限,根据《合伙企业法》及章程规定,应依法清算。但因各合伙人意见不一而无法自行清算,上海三中院根据合伙人之一潘某的申请,依据《民法典》第一百零七条及第一百零八条规定,裁定受理沃仑宝罗强制清算,并指定北京市隆安律师事务所上海分所担任清算组。

清算组调查后发现,沃仑宝罗对外并不结欠债务,其主要财产是持有的两家新三板上市公司股份,分别持有上海新大陆翼码信息科技股份有限公司(以下简称翼码信息)股份 146.4 万股,持有上海天跃科技股份有限公司(以下简称天跃科技)股份 50 万股,故而本案清算主要集中在上述股份的处置。但因投资存在较大亏损,各合伙人就股份处置出现巨大分歧,有的要求直接处置股份后现金分配,有的则要求承继股份。

为依法维护各合伙人利益,上海三中院指导清算组结合各合伙人意愿,制定多元化股份处置方案。清算组采取新三板市场交易、实物分配与网络拍卖相结合的方式,通过承继与变现并联,将上述股份分批、分段、分层进行处置。对沃仑宝罗持有的翼码信息股份,清算组计算出 17 名选择拍卖变现分配的合伙人相应股份数额后，分6个包在京东网公开拍卖；对另7名要求承继股份的合伙人则直接分配股份，并按照中国证券登记结算有限责任公司要求，报备股份变动情况。对沃仓宝罗持有的50万股天跃科技，清算组征询合伙人意见后在新三板市场交易，全部成交。清算组据此完成了现金分配与股份交割过户，并完成信息披露和纳税工作。2023年9月，上海三中院依法裁定终结本案强制清算程序。

（二）典型意义

本案是通过强制清算程序规范合伙企业退出，依法保护合伙人投资权益的典型案例。一是根据《民法典》和《合伙企业法》的相关规定，在合伙人形成僵局、合伙企业自行清算不能时，司法介入对合伙企业财产、投资人权益等依法清理结算，保障合伙企业规范退出；二是充分尊重各合伙人意愿，有针对性地制定灵活多样的多元财产处置方案，通过新三板市场交易、实物分配与网络拍卖相结合，以"变现分配＋承继过户"的方式，在合伙企业依法退出的同时，兼顾满足各合伙人不同的分配需求，畅通合伙企业退出渠道。

参考文献

[1] 张志超:《关于新形势下优化营商环境的思考》,载《现代商业》2017年第9期。

[2] 迟福林:《完善公平竞争营商环境、推进市场监管变革》,载《海南日报》2017年9月14日。

[3] 康杰:《新时期下构建新型政商关系的思考》,载民建中央网站2017年8月23日。

[4] 陈枫:《企业营商环境法治化的思考和分析》,载民建中央网站2017年7月14日。

[5] [德]柯武刚、史漫飞:《制度经济学:社会秩序与公共政策》,韩朝华译,商务印书馆2000年版。

[6] [美]艾尔·巴比:《社会研究方法(第11版)》,邱泽奇译,华夏出版社2009年版。

[7] 梁治平:《国家、市场、社会:当代中国的法律与发展》,中国政法大学出版社2006年版。

[8] 路晓霞:《法治化营商环境建设研究》,上海人民出版社2018年版。

[9] 程同顺、李畅:《世界银行"世界治理指数"对中国的测量与启示》,载《理论探讨》2017年第5期。

[10] 董彪、李仁玉:《我国法治化国际化营商环境建设研究——基于〈营商环境报告〉的分析》,载《商业经济研究》2016年第13期。

[11] 董志强、魏下海、汤灿晴:《制度软环境与经济发展——基于30个大城市营商环境的经验研究》,载《管理世界》2012年第4期。

[12] 巩富文、杨辉:《我国检察机关提起公益诉讼制度研究》,载《人民检察法学专论》2017年第14期。

[13] 娄成武、张国勇:《基于市场主体主观感知的营商环境评估框架构建——兼评世界银行营商环境评估模式》,载《当代经济管理》2018年第6期。

［14］宋林霖、何成祥:《优化营商环境视阈下放管服改革的逻辑与推进路径——基于世界银行营商环境指标体系的分析》,载《中国行政管理》2018年第4期。

［15］田凯等:《人民检察院提起公益诉讼立法研究》,中国检察出版社2017年版。

［16］李帅:《论我国破产司法能力的优化——以中日营商环境破产指标的对比为视角》,载《中国应用法学》2018年第5期。

［17］李曙光、王佐发:《中国〈破产法〉实施三年的实证分析——立法预期与司法实践的差距及其解决路径》,载《中国政法大学学报》2011年第2期。

［18］王卫国:《破产法》,人民法院出版社1999年版。

［19］杨涛:《营商环境评价指标体系构建研究——基于鲁苏浙粤四省的比较分析》,载《商业时代》2015年第13期。

［20］易海辉:《粤港澳大湾区内地城市群营商法治指数建构:动因、价值及路径》,载《法治社会》2018年第2期。

［21］袁莉:《新时代营商环境法治化建设研究:现状评估与优化路径》,载《学习与探索》2018年第11期。

［22］张艳丽:《破产重整制度有效运行的问题与出路》,载《法学杂志》2016年第6期。

［23］最高人民检察院民事行政检察厅:《检察机关提起公益诉讼实践与探索》,中国检察出版社2017年版。

［24］最高人民检察院民事行政检察厅:《检察机关提起公益诉讼实践与探索》,中国检察出版社2018年版。

［25］孔祥稳、王玎、余积明:《检察机关提起行政公益诉讼试点工作调研报告》,载《行政法学研究》2017年第5期。

［26］刘艺:《检察公益诉讼的司法实践与理论探索》,载《国家检察官学院学报》2017年第2期。

［27］姜涛:《检察机关提起行政公益诉讼制度:一个中国问题的思考》,载《政法论坛》2015年第6期。

［28］王国宏:《完善检察机关法律监督程序若干思考》,载《人民检察》2016年第16期。

［29］汤维建:《论检察机关提起民事公益诉讼》,载《中国司法》2010

年第 1 期。

［30］蒋集跃、梁玉超:《公益诉讼：制度、话语及实践》，载《学海》2004 年版。

［31］宋玉娜:《环境公益诉讼制度刍议》，载《法治与社会》2017 年第 24 期。

［32］刘润发:《检察机关提起民事公益诉讼之构想》，载《人民检察》2013 年第 10 期。

［33］Daron Acemoglu, Simon Johnson. Unbundling Institutions［J］. Journal of PoliticalEconomy, 2005（5）.

［34］Fabro G., Aixalá, José. Economic Growth and Institutional Quality: Global and Income-Level Analyses［J］. Journal of Economic Issues, 2009（4）.

［35］Pistor K., Raiser M., Gelfer S. Law and Finance in Transition Economies［J］. Economics of Transition, 2010（2）.